THE REAL-LIFE MURDER CLUBS

CITIZENS SOLVING
TRUE CRIMES

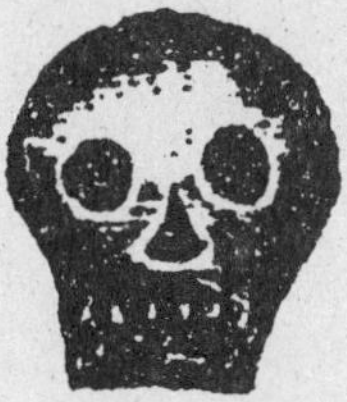

未解決殺人クラブ

市民探偵たちの
執念と正義の
実録集

NICOLA STOW

ニコラ・ストウ
著

村井理子
訳

大和書房

行方不明となったジャーナリスト、ハンサムなクライヴ・デニールを偲んで

This translation of THE REAL-LIFE MURDER CLUBS:
CITIZENS SOLVING TRUE CRIMES is published
by arrangement with Ad Lib Publishers Ltd
through The English Agency (Japan) Ltd.

まえがき

「バケツに入ったセメントの中から発見された、腐敗した頭部が誰のものなのか、インターネットで調べよう」と、仕事終わりに考える。または、三十年前に野原で発見された十代の身元不明遺体の解剖写真を元にして、デジタル画像を徹夜で作成したことはあるだろうか？　行方不明者リストと、身元不明遺体リストを比較してみたことは？　その経験がないのであれば、市民探偵たちの驚くべき世界へようこそ。

　本書の執筆を依頼されたとき私の頭に浮かんだのは、リチャード・オスマン著『木曜殺人クラブ』（早川書房）の登場人物だ。綿菓子のようにふわふわした髪のお年寄りと、お茶とケーキを楽しみながらの取材になるだろうと考えたのだ。しかし、一般市民が犯罪を解決するというオスマンの描くフィクションの世界とは違い、実際の市民探偵たちは、犯罪史上まれに見る凄惨な事件の真実を探求する人々だ。愛する家族、あるいは見知らぬ人のために正義を求める気骨と、過剰とも思えるこだわりに満ちた、果敢な魂を持つ者たちだ。

実際の市民探偵は、仕事の合間を縫うように、あるいは余暇を使い、数千時間も費やして未解決事件の突破口となり得る手がかりや、行方不明者発見の糸口をインターネット上で検索し続けている。彼らは家系図をも作成する。裁判記録、警察による捜査報告書、死者・行方不明者のデータベースを精査し、墓標の刻まれないままの被害者たちに本当の名前を取り戻したいと願い、活動している。

いわゆる「素人探偵（アームチェア・ディテクティブ）」と呼ばれる人の中には、私を驚かせるほど深みに嵌まり、答えを探し求める人がいる。例えばテネシー州の元工場労働者トッド・マシューズがその人だ（本書にも登場している）。腐敗し、両目を失った遺体を包んでいたのがキャンバス地のテント・バッグ［テントを収納するための、キャンバス地の大きなバッグ］だったことから、「テント・ガール」と呼ばれた身元不明の女性を、十一年にもわたって調査し続けた。事件に取り憑かれたトッドは、肉切り包丁を片手に夢遊病者のように家中を歩き回り、テント・ガールの腐敗し、溶けた顔の幻影に悩まされたこともあったそうだ。

本書に登場する「インターネット探偵」のひとりは、十年以上求め続けた正義を下すため、人気の無い場所に犯人をおびき寄せ、自らの手で射殺することまで考えた。また、連続殺人鬼の正体を暴き出そうと、『オーシャンズ11』に感化され、郡保安官事務所に侵入した二人組もいる。これが、史上稀に見る凶悪犯罪を解決していく、普通の人たちの日常なのだ。

過去数ヶ月にわたって、このような市民探偵と交流を重ねた。ジャーナリストとして私は、彼らの調査能力と犯罪科学への造詣の深さに感銘を受けた。彼らと交流を重ねる間に私も学んだことがある。私のGoogleの検索履歴には「後頭部から銃弾が入った場合、何が起きる？」や「致死注射に使用する薬物三種とは？」、「黄金州の殺人鬼のペニスは本当に小さかったのか？」、「人間の肉が焼けたときの臭いとは？」、「バイオインフォマティクスはどのように機能する？」といったフレーズが並んでいる。

私が聞き取りを行った人々の多くが、市民探偵となるきっかけになった個人的で悲劇的な経験を語ってくれた。私に十分な時間を割いてくれた、魅力的な人たちだった。

それではさっそくご紹介しましょう。市民探偵の物語を。

目次

本文中の［　］は訳注を表す。

未解決殺人クラブ

I

なぜ彼女を殺したの？

二〇〇六年三月八日　カリフォルニア州リバーサイド　ピアース・ブラザーズ・クレストローン・メモリアルパーク葬儀場

「どうしてこんな……なぜこんなことになっちゃったの？」。泣きじゃくるベリンダ・レインの胸元は震えていた。自分の足も、体を支える夫の腕も、何も感じられなかった。それでも、心臓の動きに合わせるようにして揺れる母と娘の木彫りの置物に、自分の血液の流れが命を与えつつあることには気づいていた。手には一輪の赤い薔薇が握られていた。二十四歳の娘クリスタル・セオボルドの遺体が収容されたピンク色の棺に覆い被さると、ベリンダは言葉を振り絞った。「一体……どうして……？」

窓から差し込む午後の日差しが教会を横切るように伸び、クリスタルの顔に桃色の輝きを降り注いでいた。お気に入りの黒いレースのブラウスと、格子柄のパンツ、赤褐色の髪は長く、腰のあたりまで伸びている。彼女の周辺には友人や親戚が残していった赤やピンクの薔薇が添えられていた。美しい娘……涙に濡れるベリンダはそう思った。彼女はゆっくりと左腕を広げ、娘が横たわる棺の中に母と娘の木彫りの置物を入れた。そしてクリスタルの胸元に、一輪の薔薇をそっと手向けた。

夫に脇を支えられながらも、彼女は棺に近寄った。クリスタルの頬を手の甲でそっと撫でた。クリスタルの右目のまわりには青い内出血があった。受けた傷はほとんど見えない。厚いファンデーションできれいに隠されている。でも、確かに傷はそこにある。ベリンダは娘が負った傷を確かに見ているのだ。突然、彼女の頭のなかで大きな音が鳴り響く。パンパンパン！　という銃声、ガラスが割れ飛び散る音、走り去るＳＵＶ車のタイヤがアスファルトを擦る音。この音がベリンダの脳内から消えることはない。あの夜の悲惨な事件の騒音は、昼夜問わず、彼女を悩ませ続ける。娘が誰かに殺害された、あの夜の騒音。

涙に濡れる顔を棺に近づけ、目を閉じて、クリスタルの頬に最後のキスをした。「私のかわいいベイビー。ママが犯人を捕まえてやるから」ベリンダは声を詰まらせた。「あなたをこんな目に遭わせたやつを、絶対に捕まえてみせる。死ぬまでかかってもいい。私のかわいい娘、愛しているわ」

クリスタルの葬儀は、リバーサイドで起きた恐ろしい事件の夜から十二日後に執り行われた。白いＳＵＶのフォード・エクスペディションから飛び降りた男が、クリスタル、兄ジャスティン、二人の友人ユアン・パトランが乗るホンダシビックに発砲したのだ。事件は彼女の自宅から数メートルという近場で発生した。

　車体の光るサイドラインが印象的だった。ギャングスタラップがラジオから流れるＳＵＶが、近くに停車中の母ベリンダの車と、息子、娘、友人が乗ったホンダシビックの間に、斜めに停車した。ＳＵＶのドアが勢いよく開くと、車内灯が外に漏れ、フードをかぶった若い男の姿を浮かび上がらせた。両手をジャケットのポケットに突っ込み、縁石を跨ぐと、外灯の明かりとストップサインの下に、身動きもせず立った。

　ベリンダは男の顔をじっと見た。童顔で、ヒスパニック系だ。顎を噛みしめていた。硬いステーキを噛んでいるように見えた。肩をいからせ、ジャケットの内側に手を入れると、腰の辺りから銃を取り出した。ベリンダは本能的に身をかがめた。銃を持った男が彼女に銃を向けていたからだ。犯人との間にはトラック一台分程度の距離しかなかった。発砲音が夜空を切り裂くように響いた。二発、三発、四発、五発。しかし、一発もベリンダの車には命中しなかった。静寂が訪れ、次にバタンという音が二回して、ドンという音が聞こえてきた。エンジンがかかり、車輪が軋み、ＳＵＶが遠くへ走り去る音が聞こえてきた。頭を上げたベリンダの心臓に痛みが走った。ああなんてことなの、子どもたちが。

　クリスタルは頭部を撃たれた。ユアンも腹部に銃弾を受けた。クリスタルは搬送先の病院で死亡が確認された。三人は、人違いにもかかわらず、ギャングスタに襲撃された悲劇的事件の被害者となった。彼らが誰であれ、クリスタルの知り合いではなかった。それでも、娘の葬儀で誓ったように、ベリンダにとって彼らを見つけ出し、人々に喜びを与え続けていた娘のために正義を勝ち取ることは使命となった。この根気強い追求が、この先十年も彼女を縛り続けることになる。

銃撃から十六年経過した今日でも、クリスタルを失った悲しみは生々しくベリンダの胸に残っている。なぜ美しい娘が殺害されなければいけなかったのか。二人の娘を育てていた母でもあったあの子が、なぜ殺されなければならなかったのか、ベリンダは毎日自分に問いかけ続けている。

私はベリンダと会話することで、彼女のクリスタルに対する深い愛情と、殺人者を追いつめるまでの長い道のりを知り、感銘を受けた。しかしベリンダの真実を追求する使命について聞く前に、彼女が私に見せてくれた写真に写る、とても印象的な女性について知りたいと考えていた。五人の子を持つ母親に正義を追い求めさせた、娘の写真だ。

写真の中のクリスタルは、肩越しに真っ直ぐレンズを見つめている。カメラの方に少しだけ頭を傾け、ラズベリー色に塗られた唇に微笑みを浮かべている。ホルターネックのトップスは藤色の花柄で夏らしい。「美しい方ですね」「まるでモデルみたいだわ」そう私が言うと、彼女と過ごした時間を思い出して微笑んだベリンダの両目が涙で潤んだ。

「クリスタルは私のすべてだった。私の人生そのものよ」と彼女は言った。「あの子がどんな子だったか言葉で説明するのは難しいけれど、私にとってあの子は世界で一番美しい子だった。あの子は喜びで、新鮮な空気みたいな存在だった。とても思いやりのある子で……とびきり優しくて、欲のない子だった。だから……あの子を失った悲しみが癒えない。ときどき、あの日の夜（銃撃のあった日）が、まるで昨日のように思い出されてしまう。銃声が聞こえてくるのよ。金属やガラスが破裂する音、タイヤが軋む音。なぜ、私の娘でなければいけなかったの？」

　クリスタルはベリンダの最初の夫ロバート・セオボルドとの間に生まれた四番目の子どもだった。ロバートはクリスタルが幼いときに亡くなっている。クリスタルには、ロバート、カーティス、そしてジャスティンという三人の兄がいた。一九九一年、ベリンダは今の夫ベン・マリオッティと結婚し、彼との間にニコラスという名の息子をもうけた。

「あの子を産んだ日は、私の人生で最も幸せな瞬間のひとつだったわ」とベリンダは回想する。「息子だって可愛いけれど……でも、とにかく娘が欲しくてたまらなかった」。ベリンダはクリスタルを「とてもよい子」で、「成績もトップクラスだった」と説明した。「あの子は冒険が大好き。高い場所やジェットコースターが大好きだった」と、母は思い出すようにして言った。

　二〇〇三年、クリスタルはボーイフレンドのジョー・ヴァレンシアと結婚し、二人の娘、アンジェリーナとエリザベスが生まれた。娘たちが母親を失ったのは、それぞれ生後二ヶ月と十四ヶ月のときだった。

クリスタルとジョーの結婚生活は順調だった。ラスベガスのカジノで大当たりを出して得た資金をもとに、冷暖房機器の事業をクリスタルが立ち上げたのだ。ベリンダはそのときのことを笑いながら話してくれた。「あの子、スロットマシーンをやったのよ。五ドル突っ込んで、なんと三万八千ドルの大当たり。娘とだんなでビジネスを立ち上げたってわけ」

しかし二〇〇五年になり、二人の関係はぎくしゃくしたものとなっていた。「あいつ（ジョー）は以前ドラッグにはまっていた時期があって、そんな生活に戻ってしまった。クリスタルはショックを受けていたけれど、逃げなくちゃいけないってことは理解していたわ。だから、私たちと暮らすために娘を連れて家に戻ってきた」とベリンダは言った。

夫と離婚したことは、クリスタルにとって転機となった。リバーサイド・シティーカレッジの看護師養成プログラムに参加したのだ。アップダウンの激しい一年のあと、クリスタルはとうとう幸せな気持ちを抱き、落ちつくことができた。そのうえ、子どもの頃の夢を叶えようとしていた。「クリスタルは昔から看護師になりたいと言っていたのよ。優しくて、思いやりのある子だったから、立派な看護師になれたでしょうね。社交的で、楽しい子でもあったから」

二〇〇六年二月二十四日金曜日は、ベリンダの世界が崩壊してしまった日として彼女の胸に刻まれている。「銃撃されたあの日の出来事は、すべて記憶しているわ」と彼女は私に言った。「瞬きをする間に」喜びが悲劇に変わった日なのだ。

「なんの変哲もない金曜日だった」とベリンダは言う。週末を過ごすため、クリスタルが娘二人を元義母の家に送って行くと、ベリンダとクリスタルは地元のケンタッキー・フライドチキンに食事をしに出かけた。夕方の早い時間だった。ポップコーンチキンとポテトフライを食べながら、二人は翌日の予定について、楽しく話をしていた。税金の還付を受けたばかりのベリンダは、そのお金を使ってクリスタルに車を買ってあげようと決めていた。「クリスタルは大喜びだった。還付金をどう使おうかって話をしていたの。私、こう言ったのよ。『ねえクリスタル。明日、一緒に出かけようよ。車を選ぶといいわ。税金の還付があったから、あなたのために使いたい』ってね。そうしたら、ああ、あなたに見せてあげたかった。あの子のかわいい笑顔。あの子、私をぎゅっと抱きしめた。次の日、クリスタルに車を買ってあげたくて……」そこまで言うと、ベリンダは唇をきゅっと結び、べっ甲のメガネの向こうの両目を閉じた。「でもね」。彼女はようやく、手を胸に当てて話しはじめた。「あの子に次の日は来なかった」

　ベリンダが白いフォード・エクスペディションに最初に気づいたのは、リバーサイドのアーランザ地区ゼラニウム・プレイス通り沿いの平屋の自宅にクリスタルと一緒に戻った午後八時半頃のことだった。「あの地区をぐるぐると回っているように見えた。私たちの家の前を通り過ぎるとき、ラジオからやかましい音が聞こえてきた。悪ガキか、もしかしたらギャングかもしれないって思った。リバーサイドじゃ、ギャングなんて珍しくもなんともない。私たちにとっちゃ、いつものことよ」

　ベリンダとクリスタルが室内にいたのは、わずか十分か十五分ぐらいだったという。

「タバコを買いたいし、百ドル札を崩したいってクリスタルが言うから、数ブロック先にあるセブン－イレブンに行くことにしたの。ジャスティンとユアンが、俺たちも行くって言い出したから、車を二台出すことにした」とベリンダは言い、メディアが書いた物語とは異なり、ユアンとクリスタルは付き合っていなかったと付け加えた。「私が自分の車で先に出て、残りがホンダシビックに乗って、私の後ろを走る予定だった」

　私道を横切って車まで歩くと、白いＳＵＶのフォード・エクスペディションがベリンダの横を再び通り過ぎていった。「座席はすべて埋まっていた」と、彼女は回想する。エクスペディションはゼラニウム・プレイス通りとグリーンポイント大通りの交差点まで進んで行った。ベリンダも同じ方向に向かっていた。私道を出て右折し、ゼラニウム・プレイス通りに出た。前方ではＳＵＶがグリーンポイント大通りを右折していた。ベリンダのバックミラーにはホンダシビックが映っていた。三人がフロントシートに座っていて、クリスタルが真ん中に座り、ユアンがハンドルを握っていた。

　ベリンダが交差点まで車を走らせると、ＳＵＶが彼女の右側に再び近づいてきて、ハンドルを切るようにして停車した。「私はエクスペディションの左側を回ってグリーンポイント大通りに出て、急いで車を回して子どもたちが乗った車を確認したわ。エクスペディションは私の車とホンダの間に斜めに止まっていた。角に立っていた男が銃を取り出すのが見えた。私は急いで身をかがめた。私の車を撃ってくるだろうって思ったから」

「最初の一発がガラスに当たった音がして、そこから少なくとも四発か五発の銃声が聞こえた。まさか自分の子どもたちが乗った車が銃撃されている音だとはわかっていなかった。この時点で、クリスタルが撃たれたことも知らなかったわ。ＳＵＶがスピードを上げて走り去ると、子どもたちが乗ったホンダもその場を離れた。ホンダを追うつもりだったけれど、道を間違えて子どもたちの車を見失ってしまった」

　ベリンダは自宅に向かったが、そのとき、怪我を負ったユアンが近所のカルデナス用品店に辿りついていたことを知らなかった。しかし後になって、防犯カメラに映った痛ましい映像を目撃することになる。カルデナス用品店の店先で膝をついたジャスティンが、意識を失ったクリスタルを抱え、流血している彼女の頭を胸に抱いている姿だった。

　ベリンダが帰宅したのは午後九時過ぎで、通りにはパトカーが複数台停車していた。警察官がゼラニウム・プレイス通りとグリーンポイント大通りの交差点を黄色いテープで封鎖しながら、「事件発生現場だ！　封鎖！」と、何度も、何度も叫んでいた。ベリンダは停車する場所を見つけ、足を震わせながら車を出た。十四歳の息子ニコラスの声が聞こえた。コンクリートの上を運動靴が走るバタバタとした音、パニックになったニコラスのうわずった声。「ママ、クリスタルが撃たれた……クリスタルが撃たれたんだ」

次に起きたことを私に説明しようとするベリンダは、再び両手を胸に当てた。「私、膝からくずおれてしまった。両手で歩道を叩きながら、『あの子のところに行かなくちゃ！』って叫んだ。ニコラスが手を貸してくれて、なんとかして家の中に入ったけれど、そこから先の数分間ははっきりとは記憶にないわ。警察官がいたと思う。ベンは私を落ちつかせようとしていた。銃声を聞いて警察に電話したのは、ベンだった」

「警察官が次々と質問してきたけれど、私、気分が悪くなってきてしまって、『娘はどこ？娘のところに連れて行って』ってことぐらいしか言えなかった。周囲の声がぼんやりとしか聞こえなかった。ユアンも撃たれたって誰かが言っていたけれど、奇跡的にジャスティンは無傷だった。カルデナス用品店の話も出ていたわ。とにかく、リバーサイド・コミュニティー病院にいるってわかった瞬間に、私は家を出た。クリスタルのところに行かなくちゃって。走って家を出て、車に飛び乗って、アクセルを踏み込んだ。警察の張ったテープを引きちぎってやったわ。娘のところに行く私を止めることが出来る人間なんて、誰もいなかった」

病院にはより多くの警察官がいて、クリスタルが収容されている部屋を守るようにしていた。頭部を包帯で巻かれ、上半身はコードと管で埋め尽くされていた。心臓モニタが生命維持装置の安定した動作音と呼応するように、ピー、ピーと音を立てていた。ジャスティンは妹の血がついたTシャツ姿でベッド脇にいた。

「クリスタルを見た瞬間、心が死んでしまったようだった。あの子、広い個室に寝かされていた。テレビドラマの『ER』で見るような、生命維持装置に繋がれていたわ。本当に恐ろしい光景だった」。この瞬間を回想するベリンダの声は震えていた。ゆっくりと息を吸い込むと、彼女は話を続けた。「ジャスティンにはクリスタルの血がたくさんついていた。彼が撃たれなかったのは奇跡みたいなことだった。でも、クリスタルの容態は深刻だった。脳死状態かどうか確認するためのテストが必要と医者は言っていた。私、クリスタルの手を握ってこう言ったのよ。『お願いだから助かって。あなたなしじゃ、生きていけない』って」

ベリンダは夜通しクリスタルのベッドの横に座り、明け方近くまで泣き続けながら奇跡を祈っていた。朝五時、ベリンダの体調が悪くなった。心拍が早くなり、病院に到着したときから感じていた酷い頭痛がどんどん悪化した。彼女は家に戻って、着替えることにした。ふたたび病院に戻ったとき、どうしても聞きたくなかった言葉を医師が彼女に届けたのだった。「大変残念ですが、クリスタルは脳死状態です。生命維持装置が彼女を生かしている状態です。生命維持装置を止めるかどうかは、すべてあなたの判断に委ねます。お約束したいのですが……」そう医師は話していたが、ベリンダの両目はまだら模様の灰色の霧に覆われてしまった。頭の中がコンクリートで固められてしまったようだった。医師はそれでも話し続けていたが、ベリンダの耳には届いていなかった。霧のなかで医師の姿が霞みはじめ、白黒テレビに映るぼんやりとした人影のようなものになった。その人影が薄くなり、そして、消えた。

「医師がそう言った瞬間、椅子に倒れ込んでしまった。意識を失ったそうよ。そして私は救急処置室に運び込まれた」

検査の結果、ベリンダは軽い心臓発作を起こしていた。「まさか心臓発作なんてね。ERの医師が『ストレス心筋症に分類されると思います。ストレスで命を落とすことだってあるんですよ』と言っていた。私もそうだと思う。心臓にステントを入れる手術が必要だって言われた。でもそのとき、私の心のなかにいたのは、クリスタルだけだった」

その日の晩、ベリンダは苦渋の決断をした。「娘の生命維持装置のスイッチを切るよう言うのが、母親の役割だなんてひどすぎる。でも、私はクリスタルのためにそうしなければならなかった。これが私を徹底的に潰してしまったのよ。医者はクリスタルの生命維持装置を停止して、あの子は私の腕の中で死んだ。あの子を強く抱きしめて、何度も声を上げて泣いた。どれだけ愛していたか、あなたなしでは生きられないって、何度も言った。そして、ここで初めてあの子に約束した。『私のかわいい娘を殺した犯人は、必ずママが捕まえる』ってね。罪を償わせるのよ」

クリスタルが息を引き取り、病室に悲しみが溢れるようだった。生きるための希望だった生命維持装置の機械音が消え、虚しい呻きに満たされた。ベリンダは娘の頭を抱きかかえ、泣いた。「寂しいわ、私のかわいい娘」。ベリンダはここから半年後、壊れてしまった心臓の手術を受けた。

*

ベリンダはクリスタルの葬儀の日までに、銃撃事件の背後に誰がいるのかを把握していた。ギャングの５１５０が関与していると、近隣住民が囁いているのを息子のニコラスが耳にしたのだ。５１５０とは、地域で暴力的な抗争を激しく繰り広げているギャングだった。

アーバン・ディクショナリーによると、５１５０とは警察のコードで「逃亡中の危険な人物」、「財産を脅かす危険人物」、「周囲にとって危険な人物」、「自傷行為を行う人物」という意味。また、「自らの命を危険に晒すことを厭わない」という意味でも使用される。５１５０ギャングはロサンゼルスのシエラ地区リバーサイドで二〇〇三年前後に結成された。結成から三年の間に、暴行や殺傷事件といった数多くの犯罪を行った彼らは、地域社会を恐怖に陥れていた。

クリスタルが殺害された夜、５１５０は敵対関係にある、ＭＤと名乗るギャングを探していたらしい。ユアンが運転する車に酷似した一台に、ＭＤが乗っていたのだ。

姉を殺害したのは、５１５０ギャングのやつらだとニコラスは確信していた。あの夜、５１５０は、狙っていたＭＤのメンバーが乗る車を追跡中に見失った。ユアンが運転する、ジャスティンとクリスタルが同乗するホンダシビックをゼラニウム・プレイス通りで目撃した５１５０は、狙撃相手だろうと推測して車に発砲したとニコラスは考えた。今はすでに閉鎖されているＳＮＳ「MySpace」で、５１５０と彼らの動きに関する情報を入手した。ニコラスは当時十四歳だったいとこのジェイミー・マッキンタイアに情報を共有した。ジェイミーもまた、愛するいとこのために正義を求めていたからだ。

クリスタル殺害事件に関するリバーサイド警察署の捜査の進展が「遅すぎる」とベリンダは感じていた。現場では数発の薬莢と靴以外、銃撃事件の証拠は見つかっていなかった。

「犯人を見つけて罪を償わせると娘に約束したのよ。だから、やることはひとつだった」と彼女は迫力の籠もった声で言った。

「娘が埋葬される前の段階で、やつらの名前のひとつはわかっていた。ウィリアム・〝ジョークス〟・ソテロ。白いフォード・エクスペディションを運転していた男。逃走のための運転手だったのもわかっている。あとはそれを証明するだけだった」

ベリンダとジェイミーはクリスタルの死に責任を負う者を発見するため、偽物のプロフィールを作成し、一人でも多くの５１５０メンバーと交流することにした。ベリンダはそれまでＳＮＳを一切利用したことがなかったので、ジェイミーがプロフィールを設定してくれた。「スーパーガールＴシャツのサイトで若くて美人の女性の写真を見つけてくれた。その子にレベッカという名前をつけて、MySpace のプロフィールに設定した。すべてが初めてのことだったけど、ジェイミーは若かったし、他のメンバーとどう接したらいいかなんてことを理解していた。ジェイミーが、レベッカに何をしてほしいか私に聞いてきた。だから、『なるべく多くの情報を集めて欲しい』と頼んだ」

ジェイミーはレベッカのページを設定した。明るいパーティー好きの女の子。居住地はリバーサイド。「身長一五八センチ」、「中肉中背」、そして一番大事な項目、「独身」。「友人やガールフレンドたちと遊ぶのが好き。マリファナを吸って、ビールを飲んで、踊りまくるのが最高」。レベッカのよく聞く音楽は、アッシャー、ラッパーの50セント、ヒップホップデュオのアウトキャスト、アヴリル・ラヴィーン、そしてときどき「オールディーズ」とした。

レベッカのキャラクターになりきったジェイミーは、プロフィール写真に５１５０のタトゥを誇らしげに見せるギャングメンバーを何十人も探し出すことに成功した。名前をクリックし、レベッカのページの「トップ８」に登録した。MySpace では八人のお気に入りの友達を登録できるようになっていたのだ。スーパーガールのＴシャツを着た彼女は、あっという間に百五十人のギャングと友達になった。

ジェイミーは学校から戻ると、来る日も来る日も５１５０の男たちとメッセージを交わした。レベッカはストリートの若者のスラングを駆使し、男たちをからかった。「リル・イージー」と名乗る男に「最近どう？」（Whadup?）と送った。「私の友達、気に入ると思うよ」と、「チャーリー」と名乗る男に書いた。「今度遊ぼうよ」と、レベッカはアントニオに語りかけた。

ベリンダはラップトップでそのやりとりを見ていた。「男たちがどこの生まれで、何をやっているか調べていたの。白いフォード・エクスペディションについて聞いてくれとジェイミーには何度も頼んだ。でもジェイミーは『まずは駆け引きが必要』って言った」

二〇〇六年三月のある日、とうとうベリンダは痺れを切らした。５１５０のメンバーたちがレベッカを気に入っていることは明らかだったが、ベリンダが求める情報を明かそうとはしていなかった。そこでベリンダは、ホルタートップを着用したクリスタルの写真を使って、別のプロフィールを作成するようジェイミーに頼んだ。「レベッカではイマイチだったから」とベリンダは説明した。「クリスタルの写真を掲載しようって提案した。クリスタルと恋に落ちてもらうために」

もう一つのMySpaceのアカウント用に娘の写真を掲載し、ベリンダがプロフィールを書いた。名前は「エンジェル」とした。「あなたの人生をめちゃくちゃにしてあげる。あなたを夢中にさせる、最高の秘密」とエンジェルに語らせた。薔薇とハートのアニメーションでエンジェルのページを飾り立てた。「大切にしてあげるわ」と告白し、「たくさんの愛をあなたにあげる。興味がある人は連絡して」と書いた。

エンジェルのMySpaceの受信箱にメッセージが殺到した。ベリンダが狙いをつけた５１５０のメンバー、ウィリアム・ジョークス・ソテロからも数通のメッセージが届いていた。彼のページによると、ジョークスは「ポルノ」と「怖い映画」が好きだった。サングラスをかけ、ローライズのジーンズを穿いてポーズを取るプロフィール写真の下には、「本物の５１５０は確実に殺る」と自慢げに書いてあった。

エンジェルとジョークスのオンライン上の関係は親密なものとなっていった。「エンジェルのふりをした私たちが、母親が覚醒剤を精製して刑務所にいるとジョークスに打ち明けた。これで刑務所とドラッグについて少しは書いてくるんじゃないかと思ったのだけれど、そうはならなかった。『それは残念だね。俺がそばにいるよ』なんて書いてきた。明らかにクリスタルに惚れていると思った。別のメッセージには『お前のことが頭から離れない』なんて書いてきてた」

彼はエンジェルをパーティーに誘い、彼女はそれを了承した。ベリンダもジェイミーも、エンジェルを「ギリギリのところで」止めることに決めていた。ジョークスに「車がないの」と書いて説明した。

「迎えに行ってやるよ」とジョークスが答えた。ベリンダは、まさにこの答えを待っていたのだ。

やりとりは続いた。「迎えに来てくれるとしたら、どんな車？　どうやって探せばいい？」とエンジェルは聞いた。

「俺の白いフォード・エクスペディションを探せばいい」が、ジョークスからの返信だった。

ベリンダはクリスタル殺害事件の捜査を率いる刑事に連絡を入れた。「ジョークスからメッセージが来た直後、リック・ウィーラー刑事に電話したわ。『やつを見つけたと思う』って言ったのよ。5150について、ジョークスからのメッセージについて、それからMySpaceのアカウントについても彼に伝えた。私がやっていたことを知った彼はとても驚いていた」

警察はベリンダの情報に基づき、ウィリアム・ジョークス・ソテロを追った。任意の事情聴取に応じた彼は、クリスタルとユアンを撃った犯人をフリオ・ヘレディアだと供述したが、殺害事件が発生した夜に現場に自分はいなかったと強く否定した。ソテロが嘘をついていることをウィーラー刑事はわかっていたが、彼をそのまま拘束するための十分な証拠がなかったため、帰宅させるしかなかった。

二〇〇六年四月、ジェイミーはMySpaceの活動から退き、エンジェルのページを彼女の叔母に預けた。「ジェイミーには重荷だったみたい」とベリンダは言う。「理解できるわ。だってジェイミーはクリスタルと仲がよかったんだもの」

「私がページを引き継いだ。ソテロが逮捕されていないと聞いて、すごく腹を立ててた時期だった。MySpace のページのことは、本当に腹が立ったわ。ソテロを捕まえるために、やるだけのことはやったんだから。ギャングのメンバーにメッセージを出して、家族について率直な質問をぶつけたり、どこに住んでいるか聞いたりもした。やつらの家の前まで車で行って、やつらの車の写真を撮ったし、ナンバープレートもすべて記録した。玄関先にブードゥー人形を置いてやった。ＦＢＩに連絡して、全員を強制送還させてやろうって思った。ウィーラー刑事は私に引き下がるよう言った。リバーサイドで白いフォード・エクスペディションが火をつけられるようになったって教えてくれた。でも、絶対に引き下がる気はなかった。クリスタルには正義が必要だった。クリスタルに会いたかった。帰って来てくれると、そのときでも待っていたのだから」

ベリンダの悲しみと怒りは彼女を暴力的な思考へと駆り立てた。彼女の狙いは娘の殺害者を探すことから、５１５０メンバー全員への復讐へと変わっていたのだ。**「人里離れた場所に全員を連れて行くことが出来たら、全員を撃ち殺せる」**と、ふと考えた日もあったそうだ。ベリンダはエンジェルにパーティーを開催させて、ギャング全員をおびき出すことを決めた。エンジェルの MySpace のページを使って、連絡を取ることができていた５

１５０のメンバーたちに「世界の終わり」パーティーを二〇〇六年六月六日に開催すると告げた。イベントの場所は、もうすぐ決まると伝えた。「もう少しのところで、全員撃つところだった。まったく、どうかしてるよね。銃は持っていたの。今は持っていないけどね。とにかく全員殺すつもりだった。夫と息子たちが目を覚ませって言ってくれたのは、本当にラッキーだったと思う。そのとき初めて、殺しはだめだってわかったから。それでもジョークス・ソテロは探し出したかった」

ニセモノのパーティー開催前日、ベリンダはMySpaceのエンジェルのページから、ジョークスにメッセージを送った。「まだここにいる？」とエンジェルは聞いた。「明日パーティーで会えるのが楽しみだよ」と、彼はすぐに返信してきた。ベリンダは号泣した。**「自分が誰と会話しているのか、知ってるの？　エンジェルが誰かわからないの？　この美しい娘のことを？　私たちが傷ついているように、彼のことも傷つけたかった」**。震える指先でキーを打つベリンダは、そう考えていた。

「あなたが誰だか知ってる」と彼女はタイプした。「愛してる？」「わかってるだろ」と彼は返信した。ベリンダの頬に涙が流れ、キーボードに落ちた。彼女は息を吸い込むと、書いた。「だったら、なぜあたしを殺したの？　あたしはクリスタル・セオボルド。あんたが私を殺したのよ」。ベリンダはそれでも止まらなかった。「コンピュータの前に座って、泣いて、泣いて、泣きまくった。ジョークスにメッセージを送り続けた。彼にもう一度聞いたの。『なぜ私を殺したの？』って。『自分が殺した人間も知らないのね。あなたが見ているエンジェルの写真は、クリスタルよ。あんたが私を殺したの。もうこの世にいない。なぜ私を殺したの？　私には夢があった。希望もあった。それなのに、なぜ？』。ジョークスは答えなかった。その直後、彼は逃走した。国外にね。ジョークスと対決したあと、私はMySpaceをウィーラー刑事に預けた。そうしないと感情が抑えられなかったから」

*

ソテロの行方がわからなくなってから、一年が過ぎた。エンジェルのMySpaceのアカウントはウィーラー刑事に預けたものの、ベリンダは彼を探すというたった一人で背負った使命を諦めることは拒否した。フェイスブックやツイッターといった別のソーシャルメディアをしらみつぶしにあたり、MySpaceで５１５０メンバーの動向を監視し続けたが、警察の捜査が進むにつれ、ギャングたちのオンライン上の存在感は薄れていった。ベリンダは定期的にウィーラー刑事と連絡を取っていた。

二〇〇七年八月八日、彼女がずっと聞きたいと願っていた知らせを、ウィーラー刑事がもたらしてくれた。捜査官が５１５０ギャングのメンバー、ウィリアム・〝ラスカル〟・リマスとその弟マニュエル・〝トリッパー〟・リマスの二人を、銃撃のあった夜、フォード・

エクスペディションに乗っていた二人として割り出したのだ。そして二人は重要な情報も提供した。追訴免除と引き換えに、誰が銃を発砲したのかを証言したのだ。「フリオ・ヘレディアを殺人容疑で起訴しました」と刑事は言った。

「本当にうれしかった」とベリンダは私に微笑みながら言った。「クリスタルは戻らないけれど、それでも、とうとう、私からあの子を奪った人間に裁きが下ることになった」。ヘレディアは二〇一一年に裁判を受けた。死刑判決の可能性もあり、当初ベリンダはそれを求めたが、後になって死刑判決を回避するよう求めた。「正しい判断だったと思う。人生で初めて、正しい判断をしたと思う」と彼女は認めている。裁判期間中、リマス兄弟はヘレディアに対して不利な証言をした。クリスタル殺害についてヘレディアは有罪となり、仮釈放なしの終身刑を言い渡された。ベリンダは「せいぜい長生きすることね」と語っている。

ベリンダにとって人生は続いていたわけだが、二〇〇六年二月二十四日の夜にフォード・エクスペディションに乗っていたギャング全員を見つけ出したいと願わない日は一日としてなかった。クリスタルの墓を訪れるたび、ベリンダはこの約束を大きな声で口にした。「全員を捕まえてやる。私が死ぬまでかかったとしても。愛してる、私のかわいい娘」

当時、ソテロを見つけ出すことは出来ないだろうとベリンダは考えていた。しかし二〇一四年、フェイスブックを検索し、とうとう糸口を見つけ出した。ウィリアム・ジョークス・ソテロが偽名を使ってアカウントを開設していたことを突き止めたのだ。なんとMySpaceで使用したクリスタルの写真まで、自分のニュースフィードに投稿していたのだ。ソテロのページによると、彼はメキシコで暮らしているようだった。ベリンダはウィーラー刑事に興奮して電話をした。「『私たち、とうとう捕まえたわ』ってなると考えていた。でもウィーラー刑事は、政府が令状を出すか決めるために、メキシコのソテロの正確な住所が必要だって言ったんですよ。だから、『リバーサイドの日常』っていうフェイスブックのグループに書き込んだんです。『クリスタル・セオボルドの第一級殺人容疑でウィリアム・ソテロは現在も指名手配中。情報提供者には謝礼あり』ってね。そこからすべてがはじまった。こんな書き込みは何百万回もやってきた。でも、このときは何かが違った」

　翌日、ベリンダのもとにソテロの知人女性からメッセージが届いた。彼女はベリンダを自分のフェイスブックのページに誘導した。「彼の家族が私のプロフィールを見ることができるので、こちらからフレンドリクエストを送ることが出来ないんです」と書いていた。「でも、私のページを見て下さい。あいつがどこにいるか、正確な情報を持っていますから」。ベリンダは、その情報をウィーラー刑事に伝えるよう女性に頼んだ。

「ウィーラー刑事の電話番号を伝えて、頼みこんだ。『お願いです。私のためにやってください。人生をかけてあなたに感謝しますから』って。そしてウィーラー刑事に電話して、このことを伝えたの。うれしくて、息が出来ないほどだった。『とうとう捕まえたわ。絶対に本人よ』って伝えた。するとウィーラー刑事が『ちょっと待って、割り込み通話だ』と言いはじめた。それは私に連絡をしてくれた女性からの電話だった。メキシコのソテロの住所を、刑事に伝えてくれたというわけ」

二〇一六年五月六日、ソテロはメキシコ中部で身柄を拘束され、州警察によって逮捕された。そして翌日、アメリカに引き渡された。逮捕当時、ソテロは結婚し、四人の子どもの親となっていて、メキシコでチリ農場経営者として働いていた。「彼を捕まえるのに、ここまで時間がかかるとは想像していなかった。私も最初の頃は世間知らずだったのね。MySpaceでハンティングをはじめたときは、夏までにはギャングを全員捕まえるつもりだった。とうとう彼を捕まえた。あとは法廷で彼に会うだけ」

その日は二〇二〇年一月に訪れた。故殺罪と銃器所持の罪を認めたソテロは、リバーサイド郡上級裁判所被告席で自分の運命を待っていた。ソテロは第一級殺人罪で起訴されていたが、検察との司法取引により取り下げられた。

ベリンダは被害者影響報告書〔被害者が犯罪によってどのような影響を受けたのかを説明する文書で、被告人への判決の際に提示され、法廷内で読み上げられる〕に、十四年にもおよぶ苦悩を吐露した。「ソテロをこれでもかと睨み付けてやった。思う存分、聞かせてやった。役立たず《パンク》、モンスター、卑怯者。そして『刑務所で他のギャングメンバーに命を奪われればいいのに』とも言ってやった。ようやくソテロに言ってやったっていうのに、あいつは反省しているようにはまったく見えなかった。突っ立って、向こうの壁を睨んでいた。私を見ようともしなかった」。ジョン・D・モロイ判事はソテロに二十二年の懲役を言い渡した。「当時は甘い判決だと思ったけれど、ソテロがそもそもいるべき場所に入ることがわかってうれしかった」

　審問の後、ベリンダはクリスタルの墓へと向かった。「花束を供えて、それから『捕まえたわよ、私の可愛い娘』と話しかけたの」と、彼女は回想した。

　ソテロに面会するために刑務所に行く予定はあるのか、もしあるとしたら彼に何を言うつもりなのか、ベリンダに質問してみた。彼女はしばらく考えて、そしてため息をついた。「私に来て欲しくはないでしょうけど、もしあいつに会いに行ったとしたら、まず『なぜあの子を殺したの？』って聞くでしょうね。この質問には一度も答えていないから」

　クリスタルとの約束を果たしたあとベリンダは、愛する家族のために正義を勝ち取ることが出来ていない、殺人事件被害者家族の救済をしなければならないと強く思うに至った。クリスタルの死を悼み、ベリンダは『リバーサイドの未解決殺人事件』という名のフェイスブックページを立ち上げた。そこで彼女は未解決事件の情報を共有し続けている。グループ向けのイベントを運営し、被害者家族の支援を行っている。その目的は、『正義を追い求める被害者家族』の存在を知らしめることだという。「子どもを殺された母親たちと話をするの。つい最近、リバーサイドで子どもを殺された人もいる。一緒に座っておしゃべりをする。どうにかして、あの人たちを導きたいって思う。たくさんのことを学んできたと思う。彼女たちの気持ちが、痛いほど理解できるから。怖くて、震えているでしょうね。被害者の権利は徐々に知られてきているけれど、でもこの国で被害者の権利が守られるようになるには、まだまだ時間がかかるはず」

「息子や娘の殺害犯を見つけることが出来なかった親は、とても気の毒だと思う。だって、私だって、クリスタルを殺した犯人を見つけるまで、安心することなんて出来なかったんだから」

　ベリンダと夫のベンは、臓器提供を通じて命を救うことを目的に設立された非営利団体「ワン・レガシー・ファウンデーション」のアンバサダーを務めている。ワン・レガシーと二人の結びつきは、クリスタルが臓器提供の意思を明確にしていたこともあり、とても強い。彼女の死後、クリスタルの臓器提供により、五人の命が助けられたとベリンダは教えてくれた。彼女から臓器提供を受けた患者から、ワン・レガシーを通じて定期的に手紙が届くという。

　クリスタルから肺の提供を受けたのは、十八歳の女性だ。「本当に美しい手紙を送ってくれた」とベリンダは言いながら、両手を頬に当てた。「手術前は、呼吸も出来なかったし、歩くこともできなかったそうよ。でもクリスタルから肺を提供してもらったおかげで、今は犬の散歩も出来るし、ボーイフレンドとバスケも出来るって。おばあちゃんの百歳の誕生会にも参加できたそうよ」

　クリスタルの心臓はリバーサイドに住む十一歳の少年に提供された。「もうすぐ二十七歳になるそう。とても優しい若者に育って、元気だってことを聞いた。クリスタルの死をきっかけに、誰かのお子さんが病院を退院できたことを聞くと、心が温まる」。ベリンダはそこで少し考え、懐かしい思い出に微笑みながら、話を続けた。「死んでしまってからも、クリスタルは人々に命を与えた。彼女はこの悲劇のなかのヒーローだし、彼女の心臓はこれからも動き続ける」

2

世界初のサイバー探偵

二〇〇一年秋　テネシー州キャンベル郡キャリーヴィル

ノックスヴィルに続く道にある、赤茶けた山脈に守られるように立つショーニー食堂外の駐車場で、遺体の引き渡しはスムーズに行われる。

助手席に座っていたエディ・バートンが黒い布製のダッフルバッグに入れられたアイテムを手渡すと、トッド・マシューズの車は静寂に包まれた。まるで礼拝堂のなかのようだった。「トッド、頼んだぞ」とエディは言った。「これがはじまりになるはずだ。この数年、俺たちが取り組んできたことへの答えが、ようやく出ると俺は信じている」

バッグを受け取ったトッドの興奮した表情が、野球帽の下から見えている。この小さなバッグの中身の正体を彼は知っている。テネシー州を百四十四キロも車を走らせた理由は、これを受け取るためだった。曲がりくねった山道を進み、ようやく辿りついた。エディと会うためであれば、トッドはどんなに距離が離れていようとも、必ずやって来る。そういうことなのだ。

　バッグの中の頭蓋骨は、トッドが思い描いていたよりも軽かった。彼はエディを見た。エディはキャンベル郡で発生した未解決殺人事件の、四年にわたる捜査に関わった三人の刑事の一人だ。被害者はジェーン・ドウ2番。定年退職を間近に控えたエディは、警察官のバッヂを返還する前に、被害者女性の身元を明らかにすることを決意していた。

「彼女を家族の元に返すためには、なんだってやる」と、トッドはエディに約束した。濃くて白い口髭を生やし、笑顔を見せるトッドは、『トランザム７０００』に出演していた若かりし日のバート・レイノルズにそっくりだ。彼はありきたりの法執行者ではない。トッドには、バッヂもなければ銃もない。法医人類学の学位さえない。しかし、彼は「ＤＩＹ刑事」として名高い人物。顔のない人々に顔を与え、名前のない人々に名前を与えることに人生を賭けている男である。

　エディの表情に染みついた心労がふと消え、笑顔になった。「解決できたら最高だ。前にも伝えたが、トッド、俺は君を信頼している」。そう彼は言い、助手席横のドアの取手に指をかけた。「安全運転で頼むぞ、相棒」

　車中で、トッドは名も無き女性の頭蓋骨と共にいた。窓ガラスの向こうの刑事に手を振ると、ダッフルバッグを助手席に置き、ゆっくりと駐車場から車を出し、52号線を西へと進んだ。ブロンズ色の風景のなか、テネシー州リビングストンの自宅に戻る。市民探偵の任務がスタートした。

この不気味なやりとりの十分前、二人は光沢のある濃い赤紫色の長椅子に向かい合わせに座り、食べ放題のショーニーズ・ランチブッフェを楽しみながら、活発なやりとりに夢中になっていた。エディ・バートンが車中に積んでいたバッグの中身について、この先の計画を話し合っていたのだ。エディのバッグに入っていたのは死亡した女性の頭蓋骨で、側頭骨に二つの穴が開いていた。銃弾が入った際に出来た穴、そして銃弾が出た際に出来た穴だ。

一九九八年十月、缶を拾い集めていた男性によって被害者の全裸の腐乱死体は発見された。悪臭を放つ硫酸塩泉にちなみ命名された、キャンベル郡スティンキング・クリーク［悪臭漂う小川］沿いでのことだった。検死報告書によれば、女性は殺人事件被害者だった。殺害した人物は、彼女に暴行を加え、胸部を刃物で刺し、そして頭部を銃で撃ち抜いた。

ランチを食べながら、エディとトッドは身元不明の被害者に関して、これまで収集した情報について話し合った。黒人女性で、年齢は三十代から四十代。大きめの歯が目立つ笑顔が特徴。足の指にはトフィーのようなアップルレッドのペディギュアを塗っていた。左手には結婚指輪。身長は約百七十センチで、体重は約五十七キロ。髪と目は茶色だった。ＤＮＡ検査結果は、行方不明者の中にも、犯罪に関与した容疑者のなかにも一致するものはなかった。被害者から採取された指紋も、照合できる記録はなかった。バラバラに切断された女性は、道端にまるでゴミのように捨てられていた。彼女に与えられた名前はキャンベル郡ジェーン・ドウ2番だった（アメリカの警察では身元不明遺体にジェーン、あるいはジョン・ドウという名前をつけることになっている）。解剖後、キャンベル郡ジェーン・ドウ2番の両手はケンタッキーのキャンベル郡医局に送られた。頭蓋骨も保管されたが、残りの遺体は埋葬された。

頭蓋骨を預ってから二十一年。コンピュータのビデオ通話越しにこんな物語を伝えるトッドの表情に、私はじっと見入ってしまった。「家族を一つにし、再び完全な状態に戻すという作業は、僕にはとても重要なことです。刑事が事件被害者の遺体を民間人に預けるなんてことは、そうそうあることじゃない」と、彼はまったりとしたテネシー訛りで語り、私は何度も頷いた。「ただ、エディと僕との間には信頼関係がありましたから。スティンキング・クリークで殺害された女性の事件を解決しようと、彼は何年も努力していましたしね。だから、僕から彼に連絡を入れたんです。頭蓋骨を手渡してくれたということは、エディには、自らの仕事をきちんと最後まで終わらせる意志があると理解できました」

事件についてコートＴＶチャンネル「犯罪ドキュメンタリーシリーズの放映やニュース報道を

行う、犯罪をテーマにした専門チャンネル」で特集が組まれた二〇〇一年八月、トッドは刑事に連絡を入れた。特集のタイトルは『キャンベル郡で発生したジェーン・ドウ未解決事件』で、エディが二人の身元不明女性の事件を捜査する様子を描いていた。ジェーン・ドウ1番は、一九九七年一月に全裸の刺殺体で発見された。ジェーン・ドウ2番が発見された場所にほど近い、キャンベル郡内だった。

この二件の殺人は郡内部で発生したものではないとエディは結論づけていた。存在の知られていない連続殺人鬼が二人の女性を処刑し、スティンキング・クリークに遺棄したのではと考えたのだ。しかし犠牲者の身元を調べることは、ベテラン刑事にとっても長い戦いとなった。テネシー州の隅々まで、ヒントを追うようにしてエディは訪ね歩いた。クラックを扱ういかがわしい店や売春宿にまで足を運んだが、すべて行き止まりだった。

二つの事件を解決するヒントを手に入れるため、より多くの情報を求めたエディは、ＦＢＩ犯罪情報センター（NCIC：National Crime Information Center）のデータベースに着目した。電子化されたこのデータベースは、行方不明者及び犯罪データを一覧で表示することで、警察当局が情報を参照できるようになっている。このデータベースでエディは、二人のジェーン・ドウの特徴と、すでに行方不明者として登録されている女性たちの特徴を比較した。

「ジェーン・ドウ1番には顕著な特徴がいくつかありました」と、トッドは説明する。

「三十五歳から四十五歳、ヒスパニックあるいはネイティブアメリカンの祖先を持つということ。そして、タトゥです。左肘の内側に薔薇、左肩に孔雀、右腕に『Mom 77』と読めるものがひとつありました」

「でも、ドウ2番の情報は少なかった。というのも、腐敗が激しかったんです。殺害されたのは、遺体が発見される数日前だと考えられています。特徴的な痣や傷、タトゥもありませんでした。ただ、犬歯があり、それが牙のように見えた。犯罪情報センターのデータベースを検索しても、どちらも情報に辿りつきませんでした」

　長年エディが調査してきた事件の概要と同時に、コートＴＶの特集はトッドのＤＯＥネットワークにおけるメディアコーディネーターとしての役割にもスポットを当てていた。トッドがジェニファー・マーラーとヘレナ・ワールストームと共に一九九九年に設立したＤＯＥネットワークは、世界各地で行方不明となっている人々や、身元不明者の未解決事件を解決に導くため、捜査機関の支援をしている。ＤＯＥネットワークのウェブサイトにはこう記されている。「名前のない人たちに名前を取り戻し、家族の元に帰すことが私たちの使命です」

　トッドはＤＯＥネットワークと、彼自身の取り組みである犯罪科学アートイニシアチブ、「プロジェクトＥＤＡＮ」を通じて、二件の未解決事件に光を当てることが出来ると確信していた。才能あるビジュアル・アーティストであるトッドは、二〇〇一年二月にプロジエクトEDANを自ら立ち上げた。EDANとは「Everyone Deserves a Name（誰もが名前を持つべき）」の頭文字を取った名称だ。資格のある科学捜査アーティストのボランティアグループと協力しながら似顔絵を描き、解剖の際に撮影された写真、あるいは頭蓋骨を元に、身元不明被害者の顔を粘土で復元することにより、トッドは「顔のない人々に顔を与える」ことを使命に掲げている。エディに電話をかけ、キャンベル郡のジェーン・ドウ2番の顔の復元を提案したときのことは、よく覚えているという。

「僕らはコートTVの同じ特集に登場する、二人の田舎者。電話してみようって思ったんだ。『一九九八年にキャンベル郡で発生した事件のジェーン・ドウの復顔を考えたことはありますか?』って、彼に電話して聞いたんだよ」

「上層部が復顔にかかる費用を払うとは思えないとエディが言ったんだ。『クラック中毒の売春婦で、トラックから投げ出されただけと、切り捨てたんですから』と彼は言い、『本当に悔しいことです』とも言ったんだ」

「復顔にお金なんて要りませんよと、僕はエディに言いました。だから僕らに任せてくれませんか?　ってね。そしたら彼は『ええ、もちろんです』と答えてくれたんです。エディは僕の市民探偵としての仕事を知っていたし、評価もしてくれていましたよ。僕と一緒にチームに参加したいとまで言ってくれたんです。うれしかったですね。そこから数ヶ月間にわたって、キャンベル郡のジェーン・ドウの話をエディと電話で頻繁に話し合いました。そして事件をＤＯＥネットワークにデータ登録しました。これはエディも同意してくれたことで、事件の認知度を高めるためです。エディと僕は互いの立場を理解していました。すぐに打ち解けて、キャリーヴィルで落ち合うことに決めたんです。秋のことです。僕が遺骨を預かるためでした」

　頭蓋骨が手渡された日、二人の刑事はジェーン・ドウの全裸の遺体が遺棄された場所へと車を走らせた。ショーニーズで昼食を取る前のことだ。そこから、二人は近隣のテネシー州ラフォレットにあるピーボディー霊園へと向かい、二人のジェーン・ドウの横並びの墓石を見に行った。どちらの墓石にも「身元不明者」とあった。その重苦しい光景はトッドにとって珍しいことではなかった。名前を奪われた人たちに名前を取り戻す取り組みのなかで、多くの身元不明被害者の墓石の前に立ってきたからだ。「墓地で静かに佇みながら、エディと私が強い絆で結ばれていることがわかりました」と、彼は言う。「互いの絆だけではなくて、二人のジェーン・ドウとの間にも。僕と同じようにエディが考えてくれていることもわかりました。**この二人の女性を家族のもとに戻さなければならない。自分の名前が刻まれた墓石の下で、安らかに眠ることが出来るように**」

　その日の夜に帰宅すると、トッドは注意深くダッフルバッグを開け、頭蓋骨を検証した。「きれいな状態で、しっかりしていました」と、彼は回想する。「頭蓋骨は漂白されていました。当時の事件遺体の処理工程がこのようなものでした。多くの法医学的証拠が破壊されてしまったことは言うまでもありません。頭蓋骨自体に破損した部分はありませんでした。弾痕以外は……」

　翌日、トッドはジェーン・ドウ２番の頭蓋骨の縮尺拡大図を作成した。そして頭蓋骨とそのスケッチをサウスカロライナ在住の法医学アーティスト、ウェス・ネヴィルに送った。彼にジェーン・ドウの胸像の作成を依頼していたのだ。ウェスはジェーン・ドウの特徴的な八重歯が彼女の身元を割り出す鍵になると確信した。そのため、二種類の胸像を製作した。一つは口を閉じた状態のもの、そしてもう一つは、笑った状態のものだった。

「こういった復顔は、肖像画と同じではありません」と、トッドは念を押すように言う。

「愛する家族に酷似していると期待して、このようなイメージを見る人が多いのです。ＥＤＡＮの教育目標は、犯罪科学的アートワークの見方を教えることです。描かれる絵は幽霊のようなものであり、その人物がどのような見た目をしていたのかを囁くような存在です。エコーです。復顔をすることで、人々の記憶が呼び起こされるかもしれません。誰かがその特徴に気づくかもしれません。だから、キャンベル郡の復顔では、ジェーン・ドウ２番の犬歯に着目したのです」

　数週間後、ウェスは笑顔のジェーン・ドウを自らトッドに手渡しに行った。トッドは仕上がった作品に喜んでいた。アーティストはジェーン・ドウの大きめの歯、突き出した顎、笑顔で出来たしわ、肉付きの良い頬といった特徴をよく表すことができていた。鼻はわずかに右側に曲がり、髪はアンバー色でカールしていた。このキャンベル郡のジェーン・ドウはもはや、人口動態統計上の儚い存在ではなくなった。彼女には顔がある。独特の表情を湛えている。トッドはウェスのアートワークが三年間のミステリーに答えをもたらしてくれると確信していた。そして悲惨な殺人事件被害者の名前さえ教えてくれるかもしれない。「ウェスには『名前がわかったら、君に最初に伝えるよ。僕が電話をします』と伝えましたよ。彼の作品がどれだけ重要な意味を持っているかを知って欲しかったから」と、トッドは言った。

　トッドは胸像の写真をＤＯＥネットワークとプロジェクトＥＤＡＮのウェブサイトに掲載し、同時に別の法医学アーティストに依頼した、粘土の模型をモデルとした似顔絵を公開した。リビングルームの奥に作った「ドウのオフィス」の棚に胸像を置き、彼女を「サリー」と名付けた。「このニックネームが、しっくりきたんです。ウェスと僕にとって『サリー』は胸像の呼び名にぴったり。『頭蓋骨に弾痕のある女性』とは呼びたくなかったんでね」

　殺害された女性の身元は不明なまま、六年が経過した。定年退職したというのに、事件はいつまでもエディの心に残り続けた。証拠や読み尽くした手がかりで分厚くなったフォルダを何度も見た。見落としたことがあるのではと期待したのだ。事件を動かす手がかり。ジェーン・ドウ２番に名前を戻して、埋葬するための何か。「こういった事件は、癌のようなものです。人間を食い尽くすんですよ」と、彼は当時、ノックスヴィル・ニュース・センチネル紙に語っている。

トッドが言うように、一九九八年に発見された被害者を「記憶に留める」ことは重要だった。「ドウを、発見された地域やそれ以外の地域の永遠の記憶とする必要がありました。彼女は殺人事件被害者で、地域に関連のある人なんですから」

二〇〇七年、キャンベル郡ジェーン・ドウ2番事件に新たな希望がもたらされた。アメリカ政府がトッドを全米行方不明者・身元不明者システム（National Missing and Unidentified Persons System　短縮して NamUs［読み方は Name《ネイム》 Us《アス》：私たちに名前を］）の設立者と共同運営者として雇用したのだ。

司法省によるこのシステムは身元不明遺体の詳細を記録したデータベースと、行方不明者のファイルを相互参照出来るようになっている。ネイムアスは、愛する人の死や行方不明によって影響を受けた家族をサポートするために設立され、指紋照合や歯の治療跡の照合、人類学的分類、ＤＮＡ分析などを無償で行っている。データベースには誰でも事件情報を登録することができる。

ネイムアスを設立したトッドは、システムにキャンベル郡ジェーン・ドウ2番事件の詳細を入力し、ウェスの粘土による復顔の写真と、別のアーティストによる四種類の似顔絵を登録した。「キャンベル郡ジェーン・ドウ２番事件の情報をネイムアスに登録すれば、データベースのリソースを有効利用できます。例えば、ネイムアスがいままで一切照会されたことのない指紋記録を入手したとします。これはＦＢＩに対して、その指紋を分析するためのアクセスを提供することになるのです」

ドウ２番のファイルがネイムアスに公開されると、ＤＯＥネットワークとプロジェクトＥＤＡＮが驚くべきニュースで大騒ぎになった。一九九八年に発見されたドウ２番についての情報を公開する一方で、トッドは新たに法医学アーティストを採用し、キャンベル郡のジェーン・ドウ１番のイラストを依頼した。そして、二〇〇七年三月、とある市民刑事が彼女の身元を割り出した。身元不明の状態で十年という歳月が経過したが、とうとう彼女の墓標に本物の名前を刻むことが出来るようになったのだ。彼女の名前は、エイダ・エレナ・トレス・スミス。三十二歳、ヒスパニック系の女性で最後に目撃されたのは、一九九六年七月、サウスカロライナ州サンティーンでのことだった。

「ＤＯＥネットワークのボランティアが行方不明になった女性と、ネットワーク内のキャンベル郡ジェーン・ドウ１番のファイルを結びつけてくれました」とトッドは言う。「行方不明者の情報のなかに、女性のタトゥの詳細が記されていました。それがエイダとマッチしたんです。そして指紋からも身元が判明、全米行方不明者・身元不明者システムには送られていませんでしたが、別のデータベースに存在していました。とうとう、エイダは家族の元に戻ることになったんです」

　エイダの身元が判明したことで、トッドはキャンベル郡ジェーン・ドウ２番事件の解決に意欲を燃やしたが、この事件については、解決まで更なる時間が必要だった。彼は昼夜を問わず作業をし、急増するＤＯＥネットワークとネイムアス内の行方不明者リストを精査し、殺害事件被害者と似た特徴を有する人物を探した。可能性のある名前を見つければ、ＤＮＡ検査の手配を行い、歯の治療履歴や指紋も探した。トッドは自分のウェブサイト内に「サリー」について書き、機会があるごとにメディアを通じて粘土で復顔された彼女の顔を世間に知らしめた。胸像はＡＢＣで最も人気のある朝のテレビ番組で、数百万人が視聴する『グッド・モーニング・アメリカ』でも放映された。しかし、サリーの身元はわからなかった。それでもトッドは闘い続けた。なぜなら、「ジェーン、そしてジョン・ドウ事件や、彼らのことは絶対に忘れません。忘れてしまったら……誰も彼らを記憶しなくなるということですから」

　事件に光が差したのは、二〇一五年のことだった。トッドはピーボディー霊園に舞い戻った。ＤＮＡ分析のために法人類学者たちがキャンベル郡のジェーン・ドウ２番の遺体を掘り起こすのを手伝ったのだ。

　骨だけが入っている棺を発掘するのに、二時間半かかった。ノックス郡科学捜査研究所のエキスパートたちが骨を洗浄し、ＤＮＡを抽出した。研究所は遺伝子素材をＦＢＩの統合ＤＮＡインデックス・システム（ＣＯＤＩＳ）に登録した。ＣＯＤＩＳでは遺伝子素材をアーカイブし、犯罪現場、身元不明遺体、行方不明者、犯罪者から得られたＤＮＡプロファイルと比較することができる。トッドはＤＮＡの一致はあるだろうと楽観的だった。「遺体を掘り起こすということは、彼女を甦らせることなんです。彼女の遺体は何年もの間、バラバラの状態でした。彼女のＤＮＡをＣＯＤＩＳに登録することができましたし、とうとう、彼女の情報を得ることが出来るようになったんです。彼女を一つの場所にまとめることが出来た。それはすばらしいことです。すぐに身元は判明すると思っていましたよ。ウェスに電話しなくちゃいけないなって考えていました」

トッドがウェスに報告の電話をかけることができたのは、彼自身がキャンベル郡保安官事務所から連絡を受けた二〇二二年二月のことだった。エディがトッドに頭蓋骨を託してから約二十一年の時を経て、それがオハイオ出身のロリ・アレクサンダーのものだと判明したのだ。一九九八年九月にトレドで行方不明になった二十七歳の女性だった。

ロリの身元が判明したのは、ノックス郡科学捜査研究所が彼女の指紋を、アップデートされたＦＢＩデータベースに登録したのがきっかけだった。過去数十年にわたって全米各地で記録されてきた、デジタル化された指紋カードと彼女の指紋が比較され、最終的に若き女性の身元が判明したのだ。

被害者の名前に驚いたのはトッドだった。というのも、身元不明遺体は別の黒人女性の行方不明者、パメラ・ウェブスター・パーマーではないかと考えていたからだった。「僕の妻もロリという名前なので、彼女の名前には親しみを感じましたね。でもロリ・アレクサンダーは以前考えていた行方不明者の名前とは違っていました。パメラ・ウェブスター・パーマーはDOEネットワークのリストに掲載されていた女性で、ジェーン・ドウではないかと思っていたんです。彼女が最後に目撃されたのは一九九六年で、ノースカロライナ州ウェイク郡ローリーでのことでした」

「それでも、僕らが探していたキャンベル郡ジェーン・ドウ２番は、最終的に身元が判明しました。指紋で身元は完全に明らかとなったのですが、このプロセスを進めるために多くの人間が尽力したんです。ウェスの復顔は事件を可視化しました。だから彼にはすぐにメールを送りましたよ。『サリーの名前を見つけたよ。電話していいかい』ってね。ウェスはすぐに返事をくれましたよ。『すぐに電話してくれ、ブラザー』」

警察はロリの親族に遺骨を戻すことができた。「私の次の使命は、ロリ・アレクサンダーに関するすべてを調査することです」とトッドは誓う。エイダ・エレナ・トレス・スミスとロリ・アレクサンダー殺害事件に関する捜査は今も継続中である。

＊

トッドは、生まれ育った片田舎のテネシー州オーバートン郡リビングストンにある自宅ラウンジから私に語りかけていた。幼い頃から家族が抱えてきた死の衝撃と哀しみを感じさせない明るい性格だ。妹のスー・アンが生まれた直後に亡くなったのは、彼が二歳のときだった。その七年後、弟のグレゴリー・ケニスが生まれて数時間で亡くなっている。二人とも、父ジェイムスがベトナム戦争時にアメリカ軍に従軍し、エージェント・オレンジ［アメリカ軍によって兵器として使用された除草剤］に晒されたことが原因と思われる、先天性疾患を患っていた可能性がある。

　トッドが生き残ったいきさつも不透明だ。八歳のとき、心疾患（大動脈狭窄症）のために大手術を受けた。ベージュ色の野球帽をかぶり直すと、驚いたような表情を見せた。「医者が僕のベッドの横に立って、両親に『この子は二十代を迎えられないだろう』なんて言ったんですよね」と回想した。「僕は常に、子どもながらに、死ぬはずだったのは自分だと思っていたし、生き残ることに罪悪感を抱えていましたよ。五十二になった今も、元気だけどね」

　トッドは近所にあるコナー・プライヤー霊園にあるスーとグレゴリーの墓を定期的に訪れている。「コナー・プライヤー霊園の墓は僕らの家族が所有しているんです。母方の祖母デラ・メイ・ヴォーン（旧姓プライヤー）とか、彼女の先祖が多く埋葬されています。父と叔父が芝を刈っている間、墓石の近くで遊んでいた記憶がありますよ。名前が刻まれた墓で安らかに眠っている妹や弟に会いに来ることができるんだから、感謝しています」。妹と弟の死については今でも悲しいけれど、小さな墓石に刻まれた二人の名前を見ることで安らぎを感じるそうだ。これこそが、彼が得意とする作業への情熱になるという。行方不明者と死者の秘密を解き明かすことだ。

　ソファに腰掛けるトッドの後ろの壁には、金色で書かれた「WELCOME」の文字が見える。私が「テント・ガール」の話題を持ち出すと、彼は懐かしさに目を輝かせ、鼻の下の濃い髭が持ち上がるほどの笑顔を見せた。三十年以上も未解決のままになっていた事件。それを思い起こさせる名前。ケンタッキー州ジョージタウンのイーグル・クリークに接する僻地に、カーニバルで使用されるテントに包まれて遺棄された女性がいた。十年にわたり捜査を続け、サイバー探偵のパイオニアとして、トッドを一躍有名人にした事件だ。

　これはほとんどラブストーリーである。その物語は、一九八七年のハロウィンの時期、トッドがリビングストン高校に通っていた時代からスタートする。プラスチックのカボチャや骸骨の置物、オレンジ色の花輪で飾り付けられた自習室で、十七歳のトッドは頭を傾けたロリ・リドルの話を夢中になって聞いていた。彼女の父親が、キャンバス地に包まれた遺体を偶然見つけた日のことだった。ロリは肩にかかるふわふわとした茶色い髪が特徴の、すらりとした細身のティーンエイジャーで、数日前に彼女を初めて目にしてから、トッドは彼女に魅了されていたのだ。

ケンタッキー州スコット郡の町から引っ越してきたばかりのロリとその家族を、トッドは学内のカフェテリアで見かけたことがあった。友人のジャックの肋骨のあたりを軽く突いて、ケンタッキー高校のワインレッド色のジャケットを着た彼女の方を、額を使って示すと、「オレが結婚するのはあの娘だ」とトッドは言った。

ロリの父親のウィルバーが一九六八年五月十七日に遭遇したという、不気味な光景を説明する彼女の口元をじっと見つめていたトッドは、ますます彼女に夢中になってしまった。トッドはミステリーがそもそも大好きだったが、彼女のストーリーには最初から引き込まれていた。

「ある日のことよ。パパが森の中で女性の死体を見つけたの」と、ロリはまるで天気の話でもするかのように話しはじめた。「テントにくるまれていたの。裸で、身元がわからないぐらい腐敗していた」と、ロリは一旦話を止め、コーヒー色の目をテーブルに集まっている数人の生徒に向けた。たった今まで、ハロウィンにつきものの、ゾンビや吸血鬼や悪霊の出てくるでっち上げの物語で、友人たちは互いを怖がらせようとしていた。ベッドの下にモンスターがいるなんていう物語に、効果音をつけて話をするのだ。指の関節をテーブルにコツンコツンと当てて足音をまね、おばけの登場シーンには鼻歌を歌い、喉の奥から雷がゴロゴロと鳴る様を表現していた。でも、ロリの話にそんな効果音は必要なかった。彼女の話は生々しく、もの悲しくて、本物のホラーだったからだ。

「誰もその女性の名前を知らない。だから彼女は『テント・ガール』って呼ばれているんだって」と、ロリは話を締めくくった。

　ロリのこの話の、何かがトッドの心にひっかかった。この身の毛のよだつような事件の話を聞いたのは初めてだったのにもかかわらず、テント・ガールは彼にとって聞き覚えのある名前のように感じられた。彼女との間に、不思議な繋がりを感じたのだ。成長した今になって高校時代の記憶を甦らせたトッドには、「家族のような存在」となった被害者に対する思いやりが溢れるようだった。「ロリからテント・ガールの話を聞いてすぐに、名前を探さなくてはと思いました。とても重要な物語だと思いましたね。まるでテント・ガールが自分の人生の一部になったかのように思えたんです。**『本当の名前を墓石に刻む価値がある人だ』**ってね」

　自習室での話が終わると、トッドはロリを家まで徒歩で送って行った。その間も、二人はテント・ガールについて話をした。彼女がジョージタウン墓地に埋葬されているということ、その女性の墓石には、彼女のニックネームと、警察が描いた彼女の生前の姿と思われるスケッチ画が刻まれていることを、ロリはトッドに話してくれた。ケンタッキーでは有名人で、テント・ガールの亡霊を怖がる人もいるとロリは言った。ジョージタウン大学の学生たちが、夜中に肝試しで彼女の墓に行くことがあったそうだ。「墓石に刻まれた彼女の顔にチョークを塗って、確かに行ったという証明にしたんだって」と、ロリはトッドに話した。二人がロリの家に辿りつくと、彼女はトッドに少し恥ずかしそうに笑いかけた。「パパに会いたい？」と、トッドに聞いたのだ。

リペアが完了していたトッドの心臓は、喜びのあまり心拍数を上げていた。「もちろんだよ」と彼は答えた。「是非、お会いしたいな」。数秒後にトッドは、テント・ガールを発見した男性と握手していた。

リドル家の居間に座り、ロリの父親ウィルバーが十九年前に偶然見つけた女性について語るのを、トッドは夢中になって聞いていた。一九六八年のあの金曜日の朝、井戸の掘削業者として働いていたウィルバーは、イーグル川の現場近くに置かれているはずの上司のメモを探していた。見つけたメモには、「私が来るまで掘削はしないこと」と書かれていた。時間を潰すため、ウィルバーは散歩に出ることにした。

遠くに見える電柱のうえに、人影が動いていた。「絶縁体を交換している人だな」とウィルバーは考えた。古くなったガラス製の部品を友人がペーパーウェイトとして三ドルで売っていたので、ウィルバーは州間高速道路75号線沿いの未舗装の道で、捨てられた緑色の絶縁体（ヘミングレイ－42）を拾い集めて、友人のために持ち帰ることにした。いくつか拾って満足したウィルバーは、土手を登って自分のトラックまで戻った。そのときだ。一・五メートルほどの長さのある、ロープで縛られたアーミーグリーンの防水シートらしきものが目に入った。好奇心から、ウィルバーはその奇妙な包みに近づいた。キャンバス地を引っ張ると、少し隙間が開き、中から腐敗臭が漂ってきた。ウィルバーは恐ろしくなり、息を止め、ブーツの先で包みを蹴り、土手から下へと転がした。すると防水シートが大きく開き、人間の形をした包みが中から転がり出てきたのだ。隙間から緑と紫のまだら模様の人間の体が見えた。ウィルバーは走ってトラックに戻ると、最も近い給油所まで三キロほど走り、スコット郡保安官ボビー・バンスに電話をした。

「ボビー・バンスが、副保安官のジミー・ウィリアムスと検死官代理のケニス・グラントを引き連れてやってきたんだ」。ウィルバーは黒縁の眼鏡から覗き込むようにしてトッドを見ると、「俺が彼らをその場所に連れて行き、ボビーが遺体を確認した。彼は口を手で覆ったよ。ジミーは『この臭いは世界でひとつしかない。人間の腐敗臭だ』って言っていた」

　刑事たちがロープを切り、そのテントに使用されるタイプのキャンバス地を大きく開くと、中から裸の腐乱死体が現れた。その若い女性には両目がなく、右手を伸ばした状態で、それは彼女が中から逃げだそうとしていた可能性を示していた。

　グラント検死官代理の検死報告書によると、被害者は白人女性で年齢は十六歳から十九歳、身長は約百五十五センチ、赤茶色の短い髪、前歯に目立つ隙間があった。その他、目立つ痣や傷はなかった。

　スコット郡検事のヴァージル・プライヤーは身元の特定を行うための捜査を指揮し、オハイオ州の検死官トップ、フランク・クリーヴランド博士に遺体の検死を依頼した。頭蓋骨のわずかな変色から頭部への外傷が考えられたが、検死官が彼女の死因を特定することは出来なかった。

警察官でありアーティストでもあるハロルド・マッサーが名もなき女性の顔を、検死写真を参考にして描き上げた。前歯の隙間を強調するように描かれた被害者のそのイメージはチラシに印刷され、町中に配られた。地元紙のケンタッキーポスト&タイムススターは、被害者に「テント・ガール」という名を与えた最初のメディアとなった。

話に釘付けになったトッドは、ウィルバーを質問攻めにした。「次に警察は何をしたのですか？」「容疑者は？」「被害者はテントの中で窒息死したと思いますか？」

リドル家をトッドが出る前に、ウィルバーは一九六九年五月号の『マスター・ディテクティブ』誌を見せてくれた。その号には「テント・ガールは誰なのか、そして誰が彼女を殺害したのか」という記事が掲載されており、ウィルバーが彼女の遺体を発見した日のできごとが記されていた。その記事のなかで、ウィルバーは仮名で登場しており、ハロルド・マッサーの似顔絵も掲載されていた。ウィルバーは黄ばんだページに印刷されたテント・ガールの顔を、厳粛な表情をしながらトッドに対して指し示した。「この子にはお母さんがいたはずだ。お父さんだっていたはずだ。将来は結婚だってしてたかもしれない。この子が誰なのか、確かめてあげなくちゃいけないんだ」とウィルバーは言った。

トッドはゆっくりと頷いた。「僕も手伝いたいです」と彼は言い、それは本心だった。
カフェテリアで友人に宣言した九ヶ月後、確かにトッドはロリと結婚した。しかし、幸せな新婚時代でさえ、トッドはテント・ガールのことばかり考えていた。一九八八年に二人とも高校を卒業し（ロリは後期中等教育課程を修了した者と同等以上の学力を有することを証明するGEDテストを受け、一年早く学校を離れた）、リビングストンに居を構える数ヶ月前には、トッドはテント・ガールについて調査をはじめていた。何時間も図書館で過ごし、マイクロフィッシュ［小さな写真を一枚のシートに収めたもの］のブースを陣取り、膨大な資料に目を通した。テント・ガールに関する記事のアーカイブを読むために、新聞社にも向かった。記事を書いた記者を見つけ出し（一部は引退してから長い年月が経過していた）、『マスター・ディテクティブ』誌を何度も読み直し、自分の知識として吸収していった。

　トッドは日中の時間を使い、テント・ガールの身元を夢中になって探り続けた。夜は、エアコンの部品を作る工場で働いた。それでも、テント・ガールは夜勤の間中、トッドの脳裏から消えることはなかった。ハロルド・マッサーが描いた彼女の顔は、彼の心のなかで命を吹き返して甦る。まるでポラロイド写真のように、頬に色が差し、茶色い瞳に光が戻る。彼の心の目には、彼女が笑うときの、前歯の隙間がはっきりと見える。テント・ガールはトッドにとって、不気味な存在ではない。彼女は回転し続ける熱慮と理論のメリーゴーランドと共に、彼の頭のなかで生きているのだ。**「若い女性が行方不明になり、殺害され、家族がそれを届け出ないなんてことが、どうして起きるのだろう？　テント・ガールを知っている人は、絶対にいるはずなんだ。誰かが彼女を探しているはず。彼女のおむつを替えた人、彼女に食事を与えた人、彼女の髪を梳かした人がいるはずなんだ。誰かが彼女を育てていたはずなんだ」**

結婚式が終わると、トッドの義理の両親はケンタッキーに戻っていった。ロリは両親が戻ってしまったことが寂しくてたまらなかった。だから新婚の二人は、週末になるとほとんど必ず、三百六十五キロも車を走らせ、リドル家に行っていた。トッドはこの週末の旅行を楽しみにしていた。戻ればテント・ガールについてウィルバーに質問が出来るし、二十年前に腐乱した彼女を発見した場所を訪れることが出来るからだった。

トッドは、悲しい墓碑銘が刻まれたテント・ガールの墓で時間を過ごすことも多かった。マッサーによる似顔絵の下に、この女性の短い生涯に関するわずかな事実が記されている。

テント・ガール
一九六八年五月十七日に国道25号線沿いで発見される
一九六八年四月二十六日から五月三日までの間に死亡したと推定
年齢は十六歳から十九歳

身長百五十五センチ
体重四十九キロから五十二キロ
赤茶色の髪
身元不明

彼女が発見された場所に行き、彼女が埋葬された場所で過ごすことで、彼女の身元を必ず割り出すというトッドの決意は固くなった。ウィルバーが初めてキャンバス地の包みを見つけた場所に連れていってくれた日のことを覚えている。「ショックでしたよ」と彼は私に言い、自らの言葉のリズムに合わせて頭を揺らしていた。「ああいった場所を訪れるのは、僕にとっては大切なことなんです。何十年も経過して、大きく変わってしまった発見現場に警察関係者が戻る必要なんてないですよね。でもウィルバーが自分の足跡を辿って、テント・ガールを発見した場所を正確に僕に指し示す姿を見て……まあ、それに触発されたんですよ。彼女との強い繋がりを感じました。テント・ガールが誰なのか、僕にはわかったんです。彼女の墓に跪き、墓石に刻まれた悲しい最後の言葉である「身元不明」という文字を目にする度に、僕は彼女に『君を家に連れ帰る。君の名前を必ず見つけるからね』と約束したんです」

捜査関係者らは長期間にわたって、テント・ガールをティーンエイジャーだと主張してきた。十三歳程度の若さである可能性もあるとした。なぜなら、彼女が小柄だったからだ。しかし、ウィルバーとの会話や警察の報告書の情報を総合的に判断したトッドは、彼女の年齢に関して疑問を抱きはじめた。彼女の胸はしっかりと発達していたとウィルバーは記憶していたし、手にはマニキュア、足にはペディキュアが施されていた。それは彼女が十代の前半だと示唆していなかった。ＦＢＩによる検死報告書を精査していたトッドは、墓石に刻まれた年齢よりも彼女が上であったことを示すヒントを見つけ出した。報告書によれば、被害者の肩に付着していた物質は、赤ちゃんのおむつだったというのだ。

「テント・ガールは推測されているより年上なんじゃないかって、すぐに考えましたよ。彼女におむつの切れ端が付着していたということは、母親だった可能性があると思ったんです。警察当局に手紙を書いて、自分の考えを説明しました。それから郡の検死官にも手紙を書いて、テント・ガールに出産歴があるかどうか調べるために彼女の遺体を掘り起こし、骨盤付近を検査して欲しいと頼みこんだんです。それに反応はありませんでしたが、いずれにせよ僕はテント・ガールを探し続けるつもりでした」

　年月は過ぎ、トッドのテント・ガールに対する執着はコントロールを失いつつあった。彼の答え探しが原因で、結婚生活に暗雲が立ちこめたのだ。彼とロリは、調査にかかる高額な費用に関して言い合いをするようになった。ケンタッキーへ通うためのガソリン代は高額だった。警察署や新聞社に行き、住民、記者、警察官に取材を重ねた。時には、テント・ガールの埋葬をした葬儀関係者にまで話を聞いた。工場から支払われる低賃金では、莫大な電話代の支払いにも苦労した。それでもトッドはテント・ガールのことを諦められなかったし、諦めるつもりもなかった。彼女はトッドの夢のなかにも出てくるようになった。とある夢のことを、トッドは決して忘れられないと言う。その内容を聞いた私は、全身に鳥肌が立って仕方がなかった。

「物音がして、夜中に目を覚ましました。階下のキッチンから、軋む足跡が聞こえてきたんです」と、トッドは語りはじめた。「僕はベッドから出て、階段を降りて、キッチンに入って行きました。そしたら、カウチにテント地で包まれた誰かが座っているんですよ。『誰だい？』って聞きました。そしたら、女性の声がこう答えました。『テントを切って中を見て。そしたらわかるわ。お願い、私をここから出して。そしたら誰か教えてあげる』」

「キッチンの引き出しから肉切り包丁を取り出しました。そして、カウチに座る誰かに覆い被さるようにして、包丁で布地を切り裂いていきました。肉切り包丁の振動のようなものが手に伝わってきました。穴が開き、その暗い裂け目を覗き込んだ瞬間、腐敗した、両目のない顔が飛び出してきたんです」

　トッドはそこで話すのを止めたが、私は続きが聞きたかった。「それで、どうなったんです？」

「ベッドで目覚めましたよ」と彼は答えた。「でも翌朝に階下に行くと、肉切り包丁がカウチの上に置いてありました。悪夢のことは忘れようと思ったけど、実際に肉切り包丁を引き出しから取り出していたことは、正直、恐ろしかったですね」

一九九七年になっても、トッドはテント・ガールの身元を割り出すことができていなかったが、コンピュータ購入資金を確保し、家にダイアルアップ接続のインターネット回線を持つことが出来るようになった。Ｙａｈｏｏ！検索（Googleはまだ存在していなかった）が、トッドの新しい情報源となった。彼は行方不明者リストが掲載されたウェブサイトをくまなく閲覧し、長い間行方不明になっている友人や親類を探す人々からのメッセージが掲載されたフォーラムを読み込んだ。カーニバルで働いていた行方不明者を検索しても結果は出なかった。テント・ガール事件に関する情報はインターネット上にはほとんどないことをトッドは確認した。頭のなかに住み着いた被害者に関する、数年かけて構築してきた、数百ページにも及ぶ資料が彼にはあった。約七千万人のインターネットユーザーが利用できるデータよりも、遥かに多く、被害者に関する資料を持っていたのだ。「もし僕がこのすべての情報をデジタル化したら、テント・ガールは世界的に名が知られるでしょう。確実に、テント・ガールのことを知っている人はこの世に存在していると思いませんか？　彼女に会いたがっている人がいるはずなんですよ」。だからトッドは、テント・ガールのウェブサイトを作った。「彼女について知っていることのすべてを掲載しました。僕の考える、彼女の身元についても。警察が描いて、彼女の墓石に刻まれている似顔絵の写真と、彼女が発見された場所の写真も添えました。テント・ガールをサイバースペースに送り出したのです。誰かが、どこかで彼女を見つけてくれないかって」

トッドのウェブサイトの受信箱に、メールが次々と届きはじめた。テント・ガールかもしれない行方不明の女性の名を記したメールだったが、完璧な探偵であるトッドはすでに送られてくる名前の全てを除外済みだった。

一九九八年一月のある夜、およそ四百名の行方不明女性に関する記述を読んだあと、トッドは、Crane & Hibbs のウェブサイト（現在はすでに削除されている）をクリックした。現代で言えば、クレイグスリスト［不要品の売買などを行うコミュニティサイト］のようなサイトだ。真夜中過ぎの遅い時間で、その時点でトッドは少なくとも十時間はインターネットを利用していた。あまりの疲労に、瞼が下がりはじめていた。**「あと一件検索したら、今日はもう終わり」**と、彼は考えていたそうだ。Crane & Hibbs の検索窓に、彼はこうタイプした。「行方不明女性　ケンタッキー」。そして、勢いよくリターンキーを押した。机に肘をつきながら、トッドは検索結果を待った。肘をついた手の上に顎を乗せ、ページのローディングを示す、回転するシンボルを見つめていた。**「なんでインターネットってこんなに遅いんだ？」**

モニタは一瞬灰色になると、その結果を表示した。モニタに顔を近づけたトッドの肘は左右に動いた。彼は表示された文字を読み続けた。一度。そして二度。心臓の鼓動が耳の中で鳴り響くようだった。そのポストは、ローズマリー・ウェストブルックという名の女性のものだった。「私の姉のバーバラが一九六七年の終わり頃から行方不明となっております。茶色の髪、茶色い目、身長は百五十七センチぐらいで、最後に目撃されたのはケンタッキー州レキシントン近郊でした。何か情報がありましたら、ここに記載したメールアドレスまで是非ご連絡ください」

トッドはロケットのような勢いで椅子から立ち上がり、階段を駆け上り、寝室に飛び込んで電気を点けた。「ロリ、起きてくれ、とうとう見つけたんだよ、彼女を。テント・ガールだ」と彼は言い、妻の両肩を揺さぶった。ロリは目を開けると、眠たそうな笑顔を見せ、そして「あなただったら見つけられると思ってた」と答えた。過去には喧嘩もしたが、ロリは常にトッドの粘り強さを褒めていた。何年もの間、彼女が願っていたのは、夫がテント・ガールの本当の名前を見つけることだったのだ。

あの瞬間を振り返ってトッドは、「自分が本当にテント・ガールの身元を割り出したかどうか、実際にはフライングだったのかもしれないけれど、これで終わりだ、これでとうとう終わったんだ、という気持ちに圧倒されていたんです。ローズマリーさんに連絡を入れようとしましたが、初めて送ったメールは戻って来てしまいました。だから、次は電話番号を調べたのです。彼女はアーカンソー州に住んでいたので、電話しました」

後になってトッドは、彼女に直接電話をするべきではなく、まずは警察の力を借りるべきだったと思い直している。アマチュア探偵を続けてきた年月で、それが最善で最も安全な方法だと学んだからだ。

　トッドからの突然の連絡にローズマリーは驚いたが、同時に彼の話に興味を持った。二人がそれぞれ情報を出し合うと、ローズマリーの姉の体格がテント・ガールに酷似していることもわかった。姉バーバラ（親友や家族からはボビーと呼ばれていた）の前歯には目立つ隙間があって、赤茶色の髪をしていたとローズマリーは語った。国内を移動して働くサーカス団の一員のジョージ・アール・テイラーと結婚していたそうだ。バーバラ（旧姓ハックマン）はケンタッキー州レキシントンのレストランで働いていた。一九六七年十二月に姿を消したとき、二十四歳だった。バーバラとジョージの間には娘がいて、今は結婚して子どももいるという。

　姉が失踪したとき、ローズマリーはわずか十歳だった。一九六七年、バーバラの家族は彼女を行方不明者として届け出てはいなかった。なぜなら、当時バーバラがケンタッキー州に住んでいることさえ知らなかったからだ。バーバラにはもう二人姉妹がいて、名前はジャン・ダイグルとマリー・コープランドだとローズマリーは説明した。ローズマリーの姉妹のうち一人が、後になって彼女が失踪したことを警察に届け出たらしい。

　家族がジョージに連絡を入れると、妻のバーバラは他の男と逃げたと言ったらしい。電話の最後に、バーバラとテント・ガールの共通点は多く、更なる捜査が必要だという点で、トッドとローズマリーの意見は合った。ローズマリーは確信していた。「あなたは姉を見つけたと思うわ」と、トッドに伝えた。

法医学検査のため、テント・ガールの遺体を掘り起こして欲しいというトッドの二度目の要請にも、警察はなかなか動こうとしなかった。「僕のことを変わり者とでも考えていたんでしょう」とトッドは言う。「それでも警察をプッシュし続けましたよ。とうとう、テント・ガールを掘り起こして、ローズマリーのDNAと比較することに同意してくれたんです」

一九九八年三月にテント・ガールの遺体は掘り起こされ、ケンタッキー州フランクフォートにある研究所に送られ、DNAの抽出が行われた。このプロファイルは、ローズマリーから提出された綿棒に付着したDNAと比較が行われる。スコット郡検死局エミリー・クレイグ博士は、テント・ガールは推定二十代から三十代とすぐに結果を出したが、トッドとローズマリーはDNA比較結果については六週間待たねばならなかった。

一九九八年四月下旬、クレイグ博士からトッドに電話連絡が入った。スコット郡裁判所で翌日開かれる記者会見に、ローズマリーとともに出席してくれないかと言うのだ。「報告があります」と彼女は言った。「その内容は言えませんが、お伝えすることがないのにもかかわらずここまで来て下さいとは言いませんよ」

「もちろん、参加させて頂きます」とトッドは答え、電話を切った。彼はデスクの前に腰掛けて、コンピュータの後ろの壁に飾ってあるテント・ガールの墓石の写真を見た。この十年、この写真が彼のモチベーションを支えていた。「バーバラ」と、彼は「身元不明」と刻まれた墓石の写真に語りかけた。「君の名前は、バーバラ・ハックマン・テイラー」

翌日、裁判所に到着したトッドを、クレイグ博士は脇に引っ張って行った。彼女が言ったことを、はっきりと記憶している。「彼女は裁判所に入った直後、僕の手を引っ張って、守衛室に引っ張り込んだんです。そして『これを聞くのはあなたが最初よ。テント・ガールは確かにバーバラ・ハックマン・テイラーだった。彼女のDNAがローズマリーのものと一致しました。私たちは記者会見場に行って、この事実を世界に向けて発表するのだけれど、あなたが誰よりも最初にこれを耳にするべきだと思ったの』と言ったんです。もちろん、そうなることを期待していたわけですが、それでもやっぱり、驚きましたね。守衛室から外に出た僕は、きっと幽霊みたいな顔をしていたと思いますよ。なんて言ったらいいのかわかりませんでした。報道陣が多く集まっていて、ローズマリーと姉妹も来ていました。彼女たちの顔には、喜びと悲しみが同居しているようでした。とうとう終わるのだということが、信じられませんでした」

バーバラの親族は、同じジョージタウン墓地に、彼女が三十年埋葬されていたその場所に、再び彼女を埋葬することを決めた。テント・ガールと刻まれた墓石の下に、彼女のニックネームだった「ボビー」と、「素晴らしい母、祖母、そしてシスター」と刻んだ石を追加した。

バーバラの親族や友人たちは、夫のジョージ・テイラーは暴力的な人物だったと証言した。警察は、言い合いの最中にジョージがバーバラの頭部を殴打し、意識を失ったバーバラをテント内部に包んで密閉し、道路脇に遺棄したと推測している。バーバラはテントの中で窒息して死亡した。後に警察はジョージ・テイラーを探したが、一九八七年に癌により死亡したことが判明しただけだった。

テント・ガールの身元が判明したことで、テッドは一躍時の人となった。メディアは彼にインタビューしようと大挙して押し寄せ、彼を「世界初のインターネット探偵」と呼んだ。

トッドはＣＢＳの未解決事件ドキュメンタリー『48 Hours』、ＮＢＣのリーザ・ギボンズのトークショー『リーザ』に出演した。その他にも、多数のテレビ番組への出演を果たした。しかし、彼が最も誇りに思った瞬間は、『マスター・ディテクティブ』誌が、トッドによる、十年をかけたテント・ガールに名前を取り戻すという活動について特集を組んでくれたときだった。この記事は、『テント・ガールと三十年のミステリー』というタイトルで、故アラン・マックスフィールドの元記事と、トッドの執筆した散文を合わせて、物語を完結させていた。この記事内では、ウィルバーは喜んで本名で登場した。十一年前にトッドに言った言葉をウィルバーも記憶していた。「この子が誰なのか、確かめてあげなくちゃいけないんだ」。そして、トッドがそうすると約束したときの、意志の強そうな表情を記憶していた。義理の息子を誇りに思い、ウィルバーは大喜びだった。そして『マスター・ディテクティブ』誌に掲載された続編で彼が見せた執念を称賛した。「トッドはこの事件に千時間以上の時間を費やした。トッドはどの警察官よりも熱心に、この事件解決に執念を燃やした」。ウィルバーは二〇一七年に九十歳で死去したが、彼がサーカスのテントに包まれた女性の死体を発見したという物語は今も生き続けている。「ウィルバーはその物語を誇りに思っていましたし、それは彼の物語でした。彼がバーバラを発見したのですから」

　トッドは体を傾けてスクリーンから一瞬出ると、ターコイズ色のガラスの球を手に戻って来た。それは絶縁体のヘミングレイ-42だった。トッドはいくつか絶縁体を持っていて、身元不明者を調査するためのオフィスの棚の上に、サリーの粘土の像と一緒に飾っているのだという。彼は絶縁体を手にしてカメラに近づけ、少し回転させて見せてくれた。それはガラス製の帽子をかぶった雪だるまのように見えた。しかしかつてそれは、絶縁信号を利用して電話通信を助けるための道具だった。「この絶縁体を見る度に、ウィルバーのことを思い出します。彼がバーバラを見つけた場所の上には電話線が通っていました。そして彼女の名前を取り戻すことが出来たのも、ダイアルアップ回線によるインターネットのおかげですからね。これは僕にとっては象徴的なものなのです」

トッドとローズマリーは今でも良き友人で、時折電話で話もするし、近くに立ち寄る際には会ったりしているという。二人とも、バーバラの思い出を守ることに力を注いでいる。私はトッドに、もし彼の努力がなかったら、今でもバーバラの墓石には「身元不明」としか刻まれていなかったのではないかと聞いてみた。彼はそれについては確信できないと言い、そして「ローズマリーの書き込みを見つけたのは奇跡のようなものでしたよ。あのとき、一分前に検索をやめていたら、彼女を見つけることは出来なかったかもしれない。最終的に、いつになるかはわからないけれど、すべてのデータが揃い、事件は解決したかもしれない。しかし、同じように、この事件はある日の出来事として過ぎ去り、そして決して誰の目にも留まらなかったかもしれない」。トッドは、テント・ガールはいつまでも彼自身の「宝物のような人」だとも認めている。

現在、トッドはロリと共にインターネットでファッション・ビジネスを運営し、一方で妻やテント・ガールと出会った出身校リビングストン高校に臨時講師として勤務している。学校の建物に足を踏み入れる度、一九八七年にタイムスリップしたような気分になる。「廊下を彷徨っている幽霊のような気持ちですよ」と彼は打ち明けた。しかし、身元不明者の遺族を特定し、被害者家族に答えを伝えるというトッドの情熱は今日でも強く、自由時間のほとんどをそのために使っているということだ。これまでに、DOEネットワークは百人を超える身元不明者の特定を行い、似たような事件のデータを何千と集めて、公開してきた。トッドのもとには、今でも行方不明になった人物を捜し求める家族から週に数通のメール、そして電話連絡が寄せられている。彼はできる限りのことをして、こういった人々の支援に当たっている。「悲しいことに、行方不明者を家族のもとに返してあげることはできませんが、名前を取り戻すことはできます」と彼は断言した。

3 私の初めての「事件解決」

市民探偵エレン・リーチは、ミズーリ州のトラック駐車場で発見された、バケツの中の頭蓋骨の身元を特定したことで知られている。彼女のカタカタと音を出すコンピュータが割り出したのは、腐敗した頭部が発見された場所から千二百八十キロほど離れた場所に住んでいた人物だった。

二〇〇四年のとある夜のことだった。ホビーロビー（アメリカの人気手芸チェーン店）の仕事を終えて、エレンはミシシッピ州ガルポートの自宅に車を走らせていた。家には、仕事の後に片づける家事が待っていた。皿洗い、洗濯、夕食の支度……「やっつけなくちゃいけない、いつもの作業ってわけ」とエレンは説明してくれた。そして彼女には、毎夜コンピュータの前に陣取り、情熱をかけて行う作業もある。行方不明事件の詳細にマッチする身元不明遺体を捜すため、インターネットの情報からヒントを探し出すことだ。

その日の夜、エレンはＤＯＥネットワーク（身元不明者と失踪者の国際センター。43ページ参照）の身元不明者リストに最近掲載されたばかりの、とある写真を再確認していた。その写真は、法医学彫刻家のフランク・ベンダーによって復元された、五十代の男性の頭部だった。彼は殺害されていた。被害者は白人で、生え際が後退しはじめた灰色の髪をしていた。長い鼻筋は真っ直ぐだが、鼻先が少し上向きだった。眉毛は濃く、ダークグレーで勢いがあり、目は灰色がかった緑色だった。肉付きのよい顎のラインと唇。その写真は素晴らしい完成度で、刑事たちを三年にわたって困惑させ続けている、身の毛もよだつ恐怖の事件を伝えるのに十分な芸術作品とも言えた。ベンダーによる復元が行われるよりもずっと前から、エレンのレーダーにこの事件は引っかかっていた。

二〇〇一年四月、定年退職した元運送業者ロナルド・テルファーが、ミズーリ州のカーニー・トラック・プラザ敷地内で、固まったコンクリートが入ったバケツを発見したことからこの物語ははじまる。家で飼っている豚に餌をやるのに、そのバケツはちょうどいいサイズだろうとロナルドは考えた。バケツを空にしようとコンクリートの固まりを出すと、地面に当たったそのコンクリートから腐敗臭が漂ってきたが、とりあえず、空になったバケツを手に立ち去った。動物の死体でも入っていたのだろうと考えたのだ。

四ヶ月後、建設業者のフランクリン・ディーンが廃棄されたコンクリートの円柱を目にした。同じトラック駐車場内でのことだ。「フランクリンが駐車しようとしている場所にコンクリートがあって、邪魔だったらしい」。エレンはビデオ通話を通じての会話で私にそう教えてくれた。「ということで、彼は車から飛び降りて、その障害物を避けようとしたというわけ。でも避けようとしたそのときに、人間の頭蓋骨みたいなものと髪の毛がコンクリートから飛び出ているのが見えたそうよ。結局、それは人間の頭蓋骨だった。でも警察は誰が被害者かわからなかった。当時、頭蓋骨以外は発見されていなかったから」

「この事件には最初から興味があったわ。当時も解決したいって考えていた。もちろん、簡単な事件じゃない。警察にとっても骨の折れる捜査だったに違いないと思う。なぜなら、初期の段階では復元された頭部がなかったわけだから。でも、警察がフランク・ベンダーによる被害者の姿を出してきた。その顔に見覚えがあったのよ。行方不明者の検索サイトで、確かにこの男性を見たことがあった。でも、それがどのサイトなのか、彼がどこの出身なのか、どうしても思い出せなくて。だから自分のファイルをすべて見直して、神様ぐらいしか全部把握していないほど多くの行方不明者ウェブサイトをもう一度検索しまくって、彼の写真を探したってわけ」

　エレンの陽気な南部訛りは、セメントで固められた腐敗した頭部というおぞましい事件を語っているというよりは、「ママが昔焼いてくれたお気に入りのアップルパイ」について話しているように聞こえた。しかし、ベンダーが制作した男性の胸像が誰なのかを執拗に捜索し、記録し続ける彼女の貢献は、光を放つようだ。彼女はアメリカ国内で行方不明となった何千人もの男性の名前を精査し、とうとう、彼女の記憶に残っていた男性の顔が再び彼女のスクリーンに現れたのだ。

　彼の名前はグレッグ・メイ。五十五歳のタトゥ・アーティストで骨董品のディーラー。ミシシッピ川に囲まれた、ジグソー・パズルのピースのようなアイオワ州の都市ベルビューにある自宅から姿を消していた。

「グレッグ・メイの写真を見た瞬間、思い出した」とエレンは言う。「去年も、この事件に関しては何度も見直しをしていたの。彼の行方不明事件はＤＯＥネットワークに登録されていなかった。その代わり、アイオワの行方不明者情報交換サイトにグレッグの名前は登録されていた。グレッグはきちんとした人に思えた。私が見つけたいと思えた人物だった」

　グレッグ・メイの写真とベンダーの制作した復元写真を比較し、エレンはその類似の多さに衝撃を受けた。グレッグの写真は白黒だったが、眉毛は明らかに髪よりも濃かった。とても濃い眉毛で、復元された胸像も同じだった。「唯一、明らかに異なっていたのは、写真のグレッグ・メイは口髭を蓄えていたことね。でも、彼の特徴を見てみると、本当に胸像とよく似ていた。下顎のラインは完全に同じ、顎先、鼻もそっくりだった。そしてグレッグは五十五歳だった」

　粘土で制作された胸像の男性はグレッグ・メイの可能性が高いと確信したエレンは、その情報をＤＯＥネットワークにメールで送った。その情報を警察の捜査官らに送る前に、彼女の推理が正しいかどうか、ＤＯＥネットワークには確認する必要があった。「実はね」とエレンは、椅子の背もたれに寄りかかりながら説明した。「ＤＯＥネットワークは確かに情報を警察に送ったのだけれども、そのとき、警察のコンピュータにトラブルがあったみたいで、すぐに情報を受け取ることが出来なかった。すべてのプロセスが遅れていたので、その間、私はアイオワで姿を消したグレッグの事件の進展について読んでいたの」

離婚したグレッグ・メイの捜索願いは、二〇〇一年二月に彼の息子ドンと、今現在はカリフォルニアに住む娘シャノン・メイによって出されていた。グレッグには毎月何度か連絡を入れ、様子を聞いていたのだが、グレッグが電話に出なくなり、二人はパニックになった。

グレッグがウィスコンシンからベルビューに越してきたのは一年前で、ミシシッピ川近くのこの地でマーク・トウェイン・スタイルの人生を謳歌していた。「気品」があり「礼儀正しい」と形容されたグレッグは、南北戦争時代の骨董に審美眼を持ち、コレクションの銃、軍服、文書は、彼の失踪当時、数十万ドルもの価値があったとされる。

タトゥイストのグレッグは、ベルビューで親友のダグラス・デブルインと一緒に物件を借りていた。デブルインは「ムース」とかつて呼ばれていた前科者で、タトゥを入れた太い二の腕をひけらかすようにして歩く、堂々とした体格の男だった。二人はベルビューのフロンティア・カフェで一緒に朝食をとるのが日課だった。夜は、N・リバービュー・ドライブというバーでビールを飲みながらビリヤードを楽しんだ。川を越えたイリノイ州にあるタトゥショップで一緒に働いていた。週末になると、デブルインがグレッグの戦争関連の骨董品の購入と販売を手伝った。当時、グレッグにとっては何もかもがうまくいっていた。イリノイに住む美しい女性ジャン・ビューマンと出会っていた。一緒にフロリダに引っ越して、余生を送ろうと考えていた。しかし、物事は急激に変化を遂げる。二人の家に、デブルインのガールフレンド、ジュリー・ミラーが転がり込んだのだ。

二〇〇一年一月のある晩、ガールフレンドのジャンがグレッグたちの家にやって来た。グレッグがフロリダへの引っ越しを話し合うため、彼女を招待していたのだ。彼は裏口を開けておくと伝えていたが、ジャンが裏口に着くと施錠されていた。何度かドアをノックしたが返答がなく、彼女は心配になってきた。家の中は静寂に包まれていて、窓は閉められていたが、窓ガラスを覆っていた羽板が割れていて、そこに隙間があった。その隙間から中を覗くと、グレッグの足が見えた。彼は座っているようだったが、彼女が名前を呼び、窓ガラスを叩いてもなんの反応も見せなかった。彼女はパニックになり、近所のレストランまで急いで向かってグレッグに電話をかけた。すぐに留守番電話に切り替わってしまったため、グレッグの大家に電話したが、家の中には入れてもらえなかった。グレッグに連絡を入れる術を見つけられなかったジャンは、仕方なく車で家に戻った。

グレッグからなんの連絡もなく二日が過ぎ、ジャンは彼が二人の関係に終止符を打ったのだと考えた。ジュリー・ミラーからの電話でそれを確信していた。「グレッグに頼まれたのだけれど、彼、もうあなたに会いたくないそうよ」と彼女は言った。「それから、彼はフロリダに一人で引っ越すそうよ」。ジャンは立腹して、「せめて直接伝える程度の礼儀がある人だったらよかったのに」と考えた。

数週間後、グレッグの子どものドンとシャノンがアイオワにやってきた。父とどうしても連絡がつかなかったからだ。ちょっと出かけているだけだとわかればそれでいいと考えていた二人だった。父はときどき、そんなことをしていた。しかし、二人が到着したベルビューの家は荒れ果てた状態だった。グレッグもいなければ、彼が大切にしていた骨董品もなく、固定電話の回線が切断されていた。デブルインとガールフレンドも、どこにもいなかった。

答えを探し求め、二人はジャンに連絡を入れた。するとジャンは、動かないグレッグの足を窓越しに目撃した日の夜のこと、そしてミラーから後日電話が来たことを二人に打ち明けた。「彼はフロリダに引っ越したそうよ」。そうジャンは言ったけれど、ドンもシャノンもそれは絶対に真実ではないと確信していた。二人の父は大らかな人だったけれど、ドン曰く「僕らはとても仲のよい家族だった。父が僕らに何も言わずに引っ越すなんて、あり得ないんです」。最悪のことを想像して、ドンはベルビュー警察署に電話をした。「父が行方不明なんです」と彼は嗚咽しながら警察官に伝えた。

二月の終わりまでには、大規模な捜索活動が行われたが、ベルビューの住民たちはグレッグとそのルームメイトに関してほとんど情報を提供することはなかった。グレッグのことを知らない人さえいた。しかし彼が借りていた住居の大家は、デブルインが一月一日のニューイヤーズ・デイに電話をかけてきて、賃貸契約をグレッグとともに終了させ、引っ越すと伝えてきたと証言した。デブルインはそのとき、グレッグの骨董品コレクションを全て黄色いバンに積みこみ、ミラーとともに走り去る姿を目撃されていたと大家は付け加えた。

ドンとシャノンは父親を探し続けた。グレッグの居場所に繋がる情報に一万五千ドルの報奨金を提示し、周辺にはチラシを大量に配った。刑事らが行方不明となったグレッグの車をイリノイ州の駐車場で発見した春先、とうとう事件は動いた。グレッグの財布が車内に残されたままだった。

その頃、父の友人からドンのもとに驚愕するような連絡が入った。グレッグが所有していた骨董品の一部が、イリノイ州にあるオークションハウスのカタログに掲載されていたというのだ。南部連合の剣や南北戦争の軍服を含むその骨董品は、ジュリー・ミラーによってオークションにかけられていた。このヒントが警察官を新しい方向へと促し、イリノイの競売人によって、ジュリー・ミラーとデブルインがアリゾナ州フラッグスタッフに向かい、グレッグのコレクションを更に販売しようとしていることを突き止めた。四月、二人はとうとうグランドキャニオンで逮捕された。逮捕容疑は窃盗だ。デブルインとミラーは、骨董品は自分たちのものだと主張した。「あれは俺たちのものだから、自由に売っていいはずだ」とデブルインは呻くように言った。グレッグの消息を聞かれた彼は、タトゥが入った両肩を上げて、「イリノイに行くとかなんとか聞いたけどなぁ」と答えた。

尋問を受けたミラーは、奇妙なほどデブルインとは異なるストーリーを展開した。「あの人は死んだわ」と彼女は宣言したのだ。「事故だったの。あの人とムース（デブルインのこと）が殴り合いになって、グレッグが死んだってわけ。ムースがグレッグの死体をどうしたのかは知らないけど」

刑事らは、殴り合いからの事故というミラーの話を信用しなかった。グレッグの死が事故でないことを確信していたからだ。デブルインは欲に溺れてグレッグを殺害したのだ。二十五万ドルの価値のある戦争コレクションに目がくらみ、過去三十年にわたって収集を手伝ってきたコレクションを奪うため、友人であるグレッグを殺した。しかしこれを証明することは、容易なことではなかった。少量のグレッグの血痕がデブルインのジャケットから検出されたことを除けば、検察官にとって他に証拠は何もないに等しかった。遺体、あるいはそれ以外の物的証拠のない場合、殺人罪が適用されることは稀だった。そしてデブルインのケースでは、アイオワ州で行われる、遺体のない初めての殺人事件裁判となる。

そこで検察側はミラーと取引をすることにした。デブルインに対して不利な証言をするかわりに、彼女の訴追免除を約束したのだ。ミラーはそれを了承し、窃盗罪と盗品の州境を越えた運搬の罪を認めた。二〇〇四年三月から三年間収監されたが、グレッグの遺体の場所は知らないと主張し続けた。

　デブルインは友人の殺害の罪で起訴され、二〇〇五年四月に裁判がはじまる予定だったが、その日が近づいても、グレッグの遺体の発見には至っていなかった。検察官のジョン・キーズが有罪判決を勝ち取るには、状況証拠とミラーの証言に頼るしかなかった。デブルインが被告席に着くわずか二日前、エレン・リーチはトレイシー・シャーウッドから電話連絡を受けた。トレイシーはDOEネットワークのボランティア仲間だった。カーニー警察署の、バケツに入った頭蓋骨事件担当トム・オライリー巡査部長から、ようやく電話連絡があったという。歯科記録から、頭蓋骨の身元が判明したということだった。

　この瞬間のことは、決して忘れないとエレンは言う。「電話がかかってきたとき、私は家にいました」と彼女は言う。「何ヶ月もこの事件を追いかけていたから、自分が照合したことが正解かどうか、聞きたかったんです。トレイシーが『あなたが正しかったわ、エレン』　そう言ってくれたんですよ。あの頭蓋骨は、グレッグ・メイのものよって」

　キーズ検察官にとって、頭蓋骨の身元が判明したのは、願ってもないタイミングだった。デブルインがグレッグを殺害したという物的証拠を手に入れることが出来たからだ。警察は、グレッグの子どもたちであるドンとシャノンにこの報せを伝えるという辛い役目を担うことになった。彼らは哀しみにくれていたが、ようやく父が安らかに眠ることが出来るということ、そして犯人に正義の裁きが下されることを祈るだけだった。ドンは報道陣に対して、「父の遺体は発見できないだろうと諦めかけていたんです。このタイミングで身元が判明するなんて、本当に思いがけないことでした……遺体のない初めての裁判になるところだったんですから」。ドンとシャノンはエレンに連絡を入れ、彼女に心から感謝を述べた。そして一万五千ドルの報奨金をすぐに支払った。

エレンにとって、バケツに入ったコンクリートの中の頭蓋骨の身元をグレッグ・メイと割り出したのは、「初めての事件解決だった」と教えてくれた。私は、脱帽した。エレンの観察眼の優れた調査は、嘆き悲しむ親族に事件の終結をもたらしただけではなく、殺人事件裁判の様相に大きな変化をもたらしたのだ。「この事件はアイオワ州で行われる、初めての死体なき殺人事件裁判になる予定でした。でも、私が彼らに遺体を渡すことができたんです。とてもうれしかった反面、ドンとシャノンのトラウマと哀しみを思うと、辛かったですね」と彼女は言う。

デブルインの裁判で証人席に座ったミラーによって、身の毛もよだつようなグレッグの殺害状況が明らかになった。ベルビューで三人が同居していた家のなかで、デブルインは黄色いナイロンコードでグレッグを絞殺したと彼女は証言した。ミラーは、命が絶たれたグレッグの体をデブルインとともに地下室に運び、そこで二人がかりでバラバラに解体した。デブルインはグレッグの体を洗濯機の上に乗せ、頭部と手足をチェーンソーで切断した。ミラーはキッチンナイフを使ってグレッグの残りの遺体を切断した。翌日、ミラーはデブルインがグレッグの切断された頭部を、まだ固まっていないコンクリートの入ったバケツに入れるのを見た。ミラーはグレッグの切断された手足をゴミ袋に入れる作業を手伝い、ゴミ袋をデブルインの所有するボルボの後部座席に積みこんだ。

邪悪な二人が三十二キロ北西に進んだアイオワ州ダビュークの渓谷に、ゴミ袋を投げ捨てる様子を陪審員たちは聞いた。ここに、二人はチェーンソーを捨て、そしてグレッグの衣類を寄付の回収場所に持ち込んだ。

次に彼女はグレッグの車をイリノイ州まで走らせたとミラーは証言を続けた。二人はベルビューの殺害現場に戻り、グレッグの頭が入ったバケツを回収し、死者の骨董品コレクションを後部座席に積んだ黄色いバンに、同じく積みこんだ。そして二人は六百四十キロほど車を走らせ、ミズーリ州にあるカーニー・トラック・プラザで夜を明かすためにバンを停めた。翌朝デブルインは、友人の頭の入った五ガロン〔約十九リットル〕サイズの容器をトラック駐車場に捨てた。

有罪判決を下すまで、デブルイン裁判の陪審員は一時間も費やさなかった。第一級殺人と窃盗罪で有罪となったデブルインは、二〇〇五年五月に仮釈放なしの終身刑で収監された。殺人者は窃盗罪で更に十年の服役を言い渡され、刑期は連続される。

ミラーの詳細な証言が終わると、ミラーは偽証罪で有罪を認めた。これにより、彼女は二〇〇六年三月に五年の実刑判決を受けた。司法取引をしたため、グレッグ殺害の罪には問われなかった。

ドンとシャノンにとっては納得の出来ないことではあったけれど、ミラーの衝撃的な自白が父の残りの遺体捜索に手がかりを与えたことは確かだった。ボランティアが二人に加わり、国道52号線沿いの険しい森の斜面を捜索した。大量の動物の死骸や、散在するゴミをかき分け、ドンは切断された人骨のようなものを発見した。法医学の専門家はその骨の一部を、確かに右の大腿骨だと分析し、「ノコギリの刃で切断された可能性がある」とした。

父親が「まるでゴミのように遺棄された」と考えた親族は打ちのめされた。悪夢のような発見の直後、シャノンはこう証言している。「あそこはゴミを捨てる場所ですよね。私の父はゴミなんかじゃありません。彼は人間です。本当に腹が立ちますよ……だって、全てを見つけられるわけじゃありませんから」

一方で、デブルインが終身刑を言い渡されたことは、ドンとシャノンにとっては歓迎すべきことだった。しかし、父の不在で二人が生涯にわたって経験する心痛を軽くすることはない。それでも、二人には生涯にわたって感謝する人がいる。エレン・リーチだ。三人はメールや電話で頻繁に連絡を取り続け、クリスマス・カードを毎年送り合っている。エレンはドンが二〇二一年に亡くなったと教えてくれた。しかし彼女は「シャノンとは連絡を取り続けるつもりでいるわ」と教えてくれた。

　アメリカで最高のサイバー刑事の一人として名高いエレンにとって、多くの「事件解決」のなかで初めてのケースがグレッグ・メイ事件だった。行方不明の愛する家族に名前を取り戻す活動をはじめたきっかけは何かと彼女に聞くと、エレンの目がふと暗さを帯び、肩を落として、長い息を吐いた。長い沈黙のあと、彼女は再び話しはじめた。

「一九九四年のことです。私のいとこの妻が、赤ちゃんを殺害したんです。二人の男の子だったわ。三歳のマイケル、それからアレクサンダー。まだ十四ヶ月の赤ちゃんだった。でも、いとこの妻は嘘を言ったんです。全国放送のテレビ番組に出演して、泣いて、黒人男性が彼女の車と赤ちゃんを盗んだと言ったんです」

　エレンが話してくれた事件は、全世界でヘッドラインを飾るほどのニュースとなった。当時エレンのいとこデイビッドと結婚していたスーザン・スミスは、黒人男性がサウスカロライナで彼女の車を奪い、二人の息子を後部座席に乗せたまま、高速で走り去ったと証言した。一九九四年十一月のニュース映像には、「行方不明」となっている二人の子どもに、泣きながら悲痛なメッセージを伝えるスーザンの姿が映っていた。「私のかわいい赤ちゃん」と彼女は泣きながら言った。「お願い、無事でいて。ママはあなたたちが無事だとわかっているから」
「ところが……」とエレンは言った。「車の強奪なんて発生していなかった。スーザンが男の子たちを車に乗せて連れ出し、サウスカロライナ州ユニオン近くのジョン・D・ロング湖まで連れて行ったの。そこで彼女は車をゆっくりと走らせながら自分は車外に飛び降りて、車が湖に沈んでいくのを見ていた。マイケルとアレクサンダーは後部座席に座らされたままだった。男の子たちは溺死したの」

スーザン・スミスは一九九五年に殺害容疑で有罪判決を受け、二〇二四年に仮釈放の権利を得ることになる。「スーザンが男の子たちを殺害したことが判明する前、私たちは本当にあの子たちが行方不明になったと思っていたの。だから私はさっそく、行方不明者インデックスを探しはじめた。マイケルとアレクサンダーを探すことで、実際に何が起きているのか探ろうとしていたの。探しているうちに、あまりにも多くの、助けが必要な行方不明者がいるということがわかった。これが、私が他のケースにも興味を抱くきっかけになったと言えると思う。家族に事件の終わりをもたらしたかった。愛する人が戻るかどうか四十年も考え続けることがないように」

ネイムアスのデータベースによると、毎年六十万人もの人々が行方不明となり、約四千四百体の身元不明遺体がアメリカ国内で発見されている。エレンはたった一人で、「最も話題とならない」事件、最も解決が難しいとされる未解決事件に集中して挑んでいる。彼女の几帳面で執拗な取り組みは、八人の身元不明者の身元を割り出すという結果に繋がった。「一度にひとつの事件しか扱わないけれど、一旦調べはじめたら、何日でも、何週間でも、何ヶ月でも、照合できると思う人物を見つけるまで決して諦めない。解決できそうな事件を探すために、行方不明者リストを精査するところから作業ははじまります。他のアマチュアの探偵たちが諦めそうな事件を見つけるようにしているわ。例えば、バケツのなかの頭蓋骨なんてシナリオね。オンライン探偵たちが解決したがるのは、遺体がまるごと見つかっているようなケース。でも私は遺体の一部だけが見つかっているケースに注目しますね」

　身元不明遺体と行方不明者を結びつけるには、地理と距離が重要なファクターになるとエレンは続けた。二〇〇五年に遺体の一部が運河で発見されたフロリダの行方不明者ロバート・エゼルのケースについては「ジャクソンヴィルで行方不明となったロバートのケースの場合、警察が作成した似顔絵しか手がかりがありませんでした。身元不明遺体の一部が発見されたのは二〇〇一年十一月で、それはロバート・エゼルが行方不明になった時期に合致します。このケースでは、ロバート・エゼルが消息を絶った地点からわずか三十二キロの場所で遺体の一部が発見されていますから、それを踏まえて、距離を根拠として身元の確定を試みたんです。正解でした。警察は運河で発見された残りの遺体の指紋から、ロバート・エゼルの身元を特定することができたんです」と、彼女がどのように身元の割り出しに貢献したのかを説明してくれた。

二〇〇七年十一月に行った次の捜査でも、距離が手がかりとなった。DOEネットワークの「身元不明者」ギャラリーを閲覧していた探偵は、フロリダで発見された若い女性の遺体に関する書き込みに興味を抱いた。フロリダ身元不明遺体データベース（FLUIDDB）を検索し、エレンはこの事件に関する報告書を発見した。似顔絵は掲載されていなかったが、一九八一年四月二十日、フロリダ州ハイアリーア二十八通り六〇〇一番の人里離れた野原で、人骨が発見されたと記されていた。死亡したとされる女性は白人で、年齢は十一歳から二十歳ぐらい。身長は約百七十六センチで「長い髪をポニーテイルにしていた」。発見されたとき、「白地に青いストライプの入ったブラウスを着用」しており、「デリア社製のブルージーンズを穿いていた」。歯並びを調べたところ、被害者は過蓋咬合《かがいこうごう》［上の前歯が下の前歯をほぼ覆っている状態］だということがわかった。

「過蓋咬合に、何かひっかかったの」とエレンは言う。「行方不明者リストの精査をして、フロリダで姿を消した若い女性がいないかどうか探すことにしました。そこで見つけたのが、ジーン・マリー・スチュワートだった」

マイアミ湖近くのサイプレス・ヴィレッジで姿を消したジーン・マリーは、当時十六歳だった。遺体の一部が発見されたハイアリーアからわずか八キロしか離れていない場所だ。彼女が最後に目撃されたのは、一九八〇年三月二十五日のことで、ボーイフレンドと一緒にいた。その日の夜、二人はパーティーから家に戻る途中、セブン－イレブンに立ち寄った。ジーンのボーイフレンドは店内に入ったが、数分後に車に戻ると、ジーンが姿を消していたという。財布、靴、現金を車に残したままだった。ジーンの行方不明について記述された書き込みには、彼女がジーンズを穿いていたこと、シャツを着用していたこと、「前側に出っ張った前歯」のことが記されていた。

「これを読んだときに、ハイアリーアで発見された遺体はジーン・マリー・スチュワートだと確信したわ」とエレンは回想した。「だって、サイプレス・ヴィレッジとハイアリーアの野原はたった数キロしか離れていない。そして、ジーンの年齢はフロリダ身元不明遺体データベースの情報に合致している。それから彼女はジーンズを穿いていた。それは被害者も同じ。でも、私が最も参考にしたのは『前側に出っ張った前歯』。被害者は過蓋咬合だったから」「歯科記録が残っていればいいのだけれど……」とも考えたそうだ。

　エレンは自分の推理した内容をマイアミ・デイド警察にファックスで送った。「ロバート刑事が一時間もしないうちに連絡をくれた。もしかしたら身元が確認出来るかもしれないと、彼女は興奮していた。すぐにチェックすると言ってくれたわ」。二週間後、彼女は再びエレンに電話をしてきた。「感動してるわ」と、ロバート刑事は感嘆の声を出した。「ジーン・マリー・スチュワートの歯科記録を見つけ出して、マイアミ・デイド郡の検死官が確認し、ハイアリーアで見つかった遺体がジーンだと確認されたのよ。ジーン・マリー・スチュワートの身元は確かに確認されました。おめでとう、エレン」

二十七年という苦悩の末、ジーン・マリーの両親はとうとう娘を安らかに眠らせることができた。二〇〇八年、彼女は故郷であるペンシルバニア州ピッツバーグに埋葬された。当時、ピッツバーグの報道機関は、ハイアリーア警察署がジーン・マリー殺害事件の捜査を開始したと伝えたが、捜査の進展はこれ以降ない。

「ジーン・マリーの両親が彼女に何が起きたのか知ることはないかもしれないけれど、娘さんを二人の元に返すことができたのは、とてもうれしいことだと思っているわ」とエレンは言う。

彼女の増え続ける「事件解決」ポートフォリオは、行方不明になってから三年が経過した家出女性の顎の骨の照合に成功したり、男性の自殺者の身元を彼が履いていたブーツで特定するなど、枚挙に遑《いとま》がない。「パズルの答えは見過ごしたもののなかにある。身元不明の自殺者はメイン州の森の中で発見されたの。履いていたのはデウォルト・ブーツだったので、少し調べて、この身元不明者がこのブーツを販売していた店で働いていたのではないかと推測した。従業員って割引きで買えるから、働いている店の衣類を着たりするでしょ？　シアーズ百貨店がデウォルト・ブーツを販売していることを突き止めて、ペンシルバニア州在住のケビン・オブライエンという若者が行方不明になっていることがわかった。彼はシアーズ百貨店で働いていたのよ」

「（遺体の身元の可能性がある人物として）ケビン・オブライエンという名前を記入した情報をメイン州の検死官のトップに送ったんです。このケースは返答があるまでしばらく時間がかかりました。たしか、一年ぐらいだったと思いますが、検死官はＤＮＡ鑑定の結果、身元が判明し、私の照合結果で間違いなかったと教えてくれました。このケースはとても簡単な作業だったけれど、ケビンは故郷から約七百二十キロも離れた場所で見つかるという珍しいケースでしたね」

　警察が市民探偵を常に歓迎しているというわけではない。エレンも「私の言うことを聞いてくれない」、とても無愛想な警察官に、それなりに出会ってきたそうだ。しかしそれと同じぐらいの数の、信頼できる連絡先をアメリカ全土に持っているという。一部の刑事は事件簿の内容をミシシッピの探偵に見せてくれた。時には被害者の写真を見せてくれる検死官もいるという。「行方不明者の身元の照合に成功すると、いろいろな反応が警察当局から寄せられます。私を否定する人たちもいますよ、もちろん。まともに取り合ってはくれません。彼らにとって、私は『素人』。とても良い反応をしてくれる人たちだっています。その方たちには感謝ですね」

「検死官という人たちは、一般的に情報をシェアすることを嫌いますが、今まで二人の検死官が私に情報を与えてくれたことがあります。事件はバージニア州とウィスコンシン州で発生したものでした。結果は出ませんでした。すべての事件に結果が出るわけではないんです。それに、私は自信があるものしか照合しません。一致が確認されるまで、自分の成果をインターネットに書き込むなんてことはしません。私はただ情報を警察に手渡すだけ。彼らに判断を委ねているんです」

　エレンの「照合」は簡単な仕事のように聞こえるが、決してそうではないと彼女は断言し、市民探偵に憧れる人々に全うなアドバイスをしている。

「とにかく、我慢強くなること。一晩で一致させられるわけがないんです。まったく結果が出ないまま、何年も作業を続けている人をたくさん知っています。私が初めての一致に辿りつくまで、五年かかっています。そこからようやく、ぽつり、ぽつりと一致するようになったんです」

　バケツの中の頭蓋骨の照合をした女性が次に目指すものは？　エレンはここのところ、二件の事件にかかりきりになっている。一件目の事件に関しては、一致するであろう人物の特定に至っている。「名前は言えないです。被害者家族に期待感を与えたくないからです。でも、この事件はミシシッピ州で行方不明になった若い男性です。アラバマで発見された身元不明遺体と彼が同一人物ではないかと思うんです。今のところはＤＮＡ鑑定を待っています。数ヶ月かかるそうです」

　エレン曰く、次のミステリーはフロリダで死体となって発見されたホームレスの男性だという。「この事件が不可解なのは、被害者はホームレスであるはずなのに、発見時、彼のポケットに数千ドルの現金が入っていたことです。だから、彼はホームレスではなかったと私は考えています。逃走中だったはずです」。私には、干し草のなかから針を見つけるような作業に思える。ＦＢＩのウェブサイトには何百人もの逃亡者がリスト化されていると、私は彼女に言った。「そうね。それでもフロリダの事件の捜査は続けているわ」とエレンは認めた。そして彼女はカメラに顔を近づけて、眉を上げて見せた。「ちょっと難しい事件よ。でも絶対に彼の身元を見つけてみせる。絶対に」

あなただったら、きっと見つけるはず。

4

Web探偵

一九七四年九月　ユタ州マレー

ヘーゼルナッツ色の長い髪を耳にかけ、トリシア・グリフィスは、ファッション・プレイス・ショッピングモール内にあるシアーズ百貨店のなかを颯爽と歩いていた。矢車草の柄のシャツをお腹のあたりで結び、フレアジーンズを穿いていた。彼女の頭のなかで流れるレーナード・スキナードの『スウィート・ホーム・アラバマ』の曲に合わせて、ジーンズの裾を揺らしていた。兄のクレイグが愛車のグレムリンでショッピング・モールまで送ってきてくれたときに、その曲がステレオから鳴り響いていたのだ。トリシアはそのリズムを頭の中から追い出すことが出来ずにいた。新学期のための服が並んだ棚の間を歩きながら、トリシアは自分の姿を壁の鏡に映してみた。細身だけれど、美しい曲線を持つ体。お気に入りの服を着て、リップグロスを塗った自分はとてもかわいいと彼女は思った。髪は真ん中で分けていた。当時、流行のスタイルだった。トリシアは十五歳になったばかりだったが、自分は立派な大人だと考えていた。今日の買い物はトリシアにとっては大きな意味があった。なぜなら、トリシアにとって今日は初めての一人での買い物で、新学期用の服を買うために財布には三十ドルが入っていたのだ。

　平日の夕方だったが、いつものようにモールは混雑していた。両親と一緒にやってきた子どもたちは秋学期用の衣類を買いに来ていて、高校生の姿もあった。

　ファッション・プレイスは、最先端のショップと夜中まで営業している映画館があって、ティーンエイジャーたちにとっては憧れの場所だった。

「とてもうれしかったわ」と、オンラインで会話をしたとき、トリシアは言った。「二年生だったの。高校に入って最初の一年で、生まれて初めて、自分一人でモールに出かけたのがこの日。いつもは母が一緒だったから」

「兄のクレイグが車で連れて行ってくれました。二人でラジオを聞いたんです。すごくクールだと思いました。クレイグが私を車から降ろして、私はそのまま真っ直ぐシアーズに行きました。大人になった気分でね。少しだけリップグロスを塗って、母が新学期用の新しい服を買いなさいって三十ドルを渡してくれていたんです。何を買おうかなって考えていました。ボーイフレンドが欲しいな……なんてことを考えながら。でも、ああ……」。トリシアは手をこめかみのあたりに当てた。「次に起きたことを考えると、吐きそうになっちゃう」

　男はどこからともなく現れた。トリシアはハンサムな彼に一瞬で虜になってしまった。男性は二十代後半で身長は百八十センチぐらい、少し長めの茶色の髪に、鋭い、透き通るような青い目をしていた。小麦色のズボンとシャツが彼の柔らかな表情にマッチしていた。**「ケーリー・グラントにそっくりだわ」**と彼女は思った。彼はトリシアのところまで真っ直ぐ歩いてくると、カリスマ的な笑顔で笑いかけ、そして親しみに溢れる様子で頷いて挨拶した。あまりの光景に、ティーンエイジャーのトリシアは一瞬、言葉を失った。「元気？」と彼は言い、トリシアに歩調を合わせると、彼女の心を踊らせるような笑顔を再び見せた。

「完璧。そう思いました。**もしかして彼は軍に属しているのかしら？**　だって頭から足の先まで日焼けしていて、兵士が同じような服装をしているのを見たことがあったから」と、トリシアは回想した。「とてもきれいな、茶色いドレスシューズを履いていましたね。髪型が最高にかっこよくて、それにあの笑顔……本当に美しい笑顔だと思いました。話をするときに、両手をポケットに入れていました。すごくチャーミングで、当時の私は男子に夢中だったし、ボーイフレンドが欲しかったし、彼は本当にキュートだったから」

　男は彼女にＺＣＭＩデパートまでの行き方を聞いた。その店舗は当時、ファッション・プレイスには存在していなかった。

「私は彼を見あげた。彼は名前を教えてくれていなかったから。そして、『どうしよう、あなた、間違えているわ。このモールにはＺＣＭＩはないの。その店はコットンウッド・モールにあるんです。ここから数キロ東に走った場所にあります』。そしたら彼が『ああ』って言ったのを記憶しています。そして、クスクス笑いはじめたんですよ。この間中、私たちは横に並んで、モール内部に向かって歩いていました。そのときも、なんてハンサムな人なんだろうって考えていました。彼を見上げながら、『あなたって本当に素敵』って。デートに誘って欲しいなって思っていました」

　トリシアは見知らぬ人と、笑顔を交わした。間違ったモールに来ちゃうなんて、よくある話だよね？　でも、彼から「コットンウッドへ一緒に行ってくれないかな？　車があるんだ。僕と一緒に来て、道を教えてよ」と言われたとき、警告のアラームが鳴ったように思えた。トリシアは目を閉じて体を震わせ、頭から記憶を追い出すかのようにして頭を振った。

「はっきりとした理由はわからないのだけれど、彼がそう言ったときに、パニックに陥りました。ぞっとして血の気が引いて、お腹がとても気持ち悪くなったんです。私は顔を下げて、『無理です、無理です』って答えました。でも彼は絶対に納得しなかった。この時点で、彼はまだ私と一緒にモールの中を歩いていて、顔を下げている状態だというのに、彼の強い視線を感じていました。『いいじゃないか、駐車場に一緒に行こうよ』と彼は言い続けて、『行き先を指さしてくれるだけでいいんだよ』と言ったんです。絶対にダメだと思ったから、『ダメ、ダメです。一緒に行くことはできません』って答えたんです。そしたら彼の声のトーンが突然変わりました。まるで懇願するようでした」

「気味が悪い」ハンサムな男からトリシアを救ったのは、セレンディピティ〔思わぬ偶然がもたらす幸運〕だった。いとこのジュリーが「スージーのカジュアル・ショップ」から出てくる姿を見つけたのだ。十メートル程度しか離れていなかった。

「顔を上げてジュリーを見たの。彼女は私の母と言ってもいい年齢だった。私は彼女に手を振って、『ママよ』と言い、走って彼女のところに逃げて行き、『ジュリー、聞いて、さっき男の人が近寄ってきて』と言いながら振り返って彼の方を指さすと、彼はもうそこにはいませんでした。すでに逃げていたんです」

「公衆電話に急いで行って、クレイグに電話して迎えに来てくれるよう頼みました。『もうここにいたくないの、変な男の人がいたから』。天にも昇るような気持ちから一転、最悪の恐怖を感じて、鼓動が速くなっていました。私のことを妹として守ってくれていたクレイグは、ハンマーを助手席に積みこんでやってきました。兄は『そのクソ野郎を見つけに行くぞ』って言いました。だから兄には『ダメ、殴っちゃだめよ。気持ちが悪いだけ。怖かったの。それだけだから』と言いました」

トリシアは後に、ファッション・プレイスで彼女に近づいたそのハンサムな男が、連続殺人鬼のテッド・バンディだったと気づくことになる。

＊

一九七四年十月下旬、ソルトレイクシティにあるユタ・ロースクールの学生、二十九歳のセオドア（テッド）・ロバート・バンディは、すでに若い女性を十一名殺害していた。オレゴン州ワシントン郡で九人、ユタ州では知られているだけで二人を殺害している。この捕食者は長距離を移動し、州を越えて女性を強姦し、殺害していた。男は被害者の遺体を人里離れた山の中に遺棄した。そして腐敗がはじまった遺体の元に再び戻り、屍姦した。

トリシアがモールでバンディと恐怖の遭遇を経験した一ヶ月後、バンディは再び女性を襲った。被害者は十七歳のローラ・アン・エイムだった。十月三十一日、ユタ州レヒで開かれたハロウィンパーティー帰りのローラをバンディは誘拐した。彼女を強姦して殺害したバンディは、彼女の全裸死体を遺棄した。一ヶ月後、二人のハイカーが彼女の遺体をユタ州のアメリカ・フォーク・キャニオンの土手で発見した。

一九七四年十一月八日、バンディは以前トリシアを狙った同じモールで獲物を狙うために、徘徊していた。キャロル・ダロンチはトリシアと同じくシャイな十八歳の女の子で、一人で買い物を楽しんでいた。そこに近づいたのがバンディだった。ローズランド刑事と名乗ったバンディは、ワルドン書店を出てきたキャロルに近づき、誰かが彼女の車を盗難しようとしていたと告げた。「車両の登録番号を教えてくれませんか？」と彼は聞いた。「警察に調書を提出していただく必要がありまして」

バンディは制服を着用していなかったが、キャロルは一見本物らしい警察官と一緒に駐車場に向かった。彼女のえび茶色のシボレーは、少し前に駐車した場所にあり、特に問題はなさそうだった。バンディは彼女に、最寄りの警察本部まで一緒に行って、被害届を出すよう言った。彼は彼女を自分の車に乗せた。古ぼけたベージュ色のフォルクスワーゲン・ビートルだ。「さあ、乗って」と、歯並びの美しい白い歯を見せ、笑顔で言った。

キャロルは躊躇して、バンディに身分証明書を見せてくれと頼んだ。「もちろんだよ」と彼は言い、財布をさっと開いて、中にある本物らしき警察バッヂをちらっと見せて微笑んだ。潜入捜査、それとも休暇中？　そう思ったキャロルは彼の車に乗り込んだが、車がスタートした瞬間、彼女はとても不安になった。彼が車を走らせていた道の先に警察署はなかったのだ。車を運転している男性からアルコールの臭いがしていることにキャロルは気づいた。そのうえ、あの優しそうな笑顔はどこに消えたの？　警察官と思われる男は、横目でいやらしい視線を送ってきていた。

数分後、バンディは小学校の前の縁石で車を急停車させた。キャロルはパニックになり、助手席横のドアのハンドルに手を伸ばしたが、ハンドルは取り外されていた。すると、冷たい金属が彼女の左手首を捉え、男が彼女に手錠をかけた。そして男は銃を取り出した。
「頭を吹っ飛ばしてやる」と冷笑しながら男は言った。

キャロルは抵抗し、男を引っ掻き、殴り、どうにかして助手席のドアをこじ開けることに成功した。車から飛び出し、助けてと叫んだ。命がけで。バンディはバールを振り回しながら彼女を追いかけてきた。男は彼女を追いつめると、彼女の頭を砕こうと、武器を大きく振り上げた。幸運なことに、激しい、暴力的な格闘の末にキャロルは再び自由になった。彼女は雪の積もった道路によろめき出た。そしてこちらに向かってくる車に立ちはだかった。必死になって両手を振った。一台の車両が止まってくれ、彼女はそこに飛び乗った。「お願いします、警察まで行って下さい」彼女は運転手に頼みこんだ。

キャロルに逃げられたことに腹を立てたバンディは、同じ日、十七歳のデブラ・ケントを誘拐し、殺害した。

バンディのキャロルへの襲撃は、当時、連続して行方不明になっていた数名の若い女性の捜査を行っていたユタ警察の興味を引いた。同時期、ワシントン州で発生していた多くの殺人事件の容疑者として、シアトル警察が「テッドと呼ばれる若い男性」の行方を追っていた。

最終的に、キャロルの誘拐容疑でバンディは逮捕された。キャロルが警察内で行われた容疑者の確認で、バンディを特定したのだ。キャロルはバンディに不利な証言をし、一九七六年三月に発生した加重誘拐と暴行の罪でバンディは起訴され、一年から十五年の刑期を言い渡された。

一九七六年にキャロルの誘拐に関する記事を読んだときのことをトリシアは記憶していたが、バンディはカメレオンのように外見を変える能力を持っていて、新聞に掲載された写真に映る男性がファッション・プレイス・モールで自分に近寄ってきた男かどうか、判断できなかった。一九七五年に撮影されたマグショットのバンディは、無精髭を蓄えた太った顔の男だった。むさ苦しく、顎のあたりまで髪を伸ばしていた。彼女を車に誘い込もうとした、きれいに髭を剃った清潔な印象のあの男とは似ても似つかない姿だったのだ。

「キャロル・ダロンチの辛い体験について読んだとき、自分の経験を思い出しましたね。同じファッション・プレイス・モールで彼女が標的にされたということもそうなんですが、ただ本当に、テッド・バンディの写真があの男なのかどうかわからなかったんですよ。あの写真の男の顔はすごく浮腫んでいたし、無精髭も酷いものでした。当時はそこが結びつかなくて、だから、そのまま曖昧になってしまったってわけです。私も若かったですから」

二年後、ソルトレイク・トリビューン紙に掲載された記事を読んで初めて、バンディがあの男だと気づいた。一九七五年にキャリン・キャンベルという名の二十五歳の看護師を殺害した罪に問われていたバンディが、アスペンにあるピトキン郡裁判所から逃走したというニュースだった。バンディはこの裁判で、自分自身で弁護を行っていたために、裁判所内の図書館への足枷なしの出入りが許可されていた。法廷がバンディに死刑を求刑するなか、図書館の窓から飛び出したバンディは森の中へと逃走した。

「再び彼の顔を見た瞬間のことは忘れられませんね」と、トリシアは証言する。「私が二階から降りてくると、父と兄が新聞を読んでいたんです。一面を見て、血の気が引きました。思わず手で口を覆いました。あいつがいたんです。車に私を誘い込もうとした、あの男が。あの鋭い目で、私を真っ直ぐに睨み付けていました。見出しは確か、『テッド・バンディの七つの顔』だったと思います。バンディの写真が数枚掲載されていて、彼が逃れるためにどれだけ外見を変えるのかがわかるように説明されていました。当時、彼はコロラド州で逃走していました。ヘッドラインを読む前に、掲載されていた何枚かの写真の中からバンディを見つけたんです。間違いようがありません。清潔そうで、ハンサムでした。その写真を指さしながら、兄に言いました。『どうしよう、クレイグ。あいつよ、ファッション・プレイス・モールの男よ。ハンマーを持って追いかけようとした、あの男が掲載されているわ』」

　別人のようなテッド・バンディの顔と、彼女が記憶している顔を同化させながら、ありとあらゆる感情がトリシアの胸に湧き上がってきた。頭の中が混乱した。「もしあのとき……」「もし私が逃げなかったら……」。どうして自分に起きたことを、警察に報告しなかったのだろうと彼女は考えはじめた。「俺を止めるべきじゃなかったな」と、クレイグは妹の考えのひとつを、彼女の代わりに口に出して言った。

「記事を読んだとき、自分がもう少しでバンディの犠牲者になるところだったと気づいたんです」と、トリシアは説明する。「もし彼が駐車場に一緒に行って、正しい方向を指さして欲しいと最初に言っていたとしたら、そうしていたと思います。絶対にそうしていたはずです。でも彼は一緒に車に乗ってくれと言いました。それで怖くなったんです。パニックになりました」

「ああ、考えただけでまた吐きそう。思い返してみれば、私はテッド・バンディの被害者たちのイメージキャラクターのような子どもでした。体重は四十五キロぐらいで、長い髪を真ん中で分けていました。バンディが殺害した多くの若い女性にそっくりだったんです」

　トリシアは『テッド・バンディの七つの顔』の記事に出てきた人物に、テッドに遭遇していたと伝えるために電話したという。「彼の名前を思い出すことができないのですが、警察官か、検察官だったと思います。いずれにせよ、法執行関係者です。とにかく、私は彼の番号を見つけて、電話してみたのです。『ファッション・プレイス・モールでキャロル・ダロンチが誘拐される前に、テッド・バンディに遭遇したんです。彼は私のことも追いかけていました。一九七四年九月のことです』。そう言って、モールで私に声をかけてきた男について説明しました。彼の声、見た目、そして服装です。どうやって彼が私を車に乗せようとしたのかも説明しました。そして『とても怖かったのです。今となっては通報しなかったことが悔やまれてなりません』って」

「男性は電話口でため息をついて、『ああ、それは間違いなくテッドですね。あなたは幸運にも逃げることができたんですよ』と、言ってくれました」

殺人者とモールで遭遇したことを通報しなかった罪悪感を抱きながら、トリシアは電話を切り、そして記事をもう一度読み直した。その記事でバンディは、小麦色のコーデュロイのズボンに茶色いローファーを履いていたと描かれていた。裁判所二階の図書室の窓から飛び降りたときのバンディも、「私にモールで声をかけてきた男の服装と似ている」とトリシアは考えた。

この瞬間からだった。トリシアはバンディのニュースを追いかけ続けた。一九八九年の死刑執行を喜んだ。そして、今日においても、メディアでバンディの顔を見る度に、「正しい方向を指さしてくれる?」と丁寧に彼女に話しかけてきた、同じような服装をした男の顔がフラッシュバックし、恐ろしくなるそうだ。

バンディに遭遇するという恐怖の体験を二度と忘れられない一方で、その経験は彼女の未解決事件に対する情熱に火をつけた。バンディとの遭遇の三十年後、犯罪関連フォーラム『Websleuths.com』（ウェブスルース・ドットコム）を所有することになる。この遭遇が彼女の「強いこだわり」に繋がったとも言えるのだ。「噂は御法度《ごはっと》」という厳しいポリシーのもと、厳重に管理されたこのフォーラムには、今日、二十万人もの登録会員がおり、オンライン上で議論を繰り広げ、未解決事件、そして行方不明事件の解決に取り組んでいる。国際的なネットワークは驚くべきエキスパートたちの寄せ集めだ。トリシアはこう説明する。「私たちがメンバーを探しているわけではないんです。彼らがこちらに来てくれるんです。看護師、医師、外科医、定年退職した警察官といった面々ですよ。先日はインクの専門家も参加してくれました。心理学者、精神科医、衛星写真を使って犯罪をピンポイントで特定しようという企業の社長も参加してくれました。いろいろな人たちが参加してくれています。本当に素晴らしいことです。私、彼らのことが大好きなんです」

　トリシア自身、魅力ある、地に足のついた人だ。二回目にオンライン上で話をしたとき、彼女はライトアップされた化粧鏡を覗き込み、唇にピーチ色のリップバームを塗っていた。「ちょっと待ってね？」と彼女は言い、「少しだけこれを塗りたくて」と続けた。彼女はリップバームを塗り、親指で目の下を拭った。「ちょっとトリシア、もう少し上手にできないかしら」。私にはそう思えなかった。トリシアは、私がオンラインミーティングの背景に使用している「二月のロンドンの青空」のように活気に満ちた女性だ。私はエドヴァルド・ムンクの『叫び』に登場する幽霊で通用するが、トリシアはラファエロ前派といった風情で、シルクの花で飾られたカチューシャでまとめた金髪が、肩のあたりでふわふわとしていた。彼女はカメラを見つめた。「さあ、準備はいいわよ」トリシアはディスカッション・フォーラムの開催と平行して、テキサス州ダラスにある松材の壁が印象的なリビングルームから、インターネット探偵専門サイト『ウェブスルース・ドットコム』のユーチューブ・ライブストリーム番組のホスト役を務めている。今日はその番組内で私と話をしているのだ。ウェブスルース・ドットコムのオーナーである彼女と一緒にソファで寛いでいるのは彼女の愛犬、チワニー（ダックスフンドとチワワのミックス）のスクラッピー・ジョー、そして二匹の猫、リリスとブー。「スクラッピー・ジョーはちょっとしたインターネットスターなんですよ。ライブストリームでは私と一緒に出演しているの。スクラッピー・ジョーも猫たちも本当にかわいい。この子たちは仕事をしている私といつも一緒にいて、遊ぼうって誘ってくるんですよ。彼らも大事な仲間ですね」

　ソファの後方にある棚には、ルース・ベイダー・ギンズバーグのパペット、空っぽのマヨネーズの瓶に入れられたバーニー・サンダースの人形などの珍しい小物が並んでいる。

「ちょっとふざけてるだけ」とトリシアは言った。「でもね、この部屋はウェブスルースにとっては最も大切な空間なんです。私たちは真面目に仕事に向き合っていますから」

　ラジオＤＪとして二十年のキャリアを持ち、結婚し、母親で、「一日中家に閉じこもる」という退屈な日々を経て、トリシアはオンライン探偵活動をスタートさせた。

「ソルトレイク・トリビューン紙でテッド・バンディを見つけてから、未解決事件の虜になったんです。八〇年代を通して、私はニュースを読んで、未解決事件に関する本を読み漁りました。私が最も興味を持った本はアン・ルールの『ザ・ストレンジャー・ビサイド・ミー』〔邦訳『テッド・バンディ――「アメリカの模範青年」の血塗られた闇』上下巻、権田萬治訳、原書房〕。もちろん、テッド・バンディと彼女の個人的な関係が描かれている本です。夢中になって読みました。暗記してしまうほど」

「九〇年代初期、『ライフタイム：女性のためのテレビ』というチャンネルに夢中になったんですよ。夫を殺害した妻たちを紹介する番組だったんです。すごくいい番組でした。一九九六年には、二度の転機が訪れました。私が働いていたラジオ局が方針を変更して、全員が解雇されました。もちろん、私も。そして十七年間の結婚生活のあと、夫と私は子どもを作ろうと決意したんです。すぐに妊娠しました」

「息子のウィルは一九九六年に生まれました。母親として誇りを持っていましたけど、その年の十二月に、自分がどうにかなってしまうと感じたんです。朝、昼、夜と、ずっと家にいる生活。生まれたばかりの子ども。食べるし、寝るし、泣くし、おしっこをして、うんちもします。笑って、泣いて、そんなことばかり。外の世界との繋がりがなくなってしまいました。文字通り、壁をよじ登って逃げようとする毎日でした」

　一九九六年十二月下旬、息子を昼寝させた後、トリシアは地元の新聞を読んでいた。ヘッドラインが目に飛び込んできた。「六歳のビューティー・クイーンが地下室で死亡」

「間違っているって思いましたね」と、トリシアは言う。「六歳のビューティー・クイーンなんているわけがないじゃない。タイプミスに決まってる。もちろん、十六歳のビューティー・クイーンが地下室で死体となって発見されたんだろうって」

トリシアによると、記事は「とっても小さな扱いだった」ということだ。数パラグラフ程度の記事だった。少女の名前はジョンベネ・ラムジーで、コロラド州ボルダーの自宅で家族によって発見された。一九九六年十二月二十六日のことだった。ジョンベネは銃撃されたり、刺されたりしたわけではないが、ボルダー警察のトム・コービー署長は、彼女の死を「殺人事件だ」と考えた。

興味を抱いたトリシアは、彼女の新しい百科事典であり、テレビのニュース番組が放送しないような情報を見つけ出してくれる最新技術を利用することにした。インターネットだ。彼女は不格好で大きなコンピュータのスイッチを入れ、イライラしながら待っていた。ピーピーと鳴り、カタカタと音を出すダイアルアップのモデム。ウェブに接続されるや否や、トリシアはマウスを握りしめて、インターネット・エクスプローラーのアイコンをクリックし、検索ウィンドウに「JonBenét Ramsey, beauty queen, murdered, Colorado」（ジョンベネ・ラムジー、ビューティー・クイーン、殺害、コロラド）と打ち込んだ。トリシアは検索結果をスクロールした。すでにウェブ上はジョンベネが死亡したというニュースでもちきりだった。そして、被害者の顔写真が新聞に掲載されていた。まるで二十代の女性のように、緋色の口紅と青いアイシャドウを塗られた少女のジョンベネの胸元には、ビューティー・クイーンのリボンがかけられていた。「信じられなかったわ。とても幼い少女が、フルメイクをしているんだから」。トリシアは徹底的に検索をし、クリスマスの飾り付けで華やかな家で、悲劇的な死を遂げた少女の死にまつわる数多くの謎の連鎖を、哀しみとフラストレーションを感じながら読み込んだ。

ジョンベネが生きている姿を最後に目撃したのは、父親のジョンと母親のパッツィー・ラムジーだった。ジョンベネがクリスマスの夜にベッドに入ったときのことだ。翌朝五時半に、コーヒーを淹れようと起床したパッツィーが、二ページ半にわたって書かれた身代金を要求する手紙を家の裏階段で発見したとされる。手紙には、ジョンベネが誘拐されたこと、十一万八千ドルを現金で要求していること、そして「警察には連絡するな」との警告が書かれていた。パッツィーは警察に電話をし、娘が行方不明だと告げた。捜査官らは誘拐事件の捜査を開始。八時間後、ボルダーのリンダ・アーンド捜査官がジョン・ラムジーと家族の友人フリート・ホワイトに「何かおかしいところがあるかどうか」家のなかを捜索してくれと頼んだ。ジョンとパッツィーがクリスマスプレゼントを隠していた地下の空き部屋で、ジョンが娘の死体を見つけたのはそのときだった。ジョンベネの口元はダクトテープで覆われ、ロープで首を絞められ殺害されていた。

何日も、何週間も経過すると、トリシアはますますジョンベネ事件に夢中になっていった。テレビのニュース番組はすべてチェックし、息子のウィルを膝に乗せて揺らしながら、インターネット上で新しい情報を探した。情報を検索していたトリシアが辿りついたのは、ジョンベネのディスカッション・フォーラムだった。熱心に投稿を読んでいくと、彼女のような人が多くいることに気づいた。「誰がジョンベネを殺害したのか？」という、たった一つの疑問に困惑しつつ、必死に調べようとしている人たちだった。

フォーラムに集まるメンバーたちのディスカッションに、最初は尻込みしていたトリシアだった。彼らは頭脳明晰で、書き込みには威厳のようなものが備わっていた。「本当に、とても賢い人たちだったわ。当時は何も知らなかったんだけど、すぐにフォーラムに夢中になりました」。最終的に、トリシアは勇気を出して最初の書き込みをした。それは質問だった。「ジョン・ラムジーが電気のスイッチを入れて、ジョンベネの死体を見たのはいつだったのでしょうか？」この書き込みが、トリシアのインターネット探偵としてのキャリアのはじまりとなった。「これがきっかけよ。完全にハマったわ」と、彼女は言う。

二年後、トリシアは犯罪系ディスカッション・フォーラム「ForumsForJustice.org」を立ち上げる。このフォーラムでは今現在も活発に議論が行われている。ジョンベネ事件に特化しているこのフォーラムの目的は、無実の容疑者に対するスキャンダルにまみれた告発の信頼性を失墜させること、そして一方で、全く捜査を受けなかった容疑者に注目することだ。ジョンベネの死にまつわるミステリーを取り巻くこのディスカッションは、二〇

○四年にトリシアが千五百ドルで「ウェブスルース」を購入したことによって、より注目され、継続されることとなった。ウェブスルースで、今日でも活発に議論されているのがジョンベネ事件だ。私がトリシアに「誰がジョンベネを殺害したと思います？」と聞いたとき、彼女は一瞬目を閉じると、ゆっくりと頷いた。

「これは断言できる。まず、家への侵入者はいなかったということ。身代金要求の手紙は、間違いなくパッツィーが書いた。そしてジョンベネに起きたことは、事故だった。彼女を殺害する意図はなかったはずです」

「ウェブスルースにはジョンベネ事件に関する、素晴らしい情報が掲載されています」と彼女は言った。二〇一六年に、ジョンベネの身代金要求の手紙の筆跡鑑定をした筆跡のエキスパートで、ウェブスルースのメンバーでもあるティナ・ウォンの仕事を例に挙げた。ティナは三週間をかけて、パッツィーが警察に提出した数百もの手書きの筆跡サンプルと、身代金を要求する手紙の筆跡の比較を行った。「私たちがティナに連絡を入れ、サンプルの鑑定を依頼したんです」と、トリシアは付け加えた。「彼女の仕事は見事でしたよ。身代金要求の手紙のなかに、パッツィーの筆跡と合致する文字を二百八十箇所も見つけたんですから。身代金を要求する手紙に書かれた『q』の文字が数字の8に似ていて、それはとても不自然でした。パッツィー・ラムジーも普段、小文字のqを数字の8のように書く癖がありました。それを見て、うわあ、これはすごいって思いました」

結局ティナは、身代金を要求する手紙は、パッツィー・ラムジーによって書かれた可能性が高いと結論づけた。彼女は、身代金を要求する手紙と、パッツィーが提出したサンプルには、四つのバリエーションの「a」があるとした。また、どちらも「t」と「e」が並ぶと、互いが接近する癖も発見した。「一方で」と、トリシアは続けた。「証拠品であるジョンベネの下着のサイズが様々だった点については、他のメンバーが検証をしていました。そのうえ、事件のタイムラインもまとめ上げていました。詳細にわたる、完璧なものでした」

トリシアは自身のサイトがメンバー内で「冷静だ《ノードラマ》」という評判を得ていることを誇りに思っている。他のインターネット探偵たちは、「被害者の家に行ったり、大声を出したりするんですよ」。そして彼女は、ウェブスルースは事件解決を目指す団体ではないと、謙虚に言う。

「犯罪を解決するのは法執行機関の役割です」と彼女は言う。「ウェブスルースでは、メンバーがその専門性を使って証拠をまとめて、捜査官や未解決事件の解決にとって、有益な情報となるように努力しているわけです。私たちが扱うのは、誰もが利用できる情報だけです。警察や報道機関が公開している情報のみを扱っているんです。私たちは捜査を邪魔しようなんて思っていません。絶対にね」

「実は、衝撃的な探偵活動が行われているのも事実です。とある男性なのですが……彼の名前は言いませんが、定年退職した元警察官で、まったくのでたらめを書き込んで、酷いことをやっています。フェイスブックも同じような状況ですね。ほとんどの未解決事件ページは、大げさ《オールドラマ》です。こうなってくると、警察も我々のことを同類だって考えるわけです。私たちは違います」

「現在、ウェブスルースには十名の管理者がいて、新しいメンバーに関しては徹底的な確認作業を行い、グループの書き込みをモデレートしています。私たちのルールはシンプルです。噂話は禁止、名前を書き込まない（ただし、警察が容疑者と断定している場合はよい）、侮辱行為なし、そして事実を追い求めるというものです」

　ウェブスルースに寄せられる高い評価は、一夜で築き上げられたものではない。設立直後は、グループ内には不正確な理論を吹聴する迷惑な人間が多くいた。「二〇〇四年に私がサイトを千五百ドルで購入したときは、まるで悪の巣窟でしたね。二百五十人程度のメンバーがいましたが、互いを脅迫している状況でした。『お前は最低』『クズ』『お前の居場所なら知っている』……なんて書き込みが多かったんです。最低で気分が悪くなりましたね」

「だから、二〇〇八年にルールを厳格化しました。トラブルメーカーは全員出入り禁止にしました。素晴らしい人格の持ち主を十分集めたら、私たちの手で変えることができると思ったんです。でも、これを嫌うメンバーもいましたよ。そんな人たちはグループを離れました。正直なことを言えば、ウェブスルースはもうダメなのかもしれないって考えたときもありました。私、なんてバカなんだろうって。でも、どこからともなくいろいろな人が集まってくれて、グループに参加してくれました。感謝してくれたんです。そして二〇〇八年七月に、カイリー・アンソニーという名の幼児が行方不明になり、ウェブスルースが話題になったんです」

この事件はアメリカ人の心を捉えて離さなかった。七月十五日、二歳のカイリー・アンソニーがフロリダ州オーランドの自宅から行方不明になった。この子の祖母のシンディ・アンソニーが取り乱しながら警察に通報したのだ。彼女は自分の娘であり、カイリーの母親であるケイシー・アンソニーと言い争いになったという。ケイシーは最初、娘はベビーシッターと一緒にいると言っていた。シングルマザーで二十二歳のケイシーは、後になって証言を変え、三十一日も前に娘が失踪したことを認めた。

シンディが警察に通報する二日前、彼女と夫のジョージの元に手紙が届いた。中にはケイシーが乗り捨てた車が押収されたとあった。ジョージが車を取りに行くと、中にはカイリーのチャイルドシート、おもちゃ、そしてケイシーの財布が置いてあった。しかし彼が驚いたのは、トランクから気分の悪くなるような悪臭が漂っていたことだった。まるで有機物質が腐敗したような悪臭だと彼は思った。あまりにも臭いが強いので、車の窓を開けたまま運転して家に戻ったという。警察への電話でシンディはオペレーターに「カイリーが行方不明なんです。今日、娘の車を見つけましたが、まるで死体が入っているような悪臭がするんです」と告白していた。

　翌日、ケイシー・アンソニーは育児放棄の容疑で逮捕された。オレンジ郡刑務所で刑事に尋問されたケイシーは、嘘を並べ立てた。自分はユニバーサル・スタジオでイベント・プランナーとして働いていると主張した。そしてベビーシッターについて大げさに語り出し、カイリーはベビーシッターのゼナイヤ・ザニー・ゴンザレスに誘拐されたと言い出した。ケイシーは娘を探そうとしたけれど、「あまりにも疲れ果てていて」、警察には通報しなかったと言った。刑事たちはただちにケイシーがユニバーサルでの「仕事」をでっち上げていたこと、カイリーにはベビーシッターなどいなかったことを突き止めた。

　ケイシーは警察に嘘の証言をしたこと、育児放棄、そして犯罪捜査妨害の罪で収監された。二〇〇八年八月、カリフォルニアの保釈金立替業者が五十万ドルの保釈金を支払い、彼女は釈放された。

　一ヶ月後、カイリーの捜索が継続されるなか、ＦＢＩの捜査官がケイシーの車のトランクからクロロホルムの痕跡を発見した。トランクの空気サンプルを検査したところ、人間が腐敗した証拠が検出された。十月、大陪審はケイシーを第一級殺人、悪質な児童虐待、過失致死罪、そして警察への虚偽の情報提供四件の罪で起訴した。

　一方で、数千人ものボランティアがカイリーの捜索に加わった。二〇〇八年十二月、カイリーの遺体はゴミ袋に詰められた状態で、アンソニー家近くの森で発見された。
二〇一一年に行われたカイリーに対する殺人事件裁判で、陪審員たちは、ケイシーが地元のバーのパーティーに参加したうえ、「セクシーボディ」コンテストに参加していたことを知ることとなった。カイリーが行方不明になってから四日後のことだった。死刑の求刑を目論む検察側は、ケイシーがクロロホルムを娘に飲ませたうえ、鼻と口にダクトテープを貼って殺害したと主張した。ケイシーはインターネットで「クロロホルム」、「首を折る」、「家にある武器になるもの」を八十四回にわたって検索していたことも検察によって明らかにされた。

　ケイシーの弁護側は二〇〇八年七月十六日にカイリーが家族のプールで溺れて死亡したと主張した。陪審員たちはこの主張を受け入れ、第一級殺人については無罪とした。警察に虚偽の情報を流した軽罪について、オレンジ郡裁判所の事務官が有罪と読み上げると、彼女は被告席でむせび泣いた。ケイシーは二〇一一年七月十七日に釈放された。

「カイリー・アンソニーの死はウェブスルースで扱った事件のなかでは、間違いなく、大きなものでしたね」と、トリシアは回想する。「フロリダ州のサンシャイン法は、事件に関連するすべての証拠の開示を警察に定めています。それを禁止する命令がなければ。ウェブスルースが一気に大気圏に突入しましたよ。メンバーのことよ、私じゃなくて。本当にすごかった。驚くほど優秀な仕事をしてくれました。ケイシー・アンソニーの通話記録をもとに、ピンマップ［インターネット上のサーバーからの応答を示す地図］を作成しました。今では簡単にできることですけど、当時は誰もやっていなかったんです。地図はケイシー・アンソニーがいた場所を正確に示していました。彼女が滞在したと証言した場所と比較しました。まったく違っていましたよ」

「メンバーはケイシー・アンソニーのコンピュータから警察が割り出していた検索情報も取り寄せました。それを我々の探偵たちが詳しく分析したんです。そして、ケイシーが別のサーチエンジンを使用し、検索していた文字列を割り出しました。そのなかには、カイリー失踪直前に検索された、『誰でもできる窒息方法』があったのです。この情報は検察側の陳述に大きな変化をもたらすものだと思いました」

オレンジ郡のアンジェロ・ニーブス警部は、カイリーが最後に生きている姿を目撃された日、「誰でもできる窒息方法」という文字列がアンソニー家のパソコンでGoogleを使用して検索されていたという事実を刑事らが見落としていたと認めた。「アンソニー事件を担当していた刑事の一人が実際にフォーラムにやってきて、コメントしてくれましたよ。メンバーの努力に感謝してくれました」と、トリシアは付け加えた。トリシアはフォーラム内のスレッドが世界中の刑事たちによって読まれていることを知っている。「私たちのフォーラムを見ているとはなかなか認めてはくれませんけど、見てくれていることは知っていますよ。だって、ＩＰアドレスでわかりますから」

ウェブスルースはいくつもの事件を解決し、大きな成功を収めているが、なかでもブレイクスルーとなったのは、二〇〇九年にグループでディスカッションが行われた、エイブラハム・シェイクスピア失踪事件だ。四十二歳の彼は、この三年前にフロリダで三千万ドルの宝くじに当選していた。日雇い労働者だった彼には、賞金を手にするまで、たった三ドルしかなかった。二〇〇九年十一月、エイブラハムが失踪したときに彼の親戚は、賞金を持ってカリブ海まで旅行に行ったことを願いつつも行方不明者として彼を届け出た。四月以降、彼に会った人はいなかった。

フォーラム内でエイブラハムの失踪について議論が白熱するなかで探偵たちは、スレッドに頻出する人物のことを怪しむようになった。ドリス・ディーディー・ムーアはエイブラハムの友人だった。ムーアは二〇〇八年にエイブラハムの人生に現れ、彼の波瀾万丈な人生と、いかに人々が彼を利用したかについて描く本の著者だと言っていた。エイブラハムが失踪し、ムーアはフロリダ州レイクランドにある高級マンションを含む、宝くじに当選した彼の資産をすべて手にしていた。

彼が失踪する直前、ムーアはエイブラハムのファイナンシャル・アドバイザーとなっていたが、ウェブスルースの彼女の書き込みによると、二人は「親友」でもあったらしい。「金目当て」の人間からひっきりなしに注目され、エイブラハムは嫌気が差したのだとムーアは書いた。

最初は本名で投稿していたムーアを、トリシアはすぐに警戒した。「ムーアは目立ちたがり屋の女性で、エイブラハムの親友だと言っていました。エイブラハムが町を出るのを手伝って、彼の個人的なものごとをすべて管理する委任状を手渡されたと言っていました。『彼のお金を管理しています』と彼女は宣言していましたね。でも、ムーアに不利な証拠が山ほど出てくるようになりました。とあるメンバーが彼女の銀行口座の取引情報を入手することに成功したんです。そしたら彼女から直接私にメールが届きました。彼女はウェブスルースに投稿していたのは自分ではなく、誰か別の人間が彼女の名前を不正に利用していると言うんです。彼女が嘘をついているのはわかっていましたから、ムーアのメールには『誰かがあなたの家に勝手に入ってコンピュータを使ったのだと思います。このメールのＩＰアドレスとディーディー・ムーアの書き込みのＩＰアドレスが同じですから』と書いて送っておきました」

彼女にとって不利な情報を手に入れたトリシアは、「名前は出さない、侮辱はしない」というルールを珍しく破って、ウェブスルースのエイブラハム・シェイクスピアのスレッドに一文だけ書き込んだ。「エイブラハムを殺害したのは、ディーディー・ムーアです」と。

「ムーアったら、激怒しましたよ。再び投稿をはじめ、積み重なる自分に不利な証拠について、逐一反論しはじめました。ムーアは、自分のコンピュータがハッキングされたと主張しはじめました。彼女のその行動が、私たちの彼女に対する疑いを強くさせたんです。ムーアは詐欺師。彼女がエイブラハム・シェイクスピアを殺害したと確信していました」

トリシアの直感は当たっていた。二〇一〇年一月、刑事らがエイブラハムの遺体を彼女のボーイフレンド宅の裏庭から発見したとき、ムーアは「参考人」となった。エイブラハムは胸に二発の銃弾を受けていた。そして、新しく建てられたテラスの下の、一・五メートルの深さの土に埋められていた。ムーアは第一級殺人罪で有罪判決を受け、仮釈放なしの終身刑を言い渡された。

ムーアが逮捕された時期、殺人事件の調査をした刑事がトリシアにメールを送り、ウェブスルースのメンバーの働きに感謝してくれた。しかしフロリダ警察は、ウェブスルースにログインした警察官はいないと主張した。トリシアは警察関係者がエイブラハム・シェイクスピア事件のディスカッションを見ていたことは確かだと考えている。「腹立たしいことですよね」と彼女は思い出したように言った。トリシアの表情が曇ると、スクラッピー・ジョーが彼女の膝の上に飛び乗り、カメラの方を向いた。彼の小さな眉毛が心配そうに下がっていた。「事件捜査をしていた刑事が実際に私にメールを送ってきて、私たちの仕事に感謝してくれたんですよ。そしたら数年後、『ローリング・ストーン』誌がウェブスルースの関与について記事にしたいと言い、警察はエイブラハム・シェイクスピア事件に関してウェブスルースは一切関係がないという声明を出したんです。それは真っ赤な嘘。私にコンタクトを取った刑事を誰かが責めたのでしょう。警察関係者が私たちの存在を軽く扱うのには腹が立ちますね」

トリシアの主なゴールの一つは、「警察を蹴っ飛ばして、今は二十一世紀だぞって叫ぶ」ことだと彼女は言う。「私たちは、『ビール缶を集める退屈な主婦集団』じゃないんです。何年か前に、ジョン・ラムジーがウェブスルースを、そう呼びました。そこが問題なんです。多くの警察関係者が私たちのことを口やかましいばあさんだと思っていて、だから関わり合いになりたくないって考えているんですよ」

「頭からすっぽりシーツをかぶって、起き上がりたくない日だってあります。本当にイライラします。私たちは誰かの仕事を奪おうなんて思っていませんよ。それでも、世界中から様々な人生経験を積んだ多くの人が集まれば、ものごとを違う角度から見ることが出来るじゃないですか。そして助け合うことができるんです。そのうえ、無料でやりたいと言う人たちなんですよ」

「なぜ警察がもっと私たちに連絡をしてくれないのか、手伝わせてくれないのか、本当にわかりません。誰も気にかけることのない、未解決事件のどうでもいい証拠を渡してちょうだいって思うんです。私たちのメンバーはそういう証拠が大好物です。それを紐解いて、答えを見つけ出すでしょう。そしてこの事実を証明する完璧な証拠があるんです」

トリシアはネバダ州の捜査官がフォーラムに対して、とある未解決事件について援助を求めてきたことが、うれしい喜びだったと教えてくれた。警察関係者がウェブスルースの集団意識を採用しようとするのは、とても珍しいことだと彼女は強調した。被害者は男性ハイカーで、一九九二年にネバダ州の山中で複数の刺し傷がある状態で発見された。警察は二十三年にわたって被害者が着用していたＴシャツの情報をまとめていた。ワシのエンブレムが特徴的だった。

トリシアはそのＴシャツの写真をフォーラムに投稿し、ウェブスルースのメンバーが十日間をかけて調査したが、結果は出なかった。しかし、フォーラムを一旦離れていたものの、再び戻って来ていたメンバーが三十六時間で結果を出した。「ああ、あのときは本当に最高だった」と、トリシアは笑顔で言う。この問題を解決した女性は休暇から戻ったばかりだった。彼女は製造業者を調べ、どこでそのＴシャツが販売されていたのかを突き止めた。そのＴシャツは二〇一四年まで販売されていたらしい。そして誰が店に納品したのかもわかった。彼女はそのオリジナルの値段までも調べていた。想像してみてほしい。警察が二十三年もかけてこの情報を探していた。そしてメンバーの一人がこのわずかな証拠を元に、警察が必要とした情報をすべて提供することが出来たのだ。たった三十六時間で。この情報が被害者の身元に繋がったわけではなかったが、少なくともこの証拠をチェックリストから外し、捜査を進めることができたというわけだ。

ウェブスルースのメンバーの共同体意識と情熱は、フォーラムのウェブサイトから飛び出してくるようだ。数千のスレッド上で共に調査しつつ、互いの成功をいち早く祝福し合う。このコミュニティ精神と、チームが事件に与えるインパクトがメンバーを駆り立てているとトリシアは証言する。「ウェブスルースのことを、互いの声を聞き合うコミュニティと言ってくれる人がいます。助けたい。それだけなんです。貢献したと感じたいだけなのです。そして、それを家にあるコンピュータで成し遂げることができるんです」

インタビューの最後にトリシアは、メンバーに感謝したいと強調した。彼女は膝からスクラッピー・ジョーを下ろして、顎の下のあたりで両手を合わせて感謝を示した。「モデレーターとメンバーがいなかったら、ウェブスルースは成り立ちません。彼らが働いてくれることに感謝していますし、彼らを愛しています。彼らは私の『未解決事件の天使』よ」

５　マザー・ロード

ポール・ハインズは、礼儀正しく、法を遵守する立派なロサンゼルス市民だが、まさか自分が窃盗に加担することになるとは夢にも思っていなかった。黒光りするＳＵＶでサンタ・アナ高速道路を南進し、この使命を一緒に果たすパートナーが運転する車が真後ろを走っている今となっても、オレンジ郡保安官事務所から貴重な荷物を運び出すことが出来るかどうか、疑問に思っていた。**「そもそも、荷物が手に入ればの話だけど」**

「１０５Ｂジャンクションを出て下さい」「その先を右折して、ノース・ブロードウェイに入って下さい」と、ナビが言った。緊張と興奮が体のなかで暴れ出すのをポールは感じていた。

ポールの運転する車は椰子の木が並ぶ歩道の間を走り抜け、ウェスト・シビック・センター・ドライブに入ると左折し、次にＮフラワー通りに入って、そこからオレンジ郡保安官事務所駐車場の５５０番で停車した。「目的地に到着しました」

ポールはエンジンを切って、サンバイザーを下ろすと、共犯者のミシェル・マクナマラにテキストメッセージを送った。「今、到着。君は？」

画面に吹き出しが現れた。「駐車するところ」。彼が顔を上げると、ミシェルが彼の横に車を停めつつ、ＳＵＶの窓越しに手を振っていた。オレンジ郡保安官事務所裏手にある搬入口近くだった。二人は車に鍵をかけると、入り口まで歩いた。

「準備はいい？」と、ミシェルが言い、ポールの脇を突いた。彼女の顔には興奮が浮かんでいた。

「もちろんだよ」とポールは答えた。**「今から強盗だぜ。すごいよな。まるで『オーシャンズ11』だ」**とポールは考えていた。

実際のところ、彼らがやろうとしていたことは、正確には強盗というわけではなかった。なにせポールとミシェルは武装していなかった。ストッキングを頭にかぶり、保安官事務所に怒鳴り散らしながら押し入り、「金庫を見せろ！」と叫ぶつもりもなかった。つまり、成果を出せるかどうかは自分たち次第。「ＥＡＲＯＮＳ《イーロンズ》」と書かれた記録室に忍び込み、「マザー・ロード［主脈（中心となるもの）という意味。ここではＥＡＲＯＮＳ事件の証拠を指す］」をすべて回収し、持ち出すのだ。身元不明の連続強姦魔でシリアルキラーの犯罪に関する、四十年にわたって収集された証拠が入った、三十七個のコンテナをすべて運び出す計画だ。そしてＳＵＶにすべて積み込み、走り去る。これを保安官に目撃されずにやってのける。市民探偵の平凡な一日だった。

これは二〇一六年一月のことで、ポールは過去五年間にわたり、ミシェルとともに大量のデータをひたすら調査していた。シリアルキラーの仮面を剥がすという目的を果たすためだった。七〇年代と八〇年代、アメリカの黄金州［カリフォルニア州］を恐怖に陥れた強姦魔。この二十年の間に、メディアがこの犯罪者にいくつかニックネームをつけた。最も有名な二つが、「イーストエリア・レイピスト」、そして「オリジナル・ナイト・ストーカー」だ。この二つのニックネームが略されて、一つになったのが「ＥＡＲＯＮＳ」で、彼はそう呼ばれるようになった。

ＥＡＲＯＮＳ関連ファイルを入手するという秘密のミッションは、ミシェルの情報筋である多数の刑事のなかの一人が許可していると、ミシェルはポールに断言していた。しかし二人が所内に入ったとき、懐疑的な考えがポールの興奮を鎮めた。**「ちょっと待ってくれよ、民間人が欲しいものを持って行くことを、警察が許すわけないだろ？」**

刑事らは何年もかけてＥＡＲＯＮＳの可能性のある容疑者を捜していた。何十人もの女性をレイプし、少なくとも十三人の人々を、カリフォルニア州内の十一の郡にまたがって殺害した男だ。一九八六年に殺人事件を起こしたのを最後に、殺人者は姿を消していた。

警察の捜査は行き詰まったままだ。ＥＡＲＯＮＳの記録室は何年も放置され、眠った状態だ。それはまるで、流れ出る血液と悲しみを記憶する墓だ。

山ほどの資料から証拠を抽出するという計画が成功すれば、事件を進展させる、もしくは解決できる可能性があるとポールとミシェルは信じていた。

　今日、ポールはあの日の出来事を思い出しながらも、冷静だった。「ミシェルが二台のＳＵＶに乗ってサンタ・アナに行き、マザー・ロードを持ち帰ろうと言ったとき、もちろん戸惑いましたが、やってみてもいいとは思いましたね。僕らはＥＡＲＯＮＳの証拠のことを、『マザー・ロード』と呼んでいたんです」と、彼は二〇一五年から住んでいるロサンゼルスの自宅からのビデオ通話で言った。南フロリダ出身の作家でデータ分析の専門家だ。壁には映画『ベルリン・天使の詩』のポスターが飾られ、その下に設置されたソファに彼は座っていた。髪は金髪で、真剣な眼差し、その頭脳はまるでデータベースのようだった。「ミシェルの後ろを歩いて、オレゴン郡保安官事務所の建物内部に入って行きました。そのときもまだ、疑っていたんですが、同時に興奮もしていました。とうとう、俺たち、やっちまったって。ミシェルの知り合いが僕らを事務所のなかに入れてくれました。そして全員で四十分ほど、話をしました。会話はミシェルに任せました。ミシェルの知り合いの名前や、事務所内で何が語られたのかをここで言うことは出来ませんが、これだけは言えます。四十分という時間のなかで、部屋のエネルギーが懐疑的なものから、畏怖に変わったのを感じました。そしてミシェルの知り合いが、僕らをＥＡＲＯＮＳの資料保管室に案内してくれました」

すでに引退した刑事、そして現役の刑事もノンフィクション作家ミシェル・マクナマラを信頼し、二〇一〇年から彼女が熱心に取り組んでいる事件に関する記述に価値を見いだしていた。ミシェルは、長らく停滞していたＥＡＲＯＮＳの捜査に、人々の関心を惹きつけてきた。彼女がこの事件について書いたのは、自身のブログ『トゥルー・クライム・ダイアリー』でのことだった。「私にとってこの事件の最大の悲劇は、世間にあまり知られていないということ」と、彼女は二〇一一年に綴っている。この事件はもっと「熱」を帯びるべきだと彼女は言った。ミシェルは娘のプレイルームを研究室に変え、そこに設置した机から二十四時間体制で、自らの日課である「殺人調査」をしていた。ミシェルはＥＡＲＯＮＳの謎を解明するためなら、手段を選ばなかった。今日、ポールと彼女が窓のない証拠の「宝庫」に足を踏み入れたのが、その証拠だ。

　蛍光灯が長い眠りから覚めたようにちらつきながら、ほこりまみれの資料箱がぎっしりと並べられた棚を照らし出した。証拠の山に囲まれながら、ポールとミシェルはしばし沈黙した。**「どうやってこれだけの量を運び出すのか？」**と二人は考えていた。ラベルの貼られた箱には、命を奪われ、粉々に砕け散った人生の欠片がぎっしりと詰まっている。全部で六十五箱。そして二つの巨大なゴミ箱。すべてに書類が詰め込まれていた。

　刑事が周囲に目を光らせるなか、二人の調査人が箱の中を探し回り、調査に光を当てる可能性のある「少しだけ拝借する」情報を探していた。「この捜査を実際に行っている刑事によって、精査されていない情報がほとんどだったんです。だから、見落とされている調書がどこかにないか、その余白にＥＡＲＯＮＳに繋がるヒントはないか、どうにかして探そうと思っていました」と、ポールは説明した。

しかし、その時点ですべての資料を丹念に調べる時間はなかった。もし警察幹部に資料室で見知らぬ人物が何かを探しているところを見られたとしたら、彼らは何も手に入れずに出て行くことになる。そのうえ、たっぷり油を絞られることになるだろう。

次に起きたことを説明するポールの表情は冷静なままだった。しかし、彼の口角に懐かしさのあまり喜びが浮かび上がっているのは見て取れた。「僕らは三十五個の資料箱と二つのゴミ箱を拝借することを決めた。すぐに動かなくちゃいけない。僕らはコンテナを台車にのせて搬入口まで運んで、つぎにＳＵＶの後部座席に箱を詰め込んだ。これを何度か繰り返したよ。台車を何往復もさせて。荷物を積みこんでいたら、郡保安官代理がふらりと建物から歩いて出てきたんだ。まさに僕らは強盗中ってタイミングだ。ミシェルは『あの人たちの気持ちが変わらないように、ペースを上げていこう』ってな感じでしたね。郡保安官代理は幸運にも遠い場所にいて、搬入口で何が行われているかに気づかなかったんです。でも、ミシェルと僕が託されたものの重大さは、完全に理解していたつもりです。不安になりました。最後の箱を車に積み込むと、僕らは走り去りました。気づかれていなかったはずです」

二人は資料をロサンゼルスのロス・フェリズにあるミシェルの自宅に運び入れることにした。彼女はそこに、俳優でコメディアンの夫パットン・オズワルトと七歳の娘アリスと住んでいた。「アリスのプレイルームは僕たちの資料室になったというわけです」とポールは言った。「そして僕も一度にいくつか箱を借りて、仕事をシェアすることにしました。ミシェルは箱の中に入っている大量の資料の中に、八十パーセントの確率で容疑者の名前が出てくるはずだと信じていましたね。大量のファイルを手に入れたことは、調査においては最も心躍る出来事だったと言えます。潮目が変わりました」。ミシェルは二台の大容量デジタル・スキャナを持ち込んだ。二人の調査人は「宝庫」を精査するという大仕事に取りかかった。

当時ＦＢＩは、ミシェルの考えに同意していた。ＥＡＲＯＮＳはカリフォルニア全土で起きた三件の殺人事件の犯人で、それは一九七四年四月に発生したバイセリアの事件が最初だったという説だ。バイセリアはサン・ホアキン・バレー近くの農業都市だ。

バイセリアのランサッカー（荒らし屋）として知られていた連続強盗犯は、その奇妙な手口で警察を翻弄していた。この男は普通の強盗ではなかった。街の暗い道や路地をくまなく徘徊し、ランチハウスや平屋ばかりを狙った。住民らは隣人や地域を信頼し、窓やドアに鍵をかけていなかったのだ。

コソコソと動きまわる泥棒とは違い、この侵入者には急いでいるそぶりがなかった。時には、何時間も建物内に留まり、衣装ダンスや引き出しを漁り、住民の所有物を破壊した。男は女性用下着を部屋中に散乱させ、家族写真や結婚指輪、コイン、子どもの貯金箱などの私物を盗んだ。イヤリングがひとつだけ盗まれたこともあった。しかし奇妙なことに、紙幣といった価値のあるものは盗まなかった。このバイセリアのランサッカーは、街中の、少なくとも四地区に建つ、百軒以上の家に侵入したと言われている。

一九七五年九月に発生したとある事件では、別の家から盗んだ38口径の拳銃で武装していた。男はエリザベス・ハップの寝室に午前二時に忍び込むと、彼女にピストルを向け、恐怖に震える十六歳を起こした。「一緒に来い」と、スキーマスクの口の辺りに開いた穴から男は唸るようにして言った。「声を出したら殺してやる」

侵入者が急いでエリザベスを裏口から出した音で、彼女の父親が目を覚ました。セコイアス大学でジャーナリズムを教えるクロード・スネリングだ。スネリングはベッドから飛び起き、裏庭で娘を引きずるマスク姿の男を発見した。「何をする？　娘をどこに連れて行くつもりだ？」と、父は叫んだ。誘拐しようとしていた男はエリザベスを突き飛ばすと、クロードに向かって銃弾を二発発砲した。そして十代の少女の顔を三回蹴り上げると、フェンスを跳び越えて逃走した。犯人は逃走に成功し、クロードは病院へ搬送中に死亡した。

ビル・マクゴーウェン刑事は、バイセリアのランサッカー事件担当だった。息子のブレットがずいぶん後になって証言したように、ビルは捜査に人生をかけていた。そしてある夜のこと、連続強盗犯に肉薄したのだ。一九七五年十二月十日の未明のことだった。ビルはバイセリアのウェスト・カウウェア通りで、地域住民からの通報を受け、張り込み捜査を行っていた。建物のガレージ内に潜んでいたときのことだ。マスクをかぶった男が、以前何者かに狙われたという家の窓から、中を覗いていた。ビルは拳銃を抜き、懐中電灯を取り出し、隠れていた場所から飛び出して叫んだ。「動くな！」。そして窓に張りついていた男の目を鋭い懐中電灯の明かりで照らした。

　容疑者はスキーマスクを脱いで懇願した。「お願いです。撃たないで」。男は怯えた子どものような高い声を出した。男は観念したように片手をあげ、そしてもう片方の手をポケットに突っ込むと、銃を取り出しいきなり発砲して、ビルの懐中電灯に命中させた。弾があたると懐中電灯は粉々になり、飛び散ったガラスを浴びてビルは後方に吹き飛ばされた。地面に叩きつけられたとき、ガラスの破片が目に入った。銃を持った犯人が見えなくなってしまったが、男が急いで垣根を跳び越えて走り去る音は聞こえていた。

　その日、ビルはアクション・ニュース紙に銃撃について語った。右目に眼帯をした熟練の刑事は、強盗と対峙した瞬間を追体験しながら、明らかに震えているように見えた。

「倒れました。懐中電灯が爆発した衝撃で、後方に吹っ飛ばされてしまい、男は周辺で盗んだと思われるものをまき散らしながら逃げました」

　二度目の発砲事件のあと、バイセリアの奇妙な強盗事件は突然発生しなくなり、犯罪によって傷つき、侵害された街だけが残された。すると今度は、カリフォルニア州北部で、信じられないような卑劣な犯行が繰り返されるようになったのだ。一九七六年の中頃、サクラメント郡マザー空軍基地周辺東側分譲地に出没する連続強姦魔の恐怖に、住民たちは震えあがることになる。拳銃と鍵が、この地域で爆発的に売れはじめた。メディアと警察が「イーストエリア・レイピスト（東部の強姦魔）」と呼ぶ男の亡霊に地域は恐怖で支配された。番犬を飼う住民が増えた。枕の下にショットガンを置いて眠りに就く人が増えた。

　この捕食者は被害者に狙いを定めると、ひたすら後をつけ回し、張り込み、そこに居座った。狙われていたのは窓の多い平屋建てのランチハウスだ。男は電話線を切断し、多くのケースで、夜中に窓から侵入した。そして被害者の顔を懐中電灯の閃光で照らし、無理矢理目を覚まさせた。男は、自宅で一人でいる女性を最初は狙っていた。被害者の証言によると、この極悪犯は常にスキーマスクと手袋を着用し、「食い縛った歯の間から呻くようにしゃべった」。「黙らなければ殺す」と男は唸りながら、ベッドに横になる女性にまたがった。被害者は男の顔を見ることが出来なかったが、男の荒い息づかいとカビのような臭いには気づいていた。拳銃と鋭利な肉切り包丁で武装したイーストエリアの強姦魔は、被害者を目隠しし、靴紐や麻紐を使用して縛りあげ、性的暴行を加えた。

　一九七七年までに、男は家族やカップルを標的として、北部カリフォルニアの複数の地域を襲うようになっていた。カップルの家に押し入ると、男は夫を銃で脅し、妻を別室で拘束し、物音をひとつでも立てたら二人とも殺すと夫を脅迫し続けた。この恐ろしい長時間にわたる暴力行為で、アナルセックスを強要された女性もいた。

イーストエリアの強姦魔は、被害者宅で強姦だけではなく強盗も働いた。何時間も現場に留まり、勝手に食料を食べ、ビールを飲んで、女性を再び強姦した。男は貴重で想いの詰まった品を盗むことが多かった。宝石、家族写真、身分証明書、家の鍵や装飾品といった個人的なものだ。自らの凶悪な犯行を思い起こさせるトロフィーだったに違いない。この野獣は、女性や少女に性的暴行を加えたあと、突然むせび泣くことがあった。これが後悔の念だったとしても、長続きすることはなく、男は無情にも次の強姦被害者にその手を伸ばした。

一九七七年、強姦魔を逮捕しようと刑事たちが捜査を強化するなか、男は警察に電話をかけて脅迫し、刑事らを愚弄した。「俺はイーストエリアの強姦魔だ。次の被害者は決めている。俺を捕まえてみろ」と男は言った。男は同じく、被害者女性にも背筋の凍るようないたずら電話をかけている。「ぶっ殺してやる」と男は耳障りな声で囁いた。一年後、強姦魔は初めて殺人を犯した。

一九七八年二月二日夜九時頃、新婚のブライアン・マッジョーレと妻のケイティーは、スキーマスクをかぶった男に声をかけられた。サクラメントのランチョ・コルドバ地区で犬の散歩をしていたのだ。男ともみ合った後、カップルは逃げたが、男は追いかけてきて、二人を銃撃して殺害した。当時、刑事たちはマッジョーレ夫妻を殺害したのはイーストエリアの強姦魔ではないかと疑っていた。男が得意とする地域で起きただけではなく、二人の殺害現場に靴紐が残されていたからだった。靴紐は二つの輪のようにして結ばれ、手錠の代わりとして使えるようになっていた。それはまさしく、イーストエリアの強姦魔が被害者を拘束するときの手法だった。

ランチョ・コルドバでの殺人事件後、強姦事件は一時収まったように思えたが、一九七九年に若い女性とカップルがサンタ・バーバラで襲われる事件が発生した。サクラメントから約四百八十キロも南での場所だった。ＥＡＲ《イアー》（イーストエリアの強姦魔を略してそう呼ばれるようになっていた）は、再び殺人に及ぶ前に二十件もの強姦事件を起こした。

一九七九年十二月三十日、整形外科医のロバート・オファーマンと、恋人で臨床心理学士のアレクサンドリア・マニングが、ロバートの自宅で拘束され、銃撃された。サンタ・バーバラ近郊のゴリータでの出来事だった。八〇年代がはじまり、ＥＡＲの殺人のキャリアはますますエスカレートし、ナイト・ストーカーという新しい呼び名までつけられるようになった。後に、オリジナル・ナイト・ストーカー（略してＯＮＳ《オンズ》）と改名されることになる。これは、リチャード・ラミレズという名の別の連続殺人鬼と区別するためである。

オリジナル・ナイト・ストーカーのケースでは、夫の目の前で妻やパートナーを強姦するという屈折した犯行内容が目立ったが、犯人はとうとう被害者の命まで奪うようになっていた。女性被害者を強姦した後、被害者も、そしてパートナーも殺害するようになったのだ。男は再びサンタ・バーバラ、ベンチュラ、そしてオレンジ郡を標的とした。一九八〇年三月から一九八一年七月までの間に、七人もの犠牲者が男の毒牙にかかった。死刑執行人はベンチュラ郡にある自宅内で、ライマン・スミスと妻のシャーリーンを暖炉の薪で滅多打ちにして殺した。ダナポイントでは、パトリースとキース・ハリントンが鈍器で撲殺された。マニュエラ・ウィットヒューンは、アーヴィンにある自宅で強姦され、撲殺された。一九八一年、シェリ・ドミンゴとグレゴリー・サンチェスはゴリータの自宅内のベッドで殺害された。そして殺人事件は突然、ぱたりと止んだ。しかしそれも一九八六年五月、不動産エージェントが十八歳のジャネル・クルーズの全裸死体を血まみれのベッドの上で発見するまでのことだった。これはＯＮＳの犯行とされる最後の事件となる。ＯＮＳが侵入した際、彼女は一人で家のなかにいた。ジャネルを強姦した犯人は、彼女を撲殺した。警察はＯＮＳが彼女をパイプレンチで殺害したと確信している。

　最初、刑事らはＥＡＲとＯＮＳをそれぞれ別々に追っていたし、二種類の犯行が一人の人間によるものとは考えていなかった。ＤＮＡ鑑定によって、ＥＡＲとＯＮＳによる犯行が一人の男によるものと判明したのは二〇〇一年のことだった。この発覚がきっかけとなり、カリフォルニア州のＤＮＡデータベースが構築され、州内のすべての被疑者と重罪犯人の遺伝子サンプルが収集された。

＊

この本の執筆中に出会った市民捜査官の多くは、幼少期に起きたシリアルキラーとの恐怖の遭遇や、愛する人や近所の人を無残にも殺害された経験が、捜査のきっかけになっていると語った。一部の人にとってそれは、単に忘れられない未解決事件に関する本を読んだ経験の場合もある。ポール・ハインズにとっては、南フロリダの大農園で生まれ育ったこと、父親にシリアルキラーに関する警告を受けたことが、捜査の動機に繋がった。

二〇〇〇年にジョン・エドワード・ロビンソンが、サドマゾ的セックスが目的でオンラインを使って誘い出した女性を殺害したとして逮捕されたとき、ポールは十八歳だった。三人の女性の腐乱遺体がドラム缶に詰め込まれて、カンザス州にあるロビンソンの農園に遺棄されていた。近くにある倉庫から、もう二体が発見された。「最初のインターネット殺人鬼」と呼ばれるロビンソンは、後に死刑判決を受けた。

「ミステリーと未解決事件にずっと興味を持っていたんです」と、ポールは言い、「でも、この気持ちがはっきりしたのは、ロビンソンの殺害事件について父が言ったことでしょうか。当時は、様々なメディアで報道されていましたから。僕は自宅でもあまりうまくいってなくて、社会的にも不適格な人間だったんです。なぜかというと、僕の友人は主にネットで知り合った人たちだったから。父がサイバースペースで知り合った人間には気をつけろって僕に忠告したんですよ」

「ロビンソンは被害者を自分の敷地内に誘い込みました。僕にとって、とても興味のある事件でした。ロビンソンは自分のことを地域の大物だと吹聴していたらしいです。真面目に教会に通っている、優秀なビジネスマンだってね。実際のところは、やつは堕落した連続殺人鬼だったわけです。外に向ける顔と、本当の人格とのコントラストに惹かれたんです。他の連続殺人鬼についても本を読みました。特に、未解決事件の本を。誰が犯人なのか、想像しようとしたんです。この興味が何年もかかって、増えたり、減ったりしながらも、決して僕のなかから消えなかった」

ポールが初めてＥＡＲの野蛮な行いの周辺にあるミステリーを知ったのは、二〇〇六年に放映された特別番組を視聴してからだった。当時ポールは、フロリダ・アトランティック大学で映画とメディアについて学んでいて、「アームチェア探偵」になるつもりなどなかった（彼はこの名称を効果的に使っている）。このドキュメンタリーはカリフォルニア北部で発生した強姦事件に焦点を当てていた。ポールはその事件についてはまったく知らなかった。インターネット上で情報を探し、その結果に衝撃を受けた。

「容疑者が五十件にも及ぶ強姦事件と、少なくとも十二件の殺害事件に関連していると知って愕然としました。でも、もっと驚いたのは、これほどの事件が世間に知られていないという事実でした。Google ニュースのアラートをＥＡＲＯＮＳに設定しました。これ以外の未解決事件の多くにも同じ設定をしました。そうすることで何が起きているかがわかりますから」

しかし、ＥＡＲＯＮＳ事件はポールを混乱させた。どうしたらこの容疑者は、こんなにも恐ろしい連続事件を起こすことが出来たのか？　連続強姦・殺人事件にほとんど光が当たらないまま年月が過ぎ、ポールは三十年以上にわたって警察の重荷となっていたこの事件の独自調査を開始することを決意した。

「映画を学んだあと、一年間ニューヨークに住みましたがあまりうまくいかず、結局フロリダに戻って法律事務所で職を得ました。その仕事では休憩時間が多かったので、その時間を使ってＥＡＲＯＮＳの事件を調査しはじめました。一年後、法律事務所が閉鎖されたので、僕は二十八歳で再びフロリダ南部に戻り、両親と同居したってわけです。そこから、より深く事件を追うことになりました」

ポールのＥＡＲＯＮＳへの興味は、すぐに執着へと変わり、一日に十五時間もインターネットに費やすことになった。

「ＥＡＲＯＮＳの事件で僕が興味を抱いたのは、襲撃の地理的な配列でした。容疑者は北部カリフォルニアの特定地域で、二年から三年という期間で犯行を重ねていきました。そして北部カリフォルニアの別の地域で襲撃を行い、五年から六年の期間で南カリフォルニア地域で犯行を重ねました。それを踏まえ、僕は公的記録とオンライン上のリソースについて考えるようになりました。犯行が行われていた当時は一般公開がされていなかった情報です。犯人は活発な犯罪者だったけれど、現代においてＥＡＲＯＮＳはどうなのか？　今でも野放しの状態なのか？　彼は誰なのか？　そして何があのような酷い犯罪へと彼を駆り立て、そのすべてが二〇〇一年になるまで結びつかなかったのか。この犯罪者は、とても有利な状況にいるということなんです」

「僕は、この犯人が活発に犯行を重ねていた時期に、同じ地理的エリアに住んでいた人たちを探すことにしたんです。Classmates.com〔同級生を探すサイト〕やIntelius〔人物検索サイト〕、それからAncestry.com〔家系図情報検索サイト〕、その他の公文書を探すサイト、情報収集サイトなどを駆使して検索を行いました。当時、警察の容疑者になっていなかったかもしれない人物、犯罪歴のない人々、犯罪発生地域とは別の地域に住んでいた人も探しました」

「僕はより多くの時間を調査に費やすようになりました。当時は鬱の状態だったこともあって、この事件に没頭してしまいました。例えば、サクラメント地区で発行された卒業アルバムを、一九六八年、一九七二年、一九七三年のように、詳しく調べたりしたんです。年齢が高い白人男性を特に見ました。なぜなら、犯人は白人男性だと知っていたから。それから、彼らの名前を公式記録と照合して、どこに住んでいたのかを調べました。裁判所記録を調べて、その人物が犯罪に関わっているかどうか、疑わしいところがないかを調べました。軍や警察関係者はいないか、あるいは医療業界に関係している人はいないか。当時、EARONSはこういった職種に就いているのではないかと疑われていたからです」
「この調査に余分な時間やお金はかけないと心に決めていましたが、結局、そうなってしまいました。そして、調査すればするほど、僕には人捜しの才能があることに気づく結果になりました。鬱状態に浸るのではなく、調査をフルタイムで行うようになり、この連続事件の容疑者の可能性がある人物が存在することに気づいたのです」

ポールの調査はデータ・マイニング［集められたデータを分析すること］が中心だった。電話帳をデジタル化し、誕生日、死亡日、結婚歴などを記載したマスターリストを作成して、逆引きの研究をした。最初は自分の調査は、恥ずかしいことだと感じていた。「レッド・ヘリング［燻製ニシンの虚偽：情報の受け手の注意を逸らす手法］」を入手してしまったこともあったし、インターネットの「ウサギの穴［不確かな情報］」に辿りついたこともあった。自分の推理をメッセージ・フォーラムに書き込むことはあったが、容疑者の疑いのある人物の名前がわかったとしても、「狼少年」にはならないように注意していた。

彼曰く、「警察とは連絡を取りませんでした。確信できるような容疑者には巡り会いませんでしたし、当時、市民捜査官は警察から軽蔑される対象でしたから。確実に容疑者だと判明した人物の名前でもなければ、連絡することはなかったでしょう」

当時、彼はミシェルのブログ『トゥルー・クライム・ダイアリー』の熱心な読者だった。ポールはミシェルが二〇一一年にＥＡＲＯＮＳについて執筆した「あなたは誰なの？」というエントリーのリンクを、犯罪ドキュメンタリーを専門に取り扱うＡ＆Ｅというテレビ局が管理していたディスカッション・フォーラムに投稿した。Ａ＆Ｅグループの投稿者であったミシェルはポールのポストに返信した。彼女はポールの書いた過去のメッセージを追いかけており、彼の粘り強さと、四千時間もの時間をかけてデータ・マイニングを行い、ブレイクスルーを狙う熱心な捜査ぶりに感動していたのだ。二人は情報交換をしはじめ、あっという間にユニークなチームが誕生した。当時四十一歳だったミシェルは、ポールを「キッド」と呼んだ。後に彼女は「キッドはとても頭が切れるし、几帳面。この事件捜査で最も期待できる、アマチュアの期待の星」と言った。

　ポールは、仲間となった捜査官に、あっという間に親近感を覚えた。二〇一二年のサンクスギビングをミシェルと過ごしたほどだ。ミシェルが『ロサンゼルス・マガジン』へ寄稿するために書いていたＥＡＲＯＮＳの長編記事の執筆の手伝いもした。「殺人者の足跡」は二〇一三年二月に発表され、批評家たちから高い評価を得た。作品のなかでミシェルは、襲撃者であるＥＡＲＯＮＳの変態的な罪を白日の下に晒し、そのうえ、男に新しい呼び名を与えた。この記事が発表された日から、カリフォルニア各地で悲惨な大虐殺を繰り広げたこの男は、「ゴールデン《G》・ステート《S》・キラー《K》（黄金州の殺人鬼）」として知られるようになった。「殺人者の足跡」が発表されたことがきっかけとなり、ハーパー・コリンズ社との出版契約も結ばれた。

二〇一五年の夏、ポールはロサンゼルスに引っ越し、ミシェルの主任調査員となった。彼女は子育てをしながら本の執筆を行い、黄金州の殺人鬼の正体を暴くための調査も継続させていた。ミシェルが強姦被害者や黄金州の殺人鬼を追跡した刑事らの話を聞く一方、容疑者が暮らしている場所を特定するため、ポールは綿密なデータ・マイニング作業を、地理的プロファイリングを用いて行った。ポールはより多くの卒業アルバムを精査し、黄金州の殺人鬼の身体的特徴を元に、該当しない人物を容疑者リストから除外していった。

調査の過程で、ミシェルは殺人者はランナー、もしくは泳者のような体力を持ち、「大きくて、筋肉質なふくらはぎを持つ」、痩せ型の人物であるということを突き止めていた。黄金州の殺人鬼の血液型はA型で、非分泌型（ABO式血液型の型物質が、唾液、精液などの分泌物の中にほとんど分泌されない個体）だ。靴はサイズ9のテニスシューズでイーストエリア・レイピストの犯行がスタートした時期は二十代前半だったと考えられていた。黄金州の殺人鬼は「極端にペニスが小さい」という特徴があると、彼女はブログに記した。

ポールは警察が描いた容疑者の様々な似顔絵を検証した。細面で肩につく髪の男もいれば、丸顔でヒットラーのような短髪の男もいた。目撃者の証言によれば、連続強姦魔の髪色は薄茶色で、ヘーゼルあるいは青い目をしていた。身長は重要な要素だったとポールは説明する。「身長は、重要な情報です。裁判所の記録にも、身長、体重、目の色が含まれているケースが多いですから。黄金州の殺人鬼は、推定ですが、身長百七十センチから百八十センチの間だったと言われています。というわけで、卒業アルバムのなかに、他の生徒よりも遥かに背の高い人物がいれば、その人物を容疑者として除外することが出来たわけです」

気になる人物が出てくると、ポールはその人物を急激に増えつつあった「マスターリスト」に加えていった。それはインデックスと写真、名前と個人情報を網羅した、数千人の男性のリストだった。「調査の過程で、十万人、もしかしたら二十万人分の名前を調べましたが、記録に残したのは数千人のみです。時間がかかる作業でしたし、それが理由で警察関係者が徹底的な精査を行わなかったのではと思います」

次にポールは、七〇年代中盤から後半にサクラメント郡の住民だった、百万人以上の名前を記録したマスターファイルを作成した。「オレンジ郡、南カリフォルニアについては別のファイルとし、八〇年代前半に住んでいた人たちをリストにしました。この二つのドキュメントを比較するツールを使って、第三のドキュメントを作成し、両方の地域に住んだ経験のある人たちの名前を加えました」

「このプロセスをある程度自動化出来るリソースがあります。ミシェルと僕がそれに没頭することになったのですが、僕らはそのツールを使いはじめたんです。例えば、サクラメント郡の資産台帳を抽出するユーティリティがあったのですが、それには何百万件もの譲与証書の記録がありました。そこで精査した資料のための別ファイルを作成したのです」

「もちろん多くの誤検出もありました。何人ものジョン・スミスがいましたし、デビッド・テイラーも何人かいましたが、珍しい名前もあるのです。気になる人物がいたら、可能な限り、その人物の情報をかき集めることにしました」

　黄金州の殺人鬼に顔を与えるという絶え間ない努力のため、ミシェルと彼が採用していた広範囲なリソースと技術を理解すればするほど、気が遠くなる。「ＯＣＲって、聞いたことありますか？」と、彼は目を輝かせながら聞いた。私はポールの表情を真似して、教えてくれるよう頼んだ。ＯＣＲとは、Optical Character Recognition（光学式文字認識）の略。大量のテキストをスキャンして、分析するソフトウェアのことだそうだ。「電話帳とか、逆引きのときにこのソフトを使うんですよ」とポールは言い、そしてこのソフトの落とし穴を思い出し、鼻筋をつまんだ。「もちろん、エラーは多く出るし、句読点の間違いなども多いんだ。スキャナは原稿の汚れもアポストロフィーとして拾い上げてしまうからね。ということで、スキャンした資料には追加的なプロセスを行って、きれいにしていった」

　ポールとミシェルが特定した人物について聞きたかったし、その中で容疑者の可能性のある人物がいたのかも知りたかった。「もちろん。でも中にはガセ情報があったし、それが多くなればなるほど、鈍感になってしまう。手応えは少なくなっていった。最後にこれだと思う人物を見つけてから、しばらく経ってしまっていたよ。そこで、僕らはマザー・ロードを借りることになったというわけです。ミシェルの情報筋の人物が、僕らが資料を持ち去る直前に『殺人鬼はバイセリア周辺に住んでいる人物だと思う。その方面で探しているかい？』って言ったんだ。黄金州の殺人鬼は、預かったファイルのどこかに必ずいると僕らは信じていましたよ」

ポールとミシェルは容疑者の可能性のある人物を発見した。そしてミシェルはその人物の名前を、コントラ・コスタ郡地方検事局で未解決事件専門捜査官だったポール・ホールズに伝えた。ポール・ホールズはミシェルが『ロサンゼルス・マガジン』に黄金州の殺人鬼について寄稿する前からこの事件を捜査しており、二人はプロとして、これ以上ない信頼関係で結ばれていた。残念なことに、ポールとミシェルが旗を立てた人物は有力な容疑者ではなかった。とはいえ、二人の捜査は続いていた。昼夜を問わずマザー・ロードを丹念に調べ、可能性のある手がかりはすべて詳細にわたって検証していた。

この果てしないパズルを解く鍵は、ＤＮＡプロファイリングだとミシェルは考えるようになっていた。黄金州の殺人鬼の遺伝子プロファイルをGEDmatch（商用データベース。ＤＮＡの情報を、別の遺伝子検査会社を通じて誰でも登録出来る）にアップロードすれば、殺人鬼の親族（両親、兄弟姉妹、片方の親が異なる兄弟姉妹、いとこ、はとこ）を探すことができるのだ。
悲しいことに、ミシェルは遺伝子による事件解決を目撃することはなかった。徹夜作業と、黄金州の殺人鬼への徹底的な追跡を記した一冊を書き上げなければならないという負担が、彼女にのしかかっていた。不眠症に悩まされていた彼女は、ザナックスといった薬に頼ることが多くなっていた。

二〇一六年四月二十日、マザー・ロードのファイルについて、自分が考えたことをまとめた長いメールをミシェルに書いた夜のことをポールは記憶している。「返信がなかったのです。そんなことはあり得なかった。彼女が忙しいことはわかっていました。でも、翌日の昼過ぎになっても、何の音沙汰もなかったことで、もしかしたら彼女を怒らせたかもしれないと思いはじめたんです。誰かから返信がないと、そう思いますよね。そしたら、ミシェルの近しい友人からメールが来たんです。おかしいなと思いましたよ、だってその友人には二度しか会ったことがありませんでしたから。メールは短くて、心配してしまうような内容でした。『こんにちは、ポール。電話を下さい。緊急なんです』。落胆しました」。

ポールはミシェルの友人に電話をした。友人の夫が応答した。彼の声は低く、震えていた。

「残念です。ミシェルのことです。今朝、彼女は亡くなりました」

「言葉を失いました。動けなくなってしまったんですよ」と、ポールは言う。「ミシェルは僕のメンターであり、母親のような存在でもあったんです。健全な母親像を持ったことがなかった人生だから、他の人にそれを探してしまうことがあるんですね。ミシェルとの仕事は本当に最高でした。黄金州の殺人鬼に興味を抱いていることで、自意識過剰な面があったのですが、ミシェルといれば、いくらでも事件について語ることができました。それなのに、彼女はいなくなってしまった。信じられなかった。大変だということはわかっていたつもりです。母親であり、作家で、市民探偵だった。でもミシェルは、そのすべてを上手に切り盛りしていたように見えていた。それも信じられないほど優雅にね。彼女に気になるところなど、ひとつもなかったんです。ミシェルの死は、衝撃でした」

ミシェル・マクナマラは、自宅で睡眠中に突然死した。彼女の四十六歳の誕生日からわずか一週間後のことだった。検死官は彼女の死因を、複数の処方薬の事故的過剰摂取と、未発見状態の心臓病が重なったものだとした。彼女は黄金州の殺人鬼に関する三千五百を超えるファイルと、未完の著書『I'll Be Gone in the Dark: One Woman's Obsessive Search for the Golden State Killer』を残してこの世を去った。

この忘れられないタイトル「I'll Be Gone in the Dark（俺は闇に消える）」は、被害者女性から直接ミシェルに伝えられた犯人の言葉だ。被害者番号十番のクリス・ペドレッティは高校で開かれたダンスパーティーを欠席し、家族と住んでいた家で、一人で過ごしていた。殺人鬼が家に忍び込み、彼女の真後ろに立ったとき、彼女はピアノを弾いていた。冷たい肉切り包丁の歯を首筋に当てた犯人は、冷笑しながら言った。「動け。何か言ったり、反抗したら、包丁を突き刺してやる。お前は永遠に言葉を失い、俺は闇に消える」。一九七六年十二月八日、十五歳の少女を強姦しながら、犯人はこの背筋の凍るような言葉を何度も繰り返したそうだ。

黄金州の殺人鬼による強姦被害者数人と、ミシェルは信頼関係を築いていた。彼女自身が被害者だったからだ。一九九二年、ベルファストに留学中のミシェルは、とある男性から性的暴行を受けた。だからこそ、被害者女性たちとの間に強い精神的な結びつきを築くことができたのだ。何より、彼女は被害者女性たちに正義がもたらされることを望んでいた。彼女の夫パットンは、彼女の突然の死後、沈痛な面持ちで「どれだけ深い心の傷であっても、ミシェルは辛抱強く、心を込めてすべての話を聞くことができる人でした」と語った。

調査パートナーを失って落胆したが、ポールは正義を求めるミシェルの調査を中途半端な状態で放置することはできなかった。「ミシェルは人生をかけて黄金州の殺人鬼を追っていました。ミシェルのためにも、調査を続けることが正しいことだと思ったのです」。ミシェルの死の一週間後、ポールは市民探偵で調査ジャーナリストのビリー・ジェンセンとタッグを組み、ミシェルのハードディスクに残った三千五百ファイルの精査に没頭した。二人はミシェルの複数のメモ帳とデジタル化された数千ページに及ぶ警察調書、そしてもちろんマザー・ロードの中身に目を通していった。

「ミシェル自身のメモを含む彼女のファイルは、例えば『ゴリータ郡住民の逆引き名簿を完成させる』だとか『黄金州の殺人鬼のＤＮＡを23andMeか、Ancestory.comに登録する方法を考える』のようなものでした。黄金州の殺人鬼の犯行現場で発見された、ゴリータの古い地図やアルバムの写真もありました。靴底の写真は、彼女が黄金州の殺人鬼の犯行現場に残された靴跡と比較したもので、黄金州の殺人鬼の行った殺人・強姦事件と、バイセリアのランサッカーの犯行を結びつける彼女の理論がまとめられた分厚いフォルダもありました。容疑者の可能性がある人々のリストもありました。僕たちは彼女が残したすべての手がかりを調べ直したんです」

　数千にも及ぶファイルやメモを精査しながら、ポールとビリーとパットンは、協力しながら彼女の本を完成させた。ポールの推測によれば六十パーセントの完成度だったミシェルの原稿を読んだ男たちは、どうしたって、ミシェルの独特で引き込まれるような文体を真似することは出来ないと悟った。「本を書くことは挑戦でした」と、ビリーとともに第三章を書き上げたポールは証言する。「ミシェルの筆致は素晴らしい。まるでトルーマン・カポーティの『冷血』ですよ。ヴィヴィドなのに繊細で、黄金州の殺人鬼被害者たちへの同情に満ちている。ミシェルのスタイルを真似することは出来ませんし、真似しようともしませんでした。ビリーと僕はミシェルのメモの中から文章を探し出し、それを繋げて空白を埋めていきました。『I'll Be Gone in the Dark』はミシェルの遺産であり、彼女の作品を世に送り出す手助けができたことを誇りに思います」

『I'll Be Gone in the Dark: One Woman's Obsessive Search for the Golden State Killer』は二〇一八年二月にハーパー・コリンズ社より出版された［邦訳は『黄金州の殺人鬼　凶悪犯を追いつめた執念の捜査録』として二〇一九年に亜紀書房より刊行］。出版当時、黄金州の殺人鬼の正体は判明していなかった。書籍はベストセラーとなった。ポールは同タイトルで二〇二〇年にＨＢＯで制作されたドキュメンタリーの共同プロデューサーとして名を連ねている。

書籍の最終原稿には、彼女のハードディスクの中から発掘された、黄金州の殺人鬼への公開書簡が加えられた。タイトルは「年老いたあなたへの手紙」だ。ミシェルは犯人が逮捕される日を思い描き、それを書いた。彼女は、犯人の家のドアベルが鳴らされ、正義がとうとう下されることを悟り、以前のように闇夜に消えることが出来なくなった男の姿を想像した。書簡には、このように綴られている。

通用門の鍵は閉まったままだ。フェンスを跳び越えることなんて、とっくにできなくなっている。さあ、例の、興奮したような、喘《あえ》ぐような息を最後にもう一度吸えばいい。歯を食いしばれ。しつこく鳴り続けるドアベルまで歩くのだ。

これがあなたにお似合いの結末。

「お前を殺して、俺は闇に消える」

あなたが被害者に言った言葉だ。

さあドアを開けて、顔を見せなさい。

光の下へ。

6 捕らえられた黄金州の殺人鬼

黄金州の殺人鬼が特定され、後に逮捕されたとポール・ハインズが知ったのは、ミシェルの遺作をシカゴで宣伝しているときだった。

犯罪ノンフィクション作家仲間で、ポッドキャスト『クリミノロジー』のホストを務めるマイク・モーホードがそのニュースをポールに電話で伝えた。二〇一八年四月のとある夜のことだった。「ホテルの部屋にいて、仮眠を取ろうとしていたところにマイクから電話があったんです」と、ポールは回想する。「パットン、ビリー・ジェンセン、そして僕は、ミシェルの本の宣伝のためのパネルセッションを書店で終えたところでした。黄金州の殺人鬼のことで、頭が混乱していました。前の晩は眠ることが出来ず、何杯もコーヒーを飲んだことで、イライラしていました。そこにマイクが連絡を入れてきたんです」

「黄金州の殺人鬼の身元が割れて、逮捕されたと、情報筋の一人から聞いたと彼は伝えてきたんです。『情報は多くないし、名前もわからないから、今の時点では鵜呑みにしないでおこう』ということでしたので、僕もマイクに同意しました。この事件に関しては、ガセの情報もたくさんあったわけで……ただ、黄金州の殺人鬼が逮捕された？　と聞き、僕はすぐにミシェルのことを考えましたね」

　ポールの眠れない夜は続いた。明け方、ポールは頭のなかで、マザー・ロードの情報から、彼とミシェルが確認済みではあるけれど、まだ断定していなかった容疑者リストをおさらいした。ポールは情報筋に電話をし、メールを送った。すると、その中の一人が、ニュースは事実だと教えてくれた。四十三年の歳月を経て、警察はとうとう黄金州の殺人鬼を逮捕したのだ。

　警察は彼の覆面なしの顔を白日の下に晒した。自宅ドアをノックされ、それに応答した男。それはミシェルが預言した通りだった。彼女の作品である「年老いたあなたへの手紙」が、ポールの頭のなかで再生され、高揚感と悲しみで胸が詰まるようだった。**「これがあなたにお似合いの結末。ドアを開けて、顔を見せなさい。光の下へ。光の下へ。光の下へ」**。ポールは短く断片的な眠りについたが、それも携帯電話に次々と連絡が入ることで中断された。友人、情報筋からのメッセージ、メディアからのインタビューの依頼が、次々と舞い込んだ。そして、より多くの情報が寄せられた。

「黄金州の殺人鬼は七十二歳の元警察官」と、とある人物がポールにテキストメッセージで伝えてきた。「サクラメント郡で逮捕。名前はまだはっきりしないが、わかり次第連絡する」とあった。
「〝警察官〟という文字を見た瞬間に、動悸がしはじめました」と、ポールは言う。「元警察官は、調査中に何人も調べており、僕もミシェルも容疑者は警察か軍関係者じゃないかと、長い間考えていたんです。名前を知りたくて、電話をしたくてたまりませんでした。そのときまでに、とある人物が名前を知る立場にあると考えたんですが、ロサンゼルスに戻る飛行機に乗るために空港に急がなければならず、時間がなかったんです」

ポールの乗ったタクシーが空港に着く前に、彼は黄金州の殺人鬼の名前を知ることとなった。彼の名前はジョセフ・ディアンジェロ。父親であり、祖父であり、元警察官。彼が長年だまし通してきた近所の住民曰く、「平凡なジョー」。マグショットに写った男の禿げた頭には複数の肝斑があり、たるんだ頬には血管が浮き出ていた。瘤だらけの顎。耳は履き古されたモカシン［革で作ったスリッポン］のようで、豚のような青灰色の目には邪悪な光が宿っていた。

ポールはジョセフ・ディアンジェロのことを、まったく知らなかった。携帯電話でニュースを読み、ミシェルに連絡を取りたくてたまらない気持ちになった。「空港に行くまでに記事をスクロールし続け、ジョセフ・ディアンジェロについて、何か情報がないか探したのを記憶しています。彼の名前は、僕が作ったリストにはありませんでした。ディアンジェロのマグショットがインターネット上にありました。ニュースフィードにはミシェルの写真が何度も出てきました。未完の一冊の答えをミシェルが目撃出来なかったことが、悔しかった。彼女が探し求めていた答えを見ることが出来なかったんです。本当に残念だった」

　遺伝子系図に関連した秘密捜査が、ディアンジェロの特定と逮捕に繋がった。二〇一八年、未解決事件の捜査が専門で、ミシェルの友人であるポール・ホールズ捜査官が、犯罪科学捜査研究所の協力を得て、黄金州の殺人鬼の完全なＤＮＡプロファイルに成功していた。これは強姦被害者のレイプキットの精液から抽出されたものだった。ミシェルがこの連続犯罪に関して調査する際に推奨したように、ホールズ捜査官はこの殺人鬼のＤＮＡをGEDmatch に登録した。数千時間の調査が行われ、一八〇〇年代まで遡る家系図から、二十人程度の「はとこ」、「みいとこ」が発見された。

　精液のサンプルが分析される前に、容疑者の可能性のある人物は八千人に到達していた。ホールズが引き続き容疑者の特定を行っていると、系図学者のバーバラ・レイ・ヴェンターから連絡が入った。一九七九年十月三日の新聞記事を見つけたというのだ。カリフォルニア州オーバーンの警察官が万引きをして、免職されたという内容だった。ジョセフ・ディアンジェロは、犬の忌避剤とハンマーを地元のドラッグストアで盗んだところを捕まったのだ。「ジョセフ・ディアンジェロは除外されていますか？」と、メールでバーバラはホールズに尋ねた。

ディアンジェロは、確かにホールズのリストに掲載されていて、その当時は六人の容疑者にまで絞ることに成功していた。黄金州の殺人鬼のＤＮＡプロファイルを別のシステムにアップロードすることで、容疑者は青い瞳を持った若くして頭髪が薄かった人物だとバーバラは確認することができた。警察は六人の容疑者の、カリフォルニア州の運転免許記録を調べ、青い目を持つのはジョセフ・ディアンジェロのみであると突き止めた。

とうとう、ホールズとバーバラは第一容疑者に辿りついたのだ。ディアンジェロは想定年齢層にマッチし、犯罪が多発したカリフォルニア内の地域に住んだことがあった。二十代後半のディアンジェロの写真は、警察が被害者と目撃者の証言を元に作成した黄金州の殺人鬼の似顔絵に驚くほどよく似ていた。

捜査官たちは男を発見したと確信し、娘と孫と一緒に住んでいたディアンジェロの自宅周辺を張り込んだ。サクラメント郡シトラス・ハイツに建つ、寝室が三部屋のランチハウスだった。彼はカリフォルニアのなんの変哲もない住宅地で、四十年以上にわたって完全に正体を隠して潜伏していたのだ。自分たちが追っている男が、確実にディアンジェロであるという確証が欲しかった覆面捜査官らは、ディアンジェロのゴミ箱から汚れたティッシュを捜した。ホールズ捜査官はそのティッシュから抽出されたＤＮＡを家系図データベースに入力し、それが黄金州の殺人鬼のプロファイルと一致することを確認した。

ディアンジェロは二〇一八年四月二十四日、自宅前のドライブウェイで逮捕された。警察官が自宅を捜索したところ、寝室内にはカフスボタン、ネックレス、ハートのペンダントといったアクセサリーが発見された。これは彼が非力な被害者たちから奪ったトロフィーだった。

二〇二〇年七月、ディアンジェロは十三件の第一級殺人罪と、複数の誘拐罪において有罪を認めた。黄金州の殺人鬼は死刑を回避するための司法取引で、五十件あまりの強姦と、百二十件の強盗などの余罪をすべて認めた。ほとんどがサンフランシスコ湾岸地域東側のサクラメントと、南カリフォルニアで発生した事件だった。

二ヶ月後の量刑審理で、ディアンジェロは車椅子に座った状態で法廷に現れた。まるで疲れ切った老人を演じるような姿で、オレンジ色のジャンプスーツに身を包んでいた。男は、検察が極秘に独房内の様子を撮影していることを知らなかった。連続殺人鬼は独房内で体を鍛え、家具によじ登ったりしていたのだ。

ポール・ハインズは自宅のテレビで訴訟手続きを見ていた。傍聴に行く予定だったが、コロナウイルスのパンデミックのため、それは叶わなかった。パンデミックのピーク時に行われたディアンジェロの量刑手続きは、サクラメント州立大学ボールルームで開かれた。ソーシャルディスタンスを確保出来る広さのある会場だった。

自宅のテレビで傍聴していたポールは、ディアンジェロが勇気ある強姦被害者と、目を合わさないようにしていることに気づいた。「ディアンジェロは、被害者や、傍聴席にいる誰とも目を合わさないようにしていました」と、ポールは指摘した。「犯行に及ぶ際も、ディアンジェロは被害者に向かって『俺を見るな』と頻繁に口にしていました。やっていることに対して、ある程度の羞恥心が自分のなかにあったのでしょう。女性を強姦した後、部屋の隅に行ってむせび泣いたといいます。まるで自分自身と闘っているような姿ですし、今でもそうなのかもしれない。最後の犯行から長い時間が経過し、それを記憶から追いやったのでしょう。考えたくはないのです。彼はいまだにナルシストですよ」

公判では、黄金州の殺人鬼の被害者ら十人以上が、匿名ではなく、名前を明らかにして、力強い証言を行った。ディアンジェロによる強姦被害者たちの証言は、心が痛むものだったが、同時に、彼女らの心に克服できないほどの恐怖を植え付けた男に、とうとう対峙する姿を見ることは、力を与えられる経験でもあった。数十年にわたるトラウマを抱えてきた彼女らの言葉には意味があるのだ。

黄金州の殺人鬼の公聴会で彼と対峙した最初の被害者は、メアリー・バーワートだった。「男を被告席に座らせてくれたみなさんに感謝します」と言った彼女の声は震えていた。それでも、家に押し入り、まだ幼かった彼女を寝室で強姦したモンスターを睨み付ける彼女の目には決意がみなぎっていた。「十三歳の少女に、レイプキットの意味を知る必要なんてないはずです」とメアリーは言った。

一九七九年六月二十五日の明け方四時頃、当時はオーバーン市警察の現役警官だったディアンジェロは、カリフォルニア州ウォルナット・クリークで、父と姉と暮らしていたメアリーの家に押し入った。寝室で誰かが呼吸する音で彼女は目覚めたという。ゆっくりと、安定した呼吸が、荒々しく、近づいてくる。メアリーが両目を開くと、スキーマスクをかぶった男がのしかかってきて、喉にナイフを突きつけた。メアリーが叫び声を上げる前に、ディアンジェロは彼女の口にブラを押し込み、両手首と足首を紐で縛った。悪魔のような囁き声だったと彼女が証言する声で、「音を立てたらお前も、家族も全員殺す」と男は言った。彼女を強姦する前に、男は無情にも「セックスをしたことはあるか？」と聞いた。

その恐怖の瞬間まで、メアリーは八年生となる前の美しい夏を楽しんでいたという。ウォルナット・クリークのチアリーディング部で、誰もが望む役割を得たところだった。メアリーは、幸福な人生を歩むはずの明るいティーンエイジャーだった。男の、堕落した、想像を絶するあの夜の行いによって、ディアンジェロはメアリーの幸せと尊厳と純潔を奪い去った。

「ウォルナット・クリークは幸せな地域でした。幸せな暮らしを送っていたんです」と、メアリーは証言した。「ジョセフ・ディアンジェロが私の家に押し入り、私の人生と私の部屋に土足で入り込んだのです。**子どもの部屋ですよ**。自分で描いたハートと虹の絵、愛と優しさについての言葉が壁に飾ってありました。天井からはユニコーンのモービルがぶら下がっていたんです」

「男は私を強姦しました。私の純潔を奪い、安心を奪いました。人生を脅かしました。私の家族の命を脅かしました。あの日の夜、男が私を強姦したあと、足首の紐をほどきながら、**『精神力で乗り切る、精神力で乗り切る。精神力で乗り切る』**と考え続けました。両手首を背中で拘束された状態で寝室のドアを開けながら、父の部屋のドアを開けて、何が起きたのかを言わなければならないと考えていました。私は手首を背中で拘束されたまま父の部屋に走り込んで、泣き叫びました。『パパ、レイプされたの』って」

「父はベッドから飛び起きました。そして泣きはじめたのです。父が泣く姿なんて、見たことがありませんでした。父は警察に電話をし、私は病院に連れて行かれました」

「家族は苦悩の表情を、私から隠すことができませんでした。それは自分の責任ではないとわかっていましたが、私がそこにいることで家族に痛みがもたらされていることがわかりました。事件を忘れることができないのです」

ジャンプスーツの上に長袖のTシャツを着たディアンジェロは、サージカルマスクで口元を覆っていた。メアリーの証言の間、無表情を貫き、被害者の頭上の何かを、その冷淡で虚ろな目が見つめていた。

「ショックが消え去ることはありません」と、メアリーは続けた。「私たちはそれと生き続けるのです。突然すっと、目の前に現れては消える。私たちの人生のバックミラーに、それはずっと映り続けています」

襲撃の後、トラウマが甦り、思考や夢に現れるようになると、メアリーは部屋の電気を点けたまま寝るようになった。「ベッドを出て、鍵を確認するのです。毎朝四時に目が覚め、鍵をもう一度確認してそこで寝て、夜が明けるのを待つのです。八年生がはじまると、学校の支度をします。朝の四時には起きます。家を出るとすぐに、額にネオンサインが出るのです。『レイプされた』というサインが。それを消すことができないから、そのサインよりも明るくしていなければならなかった」

「学校に行くと、以前と変わらないことを証明しなければならなかった。父は私に多くの時間を割いてくれました。私はチアリーダーだったのです。彼はチアリーダーの父でした。父は家の色を塗り替え、庭を変えました。ドアには追加で鍵を設置しましたが、それでは満足できなかった。そこは安心できる場所ではなくなっていました」

メアリーを襲撃する一年前、ディアンジェロは、ゲイ・ハードウィックを含む、少なくとも十五人の女性をレイプした。彼女の夫のロバートは同じくディアンジェロの被害者で、妻が証言をしているあいだ彼女の横に立ち、顔を下げていた。一九七八年三月十八日、ディアンジェロが二人を襲撃した際、二人は交際中で、カリフォルニア州ストックトンに初めての家を買ったばかりだった。ディアンジェロは新居に侵入すると寝室に忍び込み、ゲイとロバートの目を懐中電灯で照らして起こした。銃を突きつけ、ディアンジェロは二人を拘束し、ゲイに目隠しをすると彼女をレイプし、その後数時間に及ぶ性的暴行を加えた。

「ジョセフ・ディアンジェロは私たちが眠っているところを襲撃してきました」と、ゲイは証言しはじめた。「彼は私をベッドから移動させ、何度もレイプしました。彼は私にアナルセックスを強要しました。口を使った性交を強要しました。私の宝石を盗みました。前年に大学を卒業した記念に、兄と両親からもらった金の指輪を盗んだんです。家族のなかで大学を卒業した初めての娘でしたので、私にとってその指輪は特別なものでした」。ゲイをレイプすると、ディアンジェロは家のなかにあった食べ物を食べ、カップルの所有する冷蔵庫からビールを出して飲んだ。その間、彼女は目隠しされ、裸の状態で、冷たいフローリングに横たわったままだった。

「寒い三月の夜でしたが、ドアは開いたままでした。彼は冷蔵庫から食べ物を出して食べ、ビールを二本飲みました。家中を荒らし回り、声を出したり抵抗しようものなら、私と愛する人を殺すと脅しました。この襲撃は四十二年経った今も私の中に残っています。このような憎しみ、暴力、肉体への冒瀆を受けた人間が経験するには、あまりにも長い刑期のように思えます」

　彼女の夫のロバートは、妻の証言に付け加えた。「ジョセフ・ディアンジェロは私たちの人生に突然姿を現しました。家に入り込み、銃を突きつけ私を縛りあげました。彼は何度もゲイを求め、そして繰り返しレイプしました。何も出来なかった私にとって、恐怖以外の何ものでもありませんでした。彼女を守ってあげることができなかった。ゲイは身の毛もよだつような暴行の被害者ですし、私も残りの人生を、この襲撃を防ぐことが出来なかったと後悔しながら生きることを余儀なくされた被害者です」

「私たちは、ここに座るディアンジェロに、私たちの人生を左右させないことを決めました。この男の襲撃によって人生を放棄することはしません」と、ロバートはディアンジェロを指さした。ディアンジェロはぼんやりと壁を見つめているだけだった。

「長きにわたって私を苦しめたのは、妻がパニック発作を起こすことでした。彼女を支えてあげる以外、全く、何も出来ないのです。彼女のトラウマを消し去ることはできない。ジョセフ・ディアンジェロは最悪の獣です。神がどのようにして、こんな生き物を創造されたのか、私には理解できません」

　クリス・ペドレッティはミシェル・マクナマラに「俺は闇に消える」という言葉を託した被害者だ。彼女はディアンジェロから暴行を受けながら「死を待つ間」、心のなかで賛美歌を歌い続けていたと証言した。彼女は十五歳だった。「彼は私の若さを、私の純潔を奪いました。あんなことがなければ、私はどんな大人になれていたのでしょう？　私には、たぶん一生わからないことです。あの男は私を苦しめました。そして何度も、何度も、殺すと言い、私はそれを信じました。あの夜、私は三度も、死ぬだろうと思いました。死ぬのを待ちながら、頭のなかで『主われを愛す』を歌いました。翌朝目覚めて、私は二度と子どもには戻れないと悟りました。同時に、生きていることに心から感謝しましたし、自分という人間はすでに死んでしまったとも思いました」

ナイフを振りかざしたディアンジェロが敷地内に押し入り、強姦した一九七六年十月、ジェーン・カーソン・サンドラーは三歳の息子と家にいた。いつもの手口で、ディアンジェロは彼女と息子を縛り、目隠しをし、猿ぐつわをして、殺すと脅しながら続けざまに彼女に暴行を加えた。ジェーンは「言い表せないほどの恐怖を感じ、体が動かなかった」

彼女を強姦した人物を睨み付けながら証言をしたジェーンは、ディアンジェロについて「邪悪な男」だと言い、こう訴えた。「私を見なさい、ジョセフ・ジェイムズ・ディアンジェロ。私を見なさい、そしてあなたに言わなければならないことを、記憶しなさい。一九七六年十月五日、お前は早朝に私の家に押し入り、私の首にナイフを突きつけ、両手首を縛りあげた。布を使って目隠しをし、猿ぐつわをした。そのうえ、同じことを私の大切な三歳の息子にもした。よくもそんな酷いことを」

「敬虔なクリスチャンである私の一部が、お前の魂に神の慈悲をと言おうとする。でも、残りの私が、地獄で朽ちてしまえと言っています」

被害者の証言に続き、裁判長のマイケル・ボーマンがディアンジェロに、法廷で発言したいことがあるかどうか尋ねた。「ディアンジェロさんがひとこと申し上げたいと希望しています」と、弁護団が発言した。

法廷内に静寂が広がった。ディアンジェロは車椅子から介助もなしであっという間に立ち上がり、ゆっくりとした動作で両耳からサージカルマスクを外した。両手にマスクを持ったディアンジェロの表情には、困惑が広がっていた。「みなさんの証言を聞いて……」と、ディアンジェロは話しはじめた。そして一瞬目を閉じた。息を飲み込んだディアンジェロの首に筋が浮き上がり、緊張するのが見えた。「証言を聞いて……私が傷つけたみなさんに、心からお詫び申し上げたい……」。ディアンジェロが言葉を発したのは数秒程度だったが、予期せぬディアンジェロの謝罪に、傍聴席にはどよめきが広がった。しかしディアンジェロの被害者たちにとって、どんな謝罪も、彼から与えられた、深く、根強い苦痛を癒やすことはできない。

　マイケル・ボーマン裁判長は「被害者の証言に感銘を受けた」と発言し、「その勇気、寛大さ、強さに感動した」とも付け加えた。そしてディアンジェロに対して、「どうしようもない人物だ。あなたが与えた痛みと苦しみを理解できるだろうか？　慈悲に値しない人間だ」と発言した。ボーマン裁判長はディアンジェロに対して、釈放の可能性のない終身刑を言い渡した。

　警備員らが黄金州の殺人鬼を車椅子でボールルームから連れ去ると、ボールルーム内にいたすべての人たちが——検事、傍聴席にいた人々が——立ち上がり、大きな拍手が沸き起こった。

　ディアンジェロの謝罪についてポール・ハインズに意見を聞くと、彼は首を引っ込めて、納得できないといった表情だった。彼は繰り返し謝罪動画を見て、ディアンジェロの言葉の裏に隠された深い意味を探ろうとしている。「彼の謝罪する動画を何度か見ましたけれど、見るたびに、少し違った印象があるんです。僕の意見では、あの謝罪は基本的にナルシスティックで、自己弁護に満ちたものだったように思います。僕が目撃したのは、『これが俺の改悛だ、満足かい？』というような態度なんですよ。それに、ディアンジェロの謝罪なんですが、『傷つけたすべてのみなさんに謝罪します（And I'm truly sorry for everyone I've hurt.)』ではなくて、『お話を聞いたみなさんに同情します（And I'm truly sorry for everyone I've **heard.**)』と言っているように聞こえたんですよ。聞き分けるのが難しくて」

「ディアンジェロに対しては聞きたいことがたくさんありますね。例えば、マッジョーレ夫妻には一体なにが起きたのか？　ディアンジェロに手紙を書くことも考えました。刑務所に面会に行くことも考えましたが、会ってくれるとは思えません」

　ディアンジェロの名前はポールとミシェルのファイルに記載されておらず、ディアンジェロが逮捕されると、黄金州の殺人鬼に関するミシェルの調査記録は「容疑者逮捕に貢献していなかった」と、警察関係者は早々に宣言した。

　ポールの意見は違う。「ミシェルがこの事件に人生を賭けて追い求めていたのは、栄光ではありません。彼女が求めていたのは、黄金州の殺人鬼に正義の鉄槌を下すことです。

そして、彼の被害者のために答えを探し出すことでした。彼女の調査では、最終的に容疑者の特定には至っていませんでしたが、ミシェルは、誰もが忘れ去ったこの事件に光を当て、可視化したのです。そして、ディアンジェロを陽の光の下に引きずり出したのです」

7 フォーエバー・ヤング

二〇一五年六月　ニューヨーク州リビングストン

「ガソリンスタンドにあるミニマートで、ラジオからこの曲が流れるまでは、大丈夫だったんだ」と、カール・コップルマンは両手を広げて言う。「冷蔵庫からアイスティーを手にしてレジまで歩いて行くと、ロッド・スチュワートの『フォーエバー・ヤング』が流れてきてね。それで、もうだめだったよ」

「涙がぼろぼろと出てきてしまってね。涙でにじんでよく見えないのに、レジで僕の後ろに並んでいた男性が、**『なぜフォーエバー・ヤングで泣いているんだ?』**と、不思議そうな表情でいたのはわかったんですよ。とにかく、次々と涙が流れて、止まらなかった。止められないほどの涙が次々と流れたんです。自分への涙じゃありません。一九七九年に野原で遺体となって発見された、タミー・ジョー・アレクサンダーのための涙です」

「ロッド・スチュワートの『スーパースターはブロンドがお好き』(Blondes Have More Fun) というアルバムを聞きながら、二人でダンスするのが大好きだったと、タミー・ジョーの追悼式で友達のアリスから聞いたばかりでしたから。ミニマートで、日常生活を送る客たちに囲まれながら、その二人の姿を鮮明に思い浮かべていました。**『タミー・ジョーは永遠に若者のままだ』**と思い、涙が溢れました」

会計士のカール・コップルマンには、特殊で、そして驚くべき趣味がある。身元不明の死者たちの、デジタル・イラストレーションを描くのだ。生きていたときの身元不明者の姿を彼が描写することで、身元を特定し、家族に答えを導き出すことができる。そしてタミー・ジョー・アレクサンダーの家族や友人のために、彼はまさにその作業をやり遂げたところだった。

二〇一五年一月まで、タミーはカレドニアのジェーン・ドウ、またはカリ・ドウと短縮して呼ばれていた。彼女は身元不明の殺人事件被害者で、ニューヨーク州リビングストン郡にあるカレドニアという小さな町で発見された。

農夫が十代の女性の遺体を、国道20号線沿いの雨に濡れたトウモロコシ畑で発見したのは、一九七九年十一月十日のことだった。被害者の顔は濡れた地面にうつ伏せになっており、泥だらけだった。背中には銃弾が撃ちこまれており、遺体の胴体周辺を救命ブイのように包んだ赤いナイロンジャケットを貫通していた。黄褐色のコーデュロイのズボン、青い靴下、リップルソール［波形の底］の茶色い靴を履いていた。農夫は血液と死に満ちた湿度の高い空気にむせながら、数歩よろめいて道路に出た。そして近くの食堂まで走って向かい、警察に電話をした。

間もなく郡保安官代理と警察官が荒涼とした現場に到着した。二人はトウモロコシ畑と周辺の土地を数キロにわたってしらみつぶしに捜索したが、一晩中降り続いた土砂降りの雨に阻まれた捜索では、少女を殺害した犯人に結びつく証拠を探すことはできなかった。

捜査官たちは、そんな状況であっても38口径の使用済みの弾丸を、被害者の体の下から発見していた。殺人者はカリ・ドウを道端で銃撃し、その後トウモロコシ畑に引きずり込んだのではと捜査関係者は推測した。遺体の検証を進めると、右目のすぐ上に二発目の銃弾が発見された。銃弾が頭部に当たった瞬間、少女はたじろぐことも、振り向くことも出来なかったのでは。つまり、彼女は不意を突かれたのだ。

カリ・ドウのポケットは裏返しにされていた。ズボンのベルトの穴にはアクセサリーが二つつけられていた。一つは鍵穴の開けられたハートで、言葉が刻まれていた。「この鍵を持つ男性が私の心を開けられる人」。二つめのアクセサリーは、そのハートを開ける鍵だった。当時、このキーリングはニューヨーク州高速道路にある休憩所の自動販売機で販売されていた。彼女は銀のビーズと、三つのターコイズ色の石をあしらったネックレスも身につけていた。石の一つは鳥の形をしていた。

ＦＢＩにはほとんど物証がなかった。カリ・ドウの死体解剖では、彼女が缶詰のハム、トウモロコシ、ポテトを死の直前に食べていたことがわかった。当時、リマにある食堂でウェイトレスをしていたマージ・ブラッドフォードは警察に対して、カリ・ドウの特徴によく似た若い女性が、遺体が発見される前夜に食堂で食事をしたと証言した。マージによれば、少女は午後八時半頃に、彼女よりは年上の、チェックのシャツを着て黒縁のメガネをかけた白人男性と一緒に店を訪れたという。男性はカールした黒髪で、小麦色のステイションワゴンを運転していた。マージは刑事に「夕食を食べさせた人を、なぜ四十五分後に殺害して、トウモロコシ畑に捨てるんでしょうね？」と聞いた。警察はカリ・ドウと一緒にいるところを目撃された、謎に包まれた男性の似顔絵を公開したが、確かな手がかりを得られることはなかった。

一方、死亡現場から発見された銃弾は、北米、あるいは欧州で押収された武器の銃弾とは一致しなかった。土砂降りの雨が法医学的証拠のほとんどを洗い流してしまっていた。カリ・ドウの衣類と体からＤＮＡの採取は出来なかったが、肩と心臓のあたりにあったビキニとホルタートップの日焼け痕から、彼女がより穏やかな気候の土地から、ニューヨークにやってきたことは推測できた。大臼歯は虫歯だらけだった。ニューヨーク州ダンズビィルにあるマウント・モリス墓地で行われたカリ・ドウのささやかな葬儀には、地元の住民数名が参列した。墓碑銘には「私たちは忘れない。一九七九年十一月、身元不明の少女。

天使の歌声とともに天の休息に向かわれますよう」と書かれていた。

数日、数週間、数ヶ月、そして数年が経過した。FBIはメディアに対する呼びかけを何度か行ったし、アメリカ中の広告板にポスターを掲示し、カリ・ドウの殺人者あるいは、少なくとも悲劇的な死を遂げ、ぬかるみの大地に遺棄された悲劇的な少女の身元へと繋がる情報を誰かがもたらしてくれることを期待した。しかし、何千件もの情報が寄せられたにもかかわらず、警察はこの恐ろしい事件を解決に導くことはできなかった。そしてカリ・ジェーン・ドウの身元は何十年にもわたって謎に包まれたままだった。

しかしそれも、カリ・ドウの検死写真を元に、カールが顔の復元に着手するまでのことだった。十六歳の誕生日を迎えてわずか一週間で銃弾に倒れた少女の名前を発見するために、彼がどのような作業を行ったのか聞く前に、私は視覚的に死者を蘇らせるというカールの作品や技術について知りたいと考えた。


カリフォルニア州トランスにあるカールの自宅に行くには八千八百キロもの大西洋横断飛行が必要なため、独学で犯罪科学アーティストとなった彼には、残念ながら、私のロンドンの寝室からオンラインミーティングで話を伺うことになった。五十代後半のカールは公認会計士として週四十時間の仕事をこなしつつ、夜遅くまで調査活動として故人の肖像画を描いている。アマチュアとプロ両方の犯罪撲滅仲間から一目置かれる存在のカールは、同時にウェブスルース・ドットコムにおけるトリシア・グリフィスのモデレーターを務めている（ウェブスルース・ドットコムとはオンラインのディスカッション・フォーラムで犯罪被害者と行方不明者の情報交換の場となっている。詳細は１０９ページ参照）。二〇〇九年八月、このコミュニティを発見したことがきっかけとなり、彼は法医学的な芸術分野の世界に足を踏み入れた。

「ニュースをインターネットで見ていたら、とある記事が気になったんです。それはジェイシー・リー・デュガードという名の十一歳の少女の事件で、一九九一年にカリフォルニアの道路で誘拐され、十八年間も監禁されていたというものでした。誰もがジェイシーは死亡したと考えていましたが、二〇〇九年に警察が誘拐犯の家で生きていたジェイシーを発見したんです。ジェイシーを誘拐したのは、フィリップ、そしてナンシー・ガリードで、二人は逮捕され、少女は母親の元に戻されました。そのときまでに、ジェイシーは二十九歳になっていました」

「この事件についてインターネットで調べていて、ウェブスルースを見つけました。コミュニティのことは、それまで一度も耳にしたこともありませんでしたよ。身元不明遺体について大勢の人たちが調査に参加していました。それも、自宅から。僕はそのことにとても驚いて、『もしかして、僕もできるかも?』なんて、考えたんです」

当時、カールは休職中で、カリフォルニア州エル・セグンドの家で病弱な母のシャーリー・メリルの世話をしていた。「名前のない死者の身元を割り出すという作業が、母の世話をしながら家のパソコンを利用してできるのです」と彼は説明する。「身元不明遺体がそれだけ多く存在すること、また、そのような被害者に名前を与えることは、僕にとって価値のあることだと思えたんですよね。法医学的に描かれた身元不明者の似顔絵の一部は、僕には正確なものとは思えませんでした。というのも、僕には画家としての才能がありますから。だから、自分で似顔絵を描いてみようと思ったんです」

「母の看病をしていましたから、家に閉じこもる生活でしたが、そのおかげでコンピュータを使った作業に多くの時間を割くことができました。僕が描いた似顔絵は評判がよく、すぐに身元不明遺体の似顔絵を描き直して欲しいとの依頼が殺到しましたよ。行方不明者もね」

「二〇一七年に母が亡くなると、僕は仕事に戻りましたが、法医学アーティストの作業はフリーの時間で続けました。目的はヴィジュアル的に魅力のある似顔絵を描くこと。人々の目を引く作品を描くこと。見た人が似顔絵を物語と結びつけ、ソーシャルメディアでシェアしたくなるような、そんな似顔絵を描くことです」

帳簿の管理能力と絵を描く能力という、全く異なる才能がどのように結びついているのか不思議に思ったが、カールによると、この二つの才能は互いを完全に補い合うのだという。「僕が美術の力を培ったのは若い頃でしたので、絵を描くことは今までずっと得意でした。公認会計士という仕事には、優れた分析技術が必要で、その分析の才能がデジタル復元の際に力を発揮してくれるんですよ。それに僕は表計算ソフトが大の得意。身元不明遺体や行方不明者の追跡に役立ってますよ」

「カール・コップルマン（Carl Koppelman）」とGoogleの画像検索に入力すると、この会計士の手による「死者を甦らせた復顔イメージ」が何十枚も表示される。彼が復顔した多くの行方不明者の身元が判明している。被害者の身元が判明すると、カールが描いた似顔絵が驚異的であることがわかるようになる。警察が描く白黒の似顔絵とはまったく違い、彼の描く似顔絵は写真風で、油絵の雰囲気を持っている。とても具体的だ。顔には個性があり、目には魂が宿っている。輪郭、そして様々な皮膚のトーンを描写している。眉をひそめ、微笑み、顔をしかめ、驚いて眉を上げている。カールは死体解剖写真に写っている遺体の分析をして、表情を決めていく。死体は腐乱が進んでいたり、とてつもない力によって破壊されている場合も多い。被害者がうつ伏せで発見されている場合、例えばカリ・ジェーン・ドウの場合がそうだが、顔の皮膚に血液が集まり、顔全体が赤く腫れ上がることがあるとカールは言う。頭蓋骨しか残っていないケースもあるという。

カールはコーレル・フォト・ペイントというデジタル写真編集ソフトを使って、リタッチ、そしてフォト・ペインティングといったリアルな特殊効果を生み出し、被写体に命を与える。

「コーレル・フォト・ペイントはアドビのフォトショップに似ています。とてもハイクオリティーなグラフィックプログラムで、キャンバスに絵を描くような感覚で使っています。遺体に似ていると思うモデルを、オンライン上で探すことから作業をはじめます。その写真を使用して、九十から九十五パーセント程度透過して、死者の写真に重ねてみるのです。この効果により、生きている人間が見せる構造要素がなかったとしても、遺体の一部からその人物の色や生命力が浮き上がるのです」

「被害者と同じ年齢、性別、ジェンダー、そして人種の、フォトスタジオ専属モデルの写真を十枚ほど選び、それを検死官が撮影した写真に重ねていきます。こうすることで、生きていた頃の死者がどのようなルックスだったのかを描写するヒントを得ることができます。次に別の技術を用いて皮膚と筋肉のトーンを調整して、可能な場合は当人のオリジナルの髪型を再現してみます」

故人に合う皮膚のトーンを調整したら、ライトニングとシェイディングの技術を使って被害者の顔の輪郭を作りだしていく。この段階で詳細に気を配るのはもっとも重要だ。「眉の位置を間違えたら、似た顔を作ることはできません」と、カールは私に言う。しかし、描くケースにおいて、どれだけ似せることが出来るかは、情報量に左右されてしまうという。「ドウの身体的特徴を知っていればそれだけ、僕にとっては有利ですよ」と、カールは説明する。解剖写真のクオリティは大きな要素だとも。寝ているように見える被害者もいれば、酷く腐敗した被害者もいて、その場合、作業は困難なものになる。

「頭蓋骨の写真から作業するときは、頬骨の形と幅を検証します。眉毛の形や両目とのスペースは、似顔絵を似せようとする場合は重要な要素になりますね。唇と顎もそうです。ライトとシャドウを使えば、頭蓋骨の骨格にあった輪郭を作ることができます。ケースによっては、珍しい歯並びの頭蓋骨や、かぶせた歯がある頭蓋骨などがありますが、こういった特徴は検死官による写真で確認できます」

「この確認の仕方を知らない人にとって、頭蓋骨を見ることはほとんど意味がないことだと思います。でも、僕にとっては有益なことなんです。『これは私が知っている誰かに似てる』という、誰かの記憶を呼び起こすかもしれませんから」

カールは公共のデータベース「ネイムアス（NamUs）」から復元する写真を入手しているが、最近では検死官が直接彼に画像を提供し、協力を依頼することが多いという。

骨が残っているだけのケースが最も難しいとカールは言う。「先日、頭蓋骨だけをベースとした描写を完成させたところですよ。男性の髪がどうだったかなんて情報がまったくなくて。中年だったという情報が唯一ですよ。結局、ウォッチ・キャップ［つばなしニット帽］をかぶせました。それが解決法です。冬のミネソタで発見されたということだったので、寒い地域だから、ニット帽をかぶっていただろうって思ったんですよ」

現在までに、カールは三百枚を超える似顔絵を描いているが、カリ・ジェーン・ドウの似顔絵が、彼自身の法医学アーティストとしての評判を上げた一枚だと語る。彼が事件を取り上げたのは二〇一〇年で、法医学技術の進歩に伴い、警察がカリ・ジェーン・ドウの遺体を掘り起こして、骨と髪の毛からＤＮＡを採取して五年後のことだった。

二〇〇六年、犯罪科学を専門とする花粉学者がこの若い女性の衣類を調査した。花粉学（胞子と花粉粒を調べる学問）を用い、カリ・ドウの衣類から花粉を採取し、専門家がその粒子を、フロリダ、アリゾナ、南カリフォルニアに生えている樹木とマッチさせた。それは、彼女がニューヨークにやってくる前に、それらの地域を訪問した可能性を示唆していた。

この法医学的証拠とカリ・ドウの検死写真を入手し、カールはアートワークを使って彼女のイメージを復元することに執念を燃やした。トウモロコシ畑で発見された少女の身元を必ず割り出すと決めたのだ。

カリ・ドウの検死写真は悲惨だ。とある一枚では、彼女は頭を右に向け、幼い顔は白いろうそくのように見える。ブロンド混じりの茶色い髪は、固まりになって首に絡まっている。ティンカー・ベルのようなかわいい鼻、丸い頬、唇はすこし開いている。写真の中で、カリ・ドウの両目は閉じられている。

最初のバージョンのカリ・ドウの似顔絵を描いた当時、カールはデジタル・ソフトウエアを使いこなせていない状態だったそうだ。「あの当時はグラフィックの動きがあまり理解できていなくて」と彼は認める。「だから、死後の写真をほぼ変更しなかったんです。彼女の両目は開きました。茶色い目だとはわかっていました。少し髪をストレートにして、それから発見されていたときに着用していた衣類に似た衣類を着せました」

「肌は死体の青白さが残っていました。ソフトの使い方のこつがわかりはじめたことで、カリ・ドウの復顔もどんどん修正していきました。そして、スーパーインポーズ［イメージを重ね合わせる］技術を見いだしたんです」

カリ・ドウの姿はカールの心のなかで消えることはなかった。生前の彼女が話し、笑顔を見せ、笑い、そして泣いたときの唇や頬の形を思い浮かべることができた。「彼女の顔のことだったらなんでもわかるようになりましたから、写真を見たときにはすぐに彼女だとわかりました」と、彼は少し頭を揺らしながら言う。「同様に、誰かが、例えば彼女の親戚や友人が、僕の絵を見て彼女に気づいてくれるといいなと考えていました」

カールの描いた完成形の似顔絵は、美しい十代のハート型の顔に、スモーキークオーツ［煙水晶］色の目、ちいさくてかわいい鼻、そして桃色の唇、前歯を見せながら微かに微笑む女性を表現していた。顎のあたりまである髪を真ん中で分け、妖精のようなスタイルにしていた。ターコイズとシルバーのビーズのネックレスを喉のあたりにつけていた。

カールはそのデータをもとに描いた似顔絵をウェブスルース・ドットコムとネイムアス

の両方にアップロードしたが、死後写真から少女の身元を割り出すという彼の活動はそこで終わることはなかった。花粉が導き出した証拠に興味を抱いた不屈の市民探偵は、一九七〇年代にフロリダ、アリゾナ、そして南カリフォルニアで発行された高校の卒業アルバムを精査した。母の面倒を見ながら、カールは、刊行物のデジタルコピーを所有しているClassmates.com［同級生を探すサイト］を、何時間もかけて探した。カールは何百枚もの女子生徒の白黒写真を、幸せと希望に満ち、大きな笑顔をたたえた顔を、拡大して見続けた。眉、頬骨、目、唇、そして髪を注意深く観察した。今となっては見慣れたハート型の顔にある、ティンカー・ベルのようなかわいい鼻。カールの脳内に、アニメーションの広告のように映し出され、絶えずキラキラと輝いている、あのかわいらしい鼻を探していたのだ。

　多くの笑顔のなかに、カリ・ドウを見つけたと思ったときもあった。彼が描いた肖像画にそっくりな顔が現れたのだ。彼はオハイオ在住のその女性を捜した。「でも」と言いつつ、カールの頬はそれを思い出しながら上がり、笑顔を見せていた。「その女性は生きていて、書店で働いていることがわかりました」。カールはカリ・ドウに似た女性をミネソタとサンディエゴで見つけたのだが……カールが電話をかけると、そのどちらの女性も彼の電話に応対したのだった。

　カールは仲間のウェブスルーサーたちと、カリ・ドウの専用スレッドで持論のシェアをした。グループは調査を通して、カリ・ドウの可能性のある何人かの十代の行方不明女性たちを、リストから除外していた。しかし、候補女性の名前がリストから外されれば外されるほど、別の説が信憑性を持つようになってきた。カリ・ドウは家出少女だったのではないかということだ。「僕はそれを懸念していました」とカールは説明する。「七〇年代の家出少女だったとすると、行方不明者ファイルが十八歳になった時点で廃棄されてしまいます。それが理由で、もしカリ・ドウが家族によって行方不明者と警察に届け出されていたとしても、家出少女だと認識されれば、その記録は残らないのです」。そもそも、カリ・ドウの親類が今も生きているかどうかもわからない。答えのない疑問が山ほどあったのだ。

　カールはそこから四年にわたってカリ・ドウの似顔絵に小修正を加え、卒業アルバムのデータを精査して彼女の顔を探し続けた。毎日机に向かって、行方不明者のプロファイルを読み、フロリダ、南カリフォルニア、そしてアリゾナで新しい行方不明者の登録がないか調べた。モニタの前で十二時間以上過ごすことも珍しくはなかった。本物のカリ・ドウの顔を見つけ、彼女の身元をはっきりとさせてあげたかったのだ。

　ネイムアスのギャラリーを見ていた二〇一四年九月のとある水曜日の夜、カールはカリ・ドウの墓碑銘に刻まれていた文字を思い出し、そしてとある考えに行き着いた。**「彼女には名前が必要だ。行方不明者として埋葬されるなんてひどすぎる」**。新たなプロファイルがスクリーンに映し出された。すると、直後に、とてもよく知っている顔なのにもかかわらず、ネイムアスでは一度も見たことがない顔が、まるで「幽霊のように」現れたという。驚いて鼓動が早くなった。肌が温かくなり、緊張するのを感じた。**「彼女かもしれない」**とカールは思い、若者向け雑誌のモデルとして表紙を飾ることができそうな少女の写真を拡大してみた。彼女は美しい茶色い目をしており、少し上を向いた鼻をしていた。ふわふわの髪にはブロンドがハイライトされて、こめかみ、頬、そして顎のあたりでカールして、跳ねていた。肌は少し日焼けしていた。そして彼女の笑顔……。それは美しさを振りまくようだった。**「間違いない」**。写真に映った彼女は、一九六三年ジョージア州アトランタ生まれのタミー・ジョー・アレクサンダーだった。彼女が生前最後に暮らしていたのはフロリダ州ヘルナンド郡ブルックスビル。彼女が姿を消したのはこの場所で、一九七七年から一九七九年の間のできごとだったとネイムアスの報告書にはあった。

「ショックでしたね」と、カールは回想する。「興奮したけど、同時に悲しく感じました。タミー・ジョー・アレクサンダーがカリ・ドウだということは確信していました。僕の描いた似顔絵にとにかくそっくりでしたから。でも、僕は死人となったカリ・ドウしか知らないのです。写真のタミー・ジョーは生きていて、微笑んでいる。まるで幽霊を見ているようでしたね」

「僕はタミー・ジョーの写真を九十五パーセントの透過にして、カリ・ドウの検死写真に重ねました。完璧に一致しました。歯のかみ合わせまでぴったりでした」

カールは長い間、「もし彼女が写真に映っていたとしたら、すぐにわかる」と言い続けたほど、彼女の顔のすべてを知っていた。そしてとうとう、長い間待ち続けていた瞬間がやってきたと確信した。ウェブスルースのカリ・ドウ関連スレッドで自分の発見を披露したくてたまらなかった。スレッド内にあるカールの千四百九十四個目のメッセージは、今日も、メッセージボードに残されている。二〇一四年九月二十四日午後九時二十一分、彼は「ビンゴだ！」と書いた。赤いその文字の下には、タミー・ジョー・アレクサンダーの活気溢れる高校生時代の写真と、カールが死後の写真を元に描いた似顔絵が並んでいた。カールは短いメッセージを残している。「この子がカリだと思う！」。ウェブスルースの仲間たちも彼の意見に同意し、祝福のメッセージで溢れかえった。

「すごいぞカール！　これは大発見だ。唖然としているよ」とユーザーネーム「annemc2」は書いた。ユーザーネーム「EmiLove832」は、「すごい！　絶対に彼女よ！　素晴らしい発見だね、カール！」と書いた。「コメントを見て涙が出た。この哀れな少女がようやく名前を取り戻し、彼女を殺した人間が逮捕されるかもしれない。素晴らしい仕事だよ、カール」と、別のウェブスルーサーは書いた。

　カールは写真をニューヨーク州リビングストン郡保安官事務所、フロリダ州ヘルナンド郡保安官事務所、ネイムアス、そして全米行方不明・被搾取児童センター（The National Center for Missing and Exploited Children）へ送った。「この二名は同一人物だと思われます」と、彼は写真を添付したメールに記した。

両州の警察はタミー・ジョーに生存している親戚がいるかどうかを捜査するため、迅速に動いた。高校の友だちがいなかったら、行方不明者として通報されることもなかったかもしれないと、そのときに判明した。

二〇一三年の夏、ローレル・ノエルは子どもの頃に知っていたタミー・ジョーがどうしているのか、ふと気になったという。そして、「満面の笑顔」が特徴のその子を捜すことに決めたのだ。ノエルは高校卒業後に引っ越してしまい、二人の間は連絡が途絶えていた。ローレルはフェイスブックアカウントを作り、タミー・ジョーのプロフィールを捜そうとした。彼女が三十四年前に忽然と姿を消したことなど知らなかったローレルは、タミーを捜し出すことができなかった。さらにインターネットで捜索を進めると、一九九八年に五十六歳で死去したタミー・ジョーの母親バーバラ・ジェンキンスの死亡記事を発見することができた。バーバラの死亡通知には同時にタミー・ジョーも死亡したことが記されていたが、バーバラにはもう一人の娘のパメラ・ダイソンがおり、タミーの異父妹だということがわかった。ローレルは混乱した。友人の死について、一切の公的記録が残っていないのだ。それでもローレルはパメラに辿りついた。彼女はパナマシティーに住んでいた。

謎はより深まっていった。パメラはローレルに、十一歳のときに祖母と暮らすため引っ越し、姉とはそれ以来連絡を取っていないと証言したのだ。パメラは、タミー・ジョーは一九七九年に姿を消し、母親が行方不明者として警察に届け出たと思っていた。パメラは、家出ばかりしていた姉が、「機能不全だった家族の環境」から、単純に逃げたのだと願っていた。二〇一四年八月、パメラとローレルがタミー・ジョーの失踪を改めてヘルナンド郡保安官事務所に報告した。警察はパメラとローレルに、一九七九年にタミー・ジョーの親類が彼女の失踪を届け出た形跡はないと伝えた。

タミー・ジョーが、カリ・ドウの可能性があるとしたカールの情報を元に、刑事らは掘り出した殺人事件被害者の遺体から抽出したＤＮＡと比較するため、妹のパメラ・ダイソンにＤＮＡサンプルを依頼した。ミトコンドリアＤＮＡ分析により、二つのサンプルは一致した。二〇一五年一月二十六日、ニューヨーク州リビングストン郡の警察当局が、三十五年前にトウモロコシ畑で発見された遺体がタミー・ジョー・アレクサンダーと判明したと発表した。

「僕にとっては大切な瞬間となりましたね」とカールは言う。「カリ・ドウの身元の割り出しに協力出来たことの喜びもありましたが、あまりにも残酷に奪われた若い命のことを考えると胸が痛んで仕方ありませんでした。どうしたら若い女性を殺害して、トウモロコシ畑に遺棄するなんてことができるでしょうか？」

「彼女がもし生きていたとしたら、僕よりたった一歳下だということに気がついたんです。彼女の友人や親類と話をして、彼女がどんな少女だったのか、よく知ることができました。

タミー・ジョーは複雑な家庭環境で育ちましたが、とても明るい、活発な少女で人生を謳歌していたんです」

　タミー・ジョーは実の父親であるジョー・アレクサンダーについてあまりよく知らなかったという。実の父もすでに亡くなっていた。継父のロイド・ジェンキンス、そして母親のバーバラと一緒に暮らしていた。母は処方薬の依存症で、時に激しく怒りを表すことがあった。バーバラは一度、若いタミー・ジョーの目の前で手首を切ったことがある。二〇一五年一月のＵＳＡトゥデイのインタビューで、パメラ・ダイソンは母親について、「あの人には自殺願望がありました。当時では診断がつかなかった問題を抱えていたと思います。母はアルコール依存症で暴力的でした」と語った。幼少時のタミー・ジョーは里親の家で過ごし、しばらく祖母と暮らしていたこともあった。

　バーバラとロイドは、ブルックスビル郡の98号線沿いに、Ｌ＆Ｍのトラックストップ〔長距離トラック運転手のための給油所及び食堂〕を経営していた。行方不明になる前、タミー・ジョーは母と一緒にトラックストップの食堂でウェイトレスをしていた。彼女は頻繁に家出を繰り返していたという。トラックをヒッチハイクして、地域から逃げ出していたそうだ。一度、タミーとローレルは、フロリダからカリフォルニアにヒッチハイクをしたことがある。カールは、そのときも、母親のバーバラは家出した娘を捜そうともしなかったと話す。「二人がカリフォルニアに到着すると、ローレルは公衆電話から両親に連絡を入れました。ローレルの両親は彼女のことをとても心配して、すぐに飛行機のチケットを買って、ローレルとタミー・ジョーをブルックスビルに連れ戻しました。しかし、タミー・ジョーの母親はタミーの状況を知ると『そこに置き去りにしていいよ』と言ったそうです。彼女がどんな母親だったか、わかりますよね」

タミー・ジョーの高校時代の友人たちは、彼女の影響されやすい性格と積極的な態度を記憶していた。多くの十代の少女がそうであるように、彼女にも希望や夢があった。ブルックスビルで、タミー・ジョーにはケビン・ウィリアムスというボーイフレンドがいて、結婚を夢見ていた。とある友人がカールに語ったところによると、「タミー・ジョーは高校でフューチャーリーダーズ・オブ・アメリカ［未来のリーダーとなれる若者を支援する組織］に入っていました。フロリダ大学への進学を希望していましたし、十八歳になったらケビンと結婚するという夢も語っていました。彼女はとても積極的な人。シャイな人ではありません。市民ラジオ経由でトラック運転手たちとおしゃべりするのが大好きでした」

二〇一五年までに、リビングストン郡保安官事務所は、タミー・ジョーを殺害した犯人を発見するために、新しい情報を探していると発表した。一般から寄せられた多くの情報をもとに、行方不明になる直前の少女の足取りがわかってきた。刑事らはタミー・ジョーと、ジョージア州ヤングハリスの人里離れた山中にあるレインボー・プリズン・ミニストリーをリンクさせた。この組織は保護観察中の人物や、仮釈放中の人物の支援を行っていた。警察はタミー・ジョーと繋がる三人の男を洗い出したが、ＤＮＡ検査の結果、三人は犯人の可能性のあるリストから除外された。

今日に至っても、タミー・ジョー・アレクサンダーを殺害した人物の特定には至っていない。ＦＢＩは、彼女を殺害した犯人の逮捕と起訴に繋がる情報提供に二万ドルの懸賞金をかけている。

*

二〇一五年六月十日、カールはタミー・ジョーの追悼式に出席した。追悼式に行く前には、タミーの殺害現場を訪れた。タミー・ジョーの天使のような顔のプリントと、カリ・ドウの復顔写真を手にしたカールが現場に立つ姿が、写真に収められている。国道20号線は使い古され、ひび割れ、交通量も少なく、孤独な灰色の線となって地平線の彼方に消えていた。空は白みがかったダッグエッグブルー。池は前夜の雨で水かさが増し、朝日に照らされ銀色に輝いていた。タミー・ジョーの悲劇的な運命が終わった場所が、このトウモロコシ畑だ。

「この恐ろしい犯罪が発生した場所を、この目で確認せねばならないと感じていたのです」と、カールは回想する。「あの場所に立ったときは、非現実的な気持ちになりましたね。あのときまで、犯行現場は写真でしか見たことがなかったからでしょう。家でコンピュータの前に座りながら、このような犯罪の暴力性から距離を取ることは簡単だと考えてきました。でも、あのトウモロコシ畑に立ったときは……三十五年前に起きたことが、恐ろしいほどの現実味を持って胸に迫りました」

その日の午後、ダンズヴィルのグリーンマウント墓地で行われた感動的な追悼式で、カールはタミー・ジョーの親戚と友人たちに出会った。パメラは、約四十年にわたってタミー・ジョーを迎え入れ、面倒を見てくれたリビングストン郡に、姉を埋葬し続けることを決めた。かつて「私たちは忘れない。身元不明の少女」と書かれていた墓標は、手触りのよい花崗岩に変わり、タミー・ジョーの高校生時代の写真と彼女の名前が刻まれていた。これで彼女が忘れ去られることはない。今日、墓地には、太陽に燦々と照らされ葉をたっぷりと茂らせた木々に囲まれたシャムロックの芝が広がっている。まるで楽園のようだ。

質素で静かで、凍てつくような墓地に埋葬されていたカリ・ドウだったタミーの追悼式には、百人を超える人が訪れた。デイジー、ピンク色のバラ、そしてオレンジ色のキンセンカの花輪がタミー・ジョーの墓石に飾られた。リビングストン・カウンティー・ニュースによって撮影されていた追悼式で、パメラは涙ながらに姉に言葉を送った。「その美しい笑顔で痛みを隠していた人でした」

「タミーは積極的で友好的で、冒険好きで、少しいたずら好きだったかもしれません」と彼女は続けた。「虐待を受け続ける家で彼女が暮らしていたことを、想像できる人は誰一人としていなかったと思います。これが理由で彼女は家出を繰り返していたのです。彼女にとってはそれが逃げる方法であり、安全を確保する方法だったんです。タミー・ジョーは優しくて、穏やかな人でした。なぜ彼女を殺害し、遺棄したのでしょう？　彼女の美しい目を見ながら、あんなにもむごたらしい方法で彼女の命を奪うことが出来るなんて、信じられません」

　元リビングストン郡保安官のジョー・ヨークも、追悼式でスピーチをした。パメラに対して、ＦＢＩはタミー・ジョー殺害犯を捜す努力をし続けると誓った。「あなたのお姉さんが死に至った経緯を調べるため、十万件以上の情報提供から捜査は行われました。我々は答えを見つけ出します」。ジョーはタミー・ジョーが行方不明になったことを通報したローレル・ノエルに感謝し、カールの偉業を称えた。「カール・コップルマン。我々は君が電話してきてくれた瞬間のことを決して忘れはしません」

　追悼式のあと、カールはレッチワース郡公園にドライブに出かけた。地元の人たちが「東のグランドキャニオン」と呼ぶその地は、ジェネシー川が渓谷を流れる雄大な景色を見ることができる。途中で、彼はナンダという小さな町のガソリンスタンドに立ち寄った。ダンズヴィルから西に二十二キロほど進んだ場所だった。給油場を横切り、ミニマートに入り、真っ直ぐ冷蔵庫に向かってアイスティーを手にした。エアコンの風が首に当たり、体中が震えたそのとき、ロッド・スチュワートの声がラジオから流れてきたのだ。カールの全身に感情の波が押し寄せたのはそのときだった。

「『フォーエバー・ヤング』が流れてきた瞬間、もうだめでした」と、カールは言う。「タミー・ジョーはロッド・スチュワートの大ファンだったのです。彼女のことを考えました。十六歳の誕生日からわずか一週間後に殺されたなんて。僕は彼女の顔を思い浮かべました。過去五年間、僕のなかにずっとあったあの顔を。それで……涙が溢れました」

「普段、こういったことに感情的になることはありません。前にも言いましたが、いつもは写真を扱うだけなので。メカニカルなプロセスなんです。でも時折、自分の作業が事件解決に繋がるときがある。そして被害者家族に会うとき……そして家族が事件にどのように影響を受けてきたのか知ると……感情的になってしまいます」

カールは身元不明や行方不明の十代や若者の事件に注目している。「より同情の念を抱きやすい層の人たちなのかもしれません」と彼は語る。「ジェイシー・デュガードの母親のテリー・プロビンが、泣きながら誘拐犯に娘を帰して欲しいと訴えた記者会見を決して忘れることはないでしょう。胸を打たれたんです。若い被害者の事件を調べるときはいつも、あの、子どもが戻ってくることを願って涙に暮れる母親の姿を、必ず思い浮かべるのです」

カールは数人の子どもと若者の身元の確認に貢献してきた。捜査が何年にもわたって停滞しようとも、彼が事件について諦めることはない。そのようなケースが、カールがマサチューセッツ州グロセスター在住のキャシー・ターカニアンという名の女性とチームを組んだ事件だ。二人は十年にわたって協力しあい、徹底的な努力を重ねてキャシーの行方不明になった娘を捜してきた。三十六年前に、強制的に養子縁組をさせられた娘だった。

一九七四年に出産したとき、キャシーはわずか十七歳だった。彼女は娘をアレクシスと名付けたが、家族や役所の支援を得られず、母親としての権利を放棄せざるを得なかった。アレクシスは五ヶ月のときに、情報を非公開とする養子縁組に出され、二歳の誕生日を迎える前に彼女のもとを去った。キャシーが大切な子どもの存在を忘れたことは一日たりともなかった。彼女には、新しくアレクシスの両親になった人物が誰なのかもわからなかった。二人が彼女の娘に愛情溢れる、最善の生活を提供してくれていることを願うしかできなかった。

しかし、二〇一〇年、市の社会福祉課がキャシーに連絡を入れ、一九八九年三月、ミシガン州ハミルトンの家から娘が行方不明になったと告げたのだった。それでも役所はアレクシスの、養子となった先での名前を教えてくれなかった。意気消沈したキャシーはインターネット探偵となり、あっという間に娘を探し出した。ミシガン州警察のウェブサイトに、行方不明者として掲載されていたのだ。彼女の名前はオードリア・ボーマンだった。キャシーは一九九三年にアメリカのインディーズロックバンド「ソウル・アサイラム」の作った『ランナウェイ・トレイン』というミュージックビデオに使用された、三十六枚の行方不明となった子どもの写真のなかの、オードリア・ボーマンに気づいた。

キャシーには答えが必要だった。彼女はカールに助けを求めた。二人はミシガンを四度も訪れ、チラシを貼り、住人やオードリアの学友に話を聞いた。友だちの数人が、オードリアから直接、義父から性的虐待を受けていることを聞いていた。調査を重ねると、元海軍予備兵のボーマンは、一九八〇年に十九歳の女性を森に誘い出し、襲っていたことがわかった。彼は検察側と司法取引を行い、性犯罪行為を目的とした暴力罪を認めた。

事件発覚を恐れたボーマンがオードリアを殺害し、遺体を埋めたのではと考えたキャシーとカールは、性的虐待に関する裁判資料を調べ、オードリアの失踪事件の捜査を急ぐよう警察に働きかけた。オードリアの失踪は当初、警察によって「家出」と分類されていたのだ。

数年に及ぶ捜査の結果、二人がボーマンに対して抱いていた疑念は、最悪の現実となった。二〇二〇年初頭、カールはキャシーから電話連絡を受けた。「十年間待ち望んでいた報せが入ったんです」と、カールは回想する。「キャシー曰く、刑事たちがハミルトンのボーマンの自宅の捜索を開始したということでした。僕はその後、ニュースに釘付けになりました。その日の午後になって警察が、コンクリートで固められた地中から骨が発見されたことを発表しました。私はキャシーに電話をしました。『とうとう警察が見つけてくれた。僕らは正しいことをしたんだ』」

当時ボーマンは、バージニア州ノーフォークで発生した二十五歳のキャスリーン・ドイルへの強姦及び殺害事件で、すでに服役中だった。妻のブレンダと暮らしていたアレガン郡モンテレー・タウンシップの自宅の捜索は、オードリアの殺害をボーマンが刑務所内で自白したことがきっかけとなって行われたのだ。

性的虐待を受けていることを警察に届け出ると養女に言われたボーマンは、彼女を階段から突き落としたと刑事らに告白した。転落したことによりオードリアは死亡したが、ボーマンは警察に電話をすると、養女が百ドルを盗んで「家出」をしたと届け出た。ボーマンはオードリアの胴体がゴミ箱に収まるように、両脚を斧で切断したと、詳細にわたって供述した。ボーマンはオードリアの切断遺体をゴミ袋に詰め、「他のゴミに混ぜて処分した」という。ボーマンはオードリアの胴体が入ったゴミ箱を庭に埋め、「少しのセメントで覆った」。アレガン郡で発見された遺体のＤＮＡ鑑定で、それはオードリアだと判明した。

二〇二〇年七月、ボーマンは、キャスリーン・ドイルを強姦し、殺害した罪で有罪を認め、二度の終身刑を言い渡された。その十八ヶ月後、オードリアに対する第二級殺人で、不抗争の答弁「有罪を認めないが、検察とは争わない」を行った。二〇二二年二月、ボーマンは灰色と白の縞模様の囚人服を身につけ、マスク姿で、アレガン郡巡回裁判所に現れた。マーガレット・ズジッチ・バッカー裁判長は、明らかに感情的に、ボーマンを「危険人物」だと言い放った。そして更なる三十五年から五十年の服役を殺人者に言い渡した。

8

すべては殺人からはじまった

「ニュージャージー州ポンプトン・レイクスで育ちました。小さな、犯罪の少ない町といった印象です。ある日、若い女性がアパート内で撲殺されるまではね……。悲劇的な事件でした。地域全体が衝撃を受けていましたから。**ポンプトン・レイクスで殺人？** 殺人事件が発生したのは私がちょうど十一歳になったときでしたけれど、記憶に残った事件のひとつになりました。それ以降、私は犯罪ドキュメンタリーに夢中になりました。殺人についてより深く学びたいと考えるようになりました。だから、**『卒業したらFBIで働こう』**なんて、考えていたんですよ」

トレイシー・ボイルの黒猫のホリーは、けだるい様子でスクリーンの前を横切り、一瞬、画面を暗くした。彼女は一九八九年五月一日にニュージャージー州の生まれ故郷で発生し、住民を震撼させた殺人事件について、私のインタビューに答えている最中だった。「ごめんなさいね、猫のことは気にしないで。この子、私がかまってあげないと、少し不安になるの」と、トレイシーは言って、ペットに手を伸ばした。ホリーはトレイシーの「毛皮のある娘」で、甘えた鳴き声を出しながら、彼女の膝の上で艶のある体を丸めていた。

「殺害された女性の名前はメリー・スエレズ・ハラ・トルセヴィッチ。初めて聞いたときは、変わった名前だなって思ったのを記憶しています。三十歳で、ハンマーと弓のこで撲殺されていました。近所で女性が殺害されたと聞いて、怖くなりました。もちろん、ポンプトン・レイクスでは強盗事件なども起きてはいましたが……でも、殺人事件って？　そんなこと、一度もありませんでした。殺害現場は私が家族と住んでいた家から徒歩で十分もかからない場所でもありました」

　メリーの遺体は仰向けの状態で発見され、血まみれのシーツで覆われ、遺体の一部はベッドの下に入り込んでいました。夫のジョン・トルセヴィッチと一緒に住んでいた、マグノリア通りにある地下のアパートで発見されたんです。トレイシーは、その残酷な現場写真を、まずは自宅で目撃した。トレイシーの亡き父パトリック・ボイルは当時ポンプトン・レイクス警察署の捜査官で、メリー・スエレズ・ハラ・トルセヴィッチ殺害事件の捜査を命じられていたのだ。この事件は彼にとって初めての殺人事件で、犯行現場写真を自宅に持ち帰り、事件解決に力を注ごうとしていたのだ。当然、トレイシーの父はそのむごたらしい写真を娘に見せたくはなかったが、彼女の好奇心が勝ってしまったというわけだ。

「殺人について知ったのは、そういう経緯です」と、トレイシーは説明した。「父が事件ファイルを家に持ち帰り、何時間もかけてファイルに目を通す姿を観察していました。毎晩のことです。父の仕事はどんなときでも私をワクワクさせました。もちろん、書類の中に隠された秘密の方に興味がありました。だから、ある日、居間に忍び込んで、書類を盗み見たんです」

「ファイルを開いて、書類をめくっていきました。中には現場写真もありました。怖いというよりも、興味をそそられたのを記憶しています。両親が部屋に入ってきたのはそのときで、私は現行犯逮捕されてしまったというわけ。二人は心配していたけれど、同時に私の好奇心も理解してくれました。二人は私を座らせて、マグノリア通り沿いのアパートで何が起きたのかを説明してくれました。父は、若い女性が殺害され、誰が彼女を殺したのか、突き止めようとしていると教えてくれました。私はショックを受け、悲しくさえなりました……若い女性を誰かが殺しただなんて……でもやっぱり、興味をそそられもしたんです。『誰かがメリーを殺害した。その理由は？』って、自分自身に聞いてみました。いろいろなことを考えていましたが、常に私の心にあったのは、**『父はどうやってこの殺人事件を解決するのだろう？』**という思いでした」。当時、興味津々の六年生だったトレイシーは、探偵としての才能を開花させていたのだ。

　メリーの殺人事件はニュージャージーの新聞で一面を飾り、第一容疑者としてジョン・トルセヴィッチが疑われることになった。メリー自身のことも詳細がわかってきた。彼女は一人っ子で、ペルーに両親を残したまま三年前に、自分の「夢」を追いかけるためにアメリカにやってきたという。マスコミはメリーを「痩せ型で、茶色い目、ブロンズ色の肌に、輝く笑顔が魅力的な、大変美しい女性」と書いた。ペルーでメリーは弁護士として働いていた。ニュージャージー州では保険代理店の秘書として働いていたが、大学に行く予定をしていて、最終的にはアメリカで弁護士になることを目指していた。

しかし悲しいかな、ヘラルド・ニュースのヘッドラインには、一九八九年五月四日、メリーの夢は「殺人事件で終わりを告げた」と書かれていた。

ヘラルド・ニュース紙の記事によると、メリーの遺体が発見される三日前、トルセヴィッチが彼女の職場に電話をして、彼女が体調を崩したと伝えていた。そして彼は行方をくらませた。その後、パトリック・ボイルが担当する殺人事件の第一容疑者となったわけだ。しかし、トルセヴィッチが彼女を殺害したとして、その理由は？　海軍に従軍し、ニュージャージー州の州兵でもあるトルセヴィッチには、表面的には明らかな動機がないように見えた。彼女が殺害される一週間前、夫婦はポンプトン・レイクスに家を購入するための手続きを済ませ、入居直前だった。メリーの友人らが、同じヘラルド・ニュース紙の記事内で語っている。同じくペルー人でゴンザレスという名の人物は、彼女とジョンは「愛によって結ばれていた」と証言した。「彼女は夫を愛しており、とても仲が良いように見えた。彼女は常に夫を褒めていた」

トルセヴィッチが、生きているメリーを最後に目撃した人物だと仮定して、警察は彼の居場所を突き止めるため、全米を警戒態勢下に置いた。「見つけなければならない」と、当時、捜査を担当していたパトリック・ボイルは発言している。「父は懸命にトルセヴィッチを捜していました」と、トレイシーは証言する。「父は通常の勤務時間をこの事件の解決に充て、援助も受けていました。しかしトルセヴィッチは逃走を続け、事件解決は難しかったんです。しかし、解決の糸口は突然発見されました」

ボイル刑事はパサイック郡検察局の捜査官カルロス・ロドリゲスの協力を得て、細心の注意を払いながら十分な証拠を収集した。それには殺害現場で発見された弓のこから採取された指紋も含まれていた。そして五月十八日にメリー・トルセヴィッチ殺害事件容疑で逮捕状を取った。翌日、トルセヴィッチはサンフランシスコの病院に現れた。錠剤（その内容については未確認）を過剰に摂取し、滞在していたホテルに救急車を呼んだのだ。病院でトルセヴィッチは妻の殺害を認め、治療後、身柄を拘束された。

「カリフォルニアに到着する前に、トルセヴィッチが南アメリカ各地に行っていたことがわかりました。サンフランシスコに飛び、トルセヴィッチをニュージャージーに連れ戻し、法の裁きを受けさせることが父の使命となりました。当時は、父にとってこれは大仕事だったんです」。トレイシーは、一瞬沈黙し、そして微笑んだ。「だって、父はそれまで一度も飛行機に乗ったことがなかったんですよ。とても怖がっていました。でも、母と私はとても腹を立てていました。だって、うらやましかったんですよ。私たちだってカリフォルニアに行きたかったんです。もちろん、父は恐怖に打ち勝ってサンフランシスコにカルロスと一緒に行き、トルセヴィッチをニュージャージーに連れ戻しました」

一九九〇年一月、当時二十九歳だったトルセヴィッチは、加重過失致死で有罪を認め、三十年の懲役に服すことになった。上位裁判所では、トルセヴィッチが妻と金のことで口論となって激怒した様子が語られた。トルセヴィッチはメリーをハンマーで殴りつけ、彼女の首を弓のこで切断。このようにして口封じをし、金を銀行から引き出すと、南アメリカへと逃亡したことを認めた。

「たしかトルセヴィッチは十二年半後に仮釈放となって、ニュージャージーに住んでいると思います。この事件のことは、今になってもよく思い出します。人間がどれだけ悪魔のような行いが出来るのかを、私に教えてくれた事件だったと考えています。夫が妻を殺すことがあるんだと、十一歳の私は驚きました。しかし、トルセヴィッチが逮捕された後は、世界は元通りになっていきました。父にとってメリーの殺害者を逮捕することは重要なことだったんです。父がメリー・トルセヴィッチ殺害事件を解決する様子を見ながら、私は父を誇りに感じていました。だって、トルセヴィッチは逃げ切ってしまい、まったく見つかりもしなかった可能性だってあるのですから」

「父の進んだ道を、どうにかして私も進みたいと思ったんです。父に、将来はＦＢＩのプロファイラーになりたいと伝えました。父は夢を追い続けろと私を応援してくれました。父は二〇一三年に他界しましたが、私はいつまでも父のことを誇りに思うでしょうね」

　トレイシーはＦＢＩには入局しなかった。しかし、彼女の犯罪ノンフィクションへの情熱は、家系研究に対する熱意と相まって、彼女に唯一無二の捜査方法を与えた。パワフルで、独立した操作方法で警察関係者を支援し、国内で発生した未解決事件を解決に導き、同時に悲しみに暮れる家族に答えを見つけ出している。秘書としての仕事がない日は、何時間でもコンピュータと向かい合い、データベースとＤＮＡサンプルを比較し、家系図を調べている。ホリーともう二匹の猫であるキャリーとサムは、つねにトレイシーの近くにいて、キーボードに手を伸ばしたりする。「猫も一緒に作業をしたがるんですよ」と、トレイシーは笑いながら言った。

　トレイシーは遺伝子系図学者でＤＮＡドウ・プロジェクト（ＤＤＰ）のチームリーダーだ。犯罪ミステリー作家であるマーガレット・プレスと遺伝子系図学者であるコリーン・フィッツパトリック博士が二〇一七年に設立した、アメリカを拠点とする非営利団体で、その革新的な仕事は世界中の話題となっている。プロジェクトの持つ、献身的なボランティアネットワークは、捜査関係機関と連携しながら、遺伝子系図を使って身元不明のジェーン、及びジョン・ドウの名前を見つけ出す。これまでのところ、ＤＮＡドウ・プロジェクトは、一八五二年に発掘された、ほぼ化石化した骨から抽出した、たった三つの細胞の

ＤＮＡをもとにとある男性の身元を割り出したケースから、シリアルキラーの犠牲者まで、七十五人を超える身元不明遺体に名前を取り戻している。

トレイシーがＤＤＰに参加したのは二〇一八年四月、自分自身の祖先について調べた後のことだった。それから彼女は一心不乱に突き進んできた。殺人事件捜査と犯罪ドラマ好きが、遺伝子を用いた犯罪解決という思いも寄らなかった冒険に彼女を導いた経緯を語る彼女の声からは、熱意が溢れてくるようだった。

「犯罪ドキュメンタリーに対する私の興味は十代以降も続きました。メリーが殺害されてから、父に捜査中の事件について質問ばかりするようになりました。しかし、メリーの殺害事件は例外的ですが、ポンプトン・レイクスでは当時、それほど多くの事件が発生していたわけではありませんでした」

「そして九〇年代がやってきました。私は事件に関する番組を見るようになったんです。当時は、そして今もそうですけれど、『Ｘ－ファイル』の大ファンなんですよ。Ｘ－ファイルのダナ・スカリーになりたかったんです。そして犯罪捜査ドラマの『BONES―骨は語る―』も大好き。もちろん、犯罪捜査のポッドキャストにも夢中です。私、ポッドキャストは本当に大好き。犯罪関連ポッドキャストを捜している人は、誰もが私に質問しますよ」

「大きな殺人事件を常に、熱心に追いかけてきました。そして最初のそんな事件は、一九九四年に起きたニコール・ブラウン・シンプソンとロン・ゴールドマン事件、それに続いたＯ・Ｊ・シンプソン裁判。ワシントンＤＣの身の凍るような狙撃事件も調査しました。もっと最近では旅行系インフルエンサーのギャビー・ペティートの行方不明及び殺人事件でしょうか。あの事件に興味を持たなかった人なんているかしら？」

「一九九八年のあたりには、ニュージャージー州ランドルフにあるカウンティ・カレッジ・オブ・モリスで刑事司法の学位取得をはじめていました。でもお金がなくなってしまって、残念ながら学位の取得は叶いませんでした。事務職に就きましたが、大きな事件への好奇心がなくなることはありませんでしたね。そして私は常にファミリー・ヒストリーに興味を持っていたんです。父が亡くなったあとで、ＤＮＡ鑑定を受けることにして、私の家族の家系図を調べることにしました。父は、祖父のジョンが亡くなったとき、三歳でした。だから、父方の家族についてあまりよく知りませんでした。もっと詳しく知りたいと考えた瞬間が、私の系図研究の旅のはじまりだったというわけです」

　トレイシーは親戚にもテストを受けるよう頼み、父の家系を掘り下げていった。「幸運なことに、母がＤＮＡ鑑定を受けてくれていましたので、母方と父方を分けることができました。そこで伯父に頼みました。父の兄です。父のＤＮＡを、自分以外から確認したいと思ったんです。兄弟ではＤＮＡの一部が違う場合があるので、上の世代のＤＮＡが欲しいと思ったんです」

結果を見たトレイシーは驚いた。「父方の親戚は百パーセントのアイルランド系だと考えていたのです。ボイルって名字は、典型的なアイルランド系ですから。そして父は、誇り高きアイルランド人だったわけです。私の曾祖父であるジョン・ボイルは北アイルランドのティローン州出身でした。彼は、同じくジョンという名の息子よりも長生きで、母も彼については知っていました。『見事なアイルランド訛りの男性』って言っていましたから」

「父の兄のＤＮＡ鑑定結果によると、彼は八十五パーセントのアイルランド人であることがわかりました。これは私にとって驚きではなく、家系図を調べて行くと、ドイツ系、そしてニュージャージーからオランダ系のラインも見つかっていたのです。他のラインでもアイルランド系はわずかでしたので、『これは納得の結果ね』と思ったのですが、父の兄や妹たちはその結果を信じませんでした。『違う、私たちは完全にアイルランド系だ』なんて言うんですよ。面白かったです。父が生きていなくてよかったわ。真実を知ることがなかったんだもの。彼は自分のことを、正真正銘のアイルランド人だと信じていましたから。きっと百パーセントのアイルランド人と信じてこの世を去ったでしょう」

それから数年、トレイシーは調査技術を磨き抜いて、一心不乱に作業に没頭した。彼女は養子の子らの先祖を追い続けた。これにより、彼らが産みの親を探し出すことが可能となった。

「私が初めて挑戦したケースが、私の同僚で、彼女は実の父を捜していました。すでに産みの母を探し出していて、父親は『完全なアイルランド人』だと教えてもらっていたのです。しかし、私が調べたところによると、友人の父親はイタリア人で、アイルランド人ではありませんでした。この男性は以前ＤＮＡ検査を受けたことがあり、友人とは親子関係にあることがわかりました。その結果は感謝祭に戻り、十二月中旬の彼女の誕生日の贈り物として、彼女に父親の名前を告げることができました」

「でも残念なことに、友人が父親を探し出したところ、父親はその結果を信じてくれませんでした。彼女の産みの親の名前を思い出せなかったからなのです。このようなことは、ときどき起きてしまいます。養子縁組に出された人たちが、実の両親を探し出すとき、結果は心温まるものだったり、悲しいことだったりします。再会が成功するケースは、素晴らしいですよね。最高です。ポジティブなフィードバックを受けることが多いです。実の家族と美しい関係を築き上げることが出来たと言ってくれる人たちもいます。でも、結果を信じろと強要することはできません。実の親が子どもとの関係を拒絶する場合は、難しいですね。私が一番望んでいるのは、養子縁組に出された人たちが、繋がりを感じられること。自分がどこから来たのかをわかってもらうこと。こうして、私は行方不明者に関わるようになったのです」

トレイシーがＤＤＰで、身元の確認に初めて関わったケースは、メイン州のアパートのベッドの上で、遺体となって発見されていた四十代の男性だった。被害者はこのアパートを、アルフレッド・ジェイク・フューラーという偽名で契約していた。二〇一四年五月二日、アルフレッドの住むアパートの大家が彼の遺体を発見する。当時、アルフレッドの死は自然死とされていた。彼の心臓が肥大していたからだ。しかし、捜査を進めると「アルフレッド・ジェイク・フューラー」という名前が、いかなるデータベースにも存在しないことがわかった。二〇一八年九月、メイン州検死局長（ＭＯＣＭＥ）がＤＤＰに、この男性の正体を割り出すという難しい仕事を依頼した。チームには、被害者が四十歳から四十六歳で、身長が約百七十七センチ、体重が百キロ程度だという情報が与えられていた。髪は明るい茶色と灰色がまざった巻き毛で、短い口髭と顎髭を生やしていた。左の頬に青く変色した部分があり、肩甲骨の間に大きなほくろがあった。

　被害者の血液サンプルがＤＮＡ研究所に送られ、ゲノム解読が行われた。それは、人間の完全な遺伝子コードを読み取るテストだ。これにより、ファイルが作成され、それがGEDmatchに登録されることになる。そこから五週間かけて家系図を制作することで、トレイシーと彼女のチームは、彼の身元と親族を特定することができた。

「私は新米で、仕事の要領を学んでいる段階でした」とトレイシーは言う。「とても不思議なケースでした。というのも、誰もが彼の名前をアルフレッド・ジェイク・フューラーと考えていたのに、それが本名なのかどうかわからなかったからです。ということで、われわれはマッチングを行い、共通の先祖を見つけ出す作業を最後まで行いました。結局、すべての情報をつなぎ合わせることに成功しました。結果、彼の死因は自然死で、彼の名前は家族の要望により非公開のままとなりました」

トレイシーが担当した最も大きな事件は、アメリカ人殺人者で連続強姦魔のウィルソン・シュエストの犠牲者女性の身元を割り出す捜査を指揮したケースだという。二〇一九年のことだった。

その女性は、一九八〇年七月十四日、カリフォルニア州カーン郡デラーノにおいて死体で発見された。彼女は強姦され、刺殺されていた。ヒスパニック系と思われていた被害者には、二つの特徴的なタトゥがあった。赤いハートに「Shirley. I love you（シャーリー。愛してる）」と描かれたもの、そして「Mother（母）」「I love you（愛してる）」という言葉で縁取られたバラの花のタトゥだった。彼女の身元を割り出すためのメディアを使ったキャンペーンも虚しく、親類や友人が名乗りを上げることはなかった。四十年にわたり、彼女の身元は判明しないまま、カーン郡のジェーン・ドウとしてのみ知られる存在となっていた。

しかし、二〇一二年、彼女の爪の下から採取されたＤＮＡがシュエストから採取されたサンプルとマッチしたのだ。男のＤＮＡがカーン郡のジェーン・ドウ殺人事件で採取されたＤＮＡと、カリフォルニア州ベンチュラ郡ウェストレイクの駐車場で一九八〇年七月十八日に死体となって発見されたジェーン・ドウから採取されたＤＮＡと一致したとき、誘拐と強姦の罪で終身刑に服していたシュエストは七十歳だった。シュエストはベンチュラ郡で発見されたジェーン・ドウを強姦したうえ、十七回も刺して殺害していた。二〇一八年五月、シュエストはこの二件の殺人事件について有罪となった。この殺人者は、どちらの被害者も知らないと主張したため、判決を受けた際も身元不明のままだった。

　カーン郡で発見されたジェーン・ドウのブラウスから採取された腐敗した遺伝子素材は、彼女が先住民の血を引く人物であることを示すに十分だった。「難しいケースでしたね」と、トレイシーは説明する。「このようなケースでは、GEDmatch といったＤＮＡサイトに登録された親類のＤＮＡ情報に依存することになります。最初、カーン郡で発見されたジェーン・ドウはヒスパニック系だと考えられていました。実は、GEDmatch にはヒスパニック系の情報が少ないのです。先住民の場合はほぼ記録がないのですが、背景にある物語はたくさんあるので、歴史書や他の家庭の家系図などを見ていく必要があります。このケースでは、チームが新聞記事を大量に精査し、先住民の女性で行方不明になっている人がいないか探しました。存在している情報が、正しいことを祈るようにして使わなければなりません。なぜなら、先住民に関する事件の場合、実際に書かれた歴史的な記録というよりは、語り継がれた物語がほとんどだからです」

　カーン郡のジェーン・ドウのＤＮＡは当初、GEDmatch 上に合致するＤＮＡが一切なかった。チームは二千時間以上の時間を費やして数百もの家系図を作成し、とうとう、一致するＤＮＡを見つけ出した。GEDmatch上に新たにアップロードされたＤＮＡが、ドウの又いとこの又いとこで、この二人が共通の曾祖父母を持つことがわかったのだ。このマッチは同時に、殺害された女性が、カナダのアルバータ州マスクワシスのサムソン・クリー・ネイションに祖先を持つ可能性を示唆していた。

ＤＤＰはソーシャルメディアを使って呼びかけを開始し、ボランティアのカール・コップルマンが描いたカーン郡のジェーン・ドウのデジタル似顔絵を添えた。反響は期待していたよりも早かった。呼びかけを開始してわずか十日後、カナダのアルバータ州に住むバイオレット・スーセイよりＤＤＰに電話がかかってきた。バイオレットはカールの描いた似顔絵をフェイスブックで見て、行方不明になっている叔母のシャーリー・アン・スーセイに似ていると思った。シャーリーは一九七九年に忽然と姿を消していたのだ。

バイオレットは失踪当時三十代だったシャーリーを、探し続けていた。カナダ中の墓地、病院、公園、バーを訪ね歩いた。シャーリーが友人を訪ねて行った可能性があると聞いたシアトルにまで、親類であるシャーリーを探しに行ったというのだ。

「四十年にもわたって、バイオレットは叔母を捜していたんです」と、トレイシーは言う。

「最後にシャーリーに会ったのは、一九七七年の葬儀のときだったそうです。バイオレットはシャーリーの母親（バイオレットの祖母）に、必ずシャーリーを探し出すと約束したんだそうです。シャーリーの母親は一九九一年に亡くなりましたが、バイオレットは叔母を探し続けました。カールの描いた似顔絵と私たちが公開した家系情報を見て、カーン郡のジェーン・ドウが彼女の叔母である可能性が高いと感じたそうです。バイオレットは自分のDNA情報をGEDmatchに登録しました。そして私たちが作業をはじめたんです」

バイオレットの予感は正しかった。二〇二一年四月に、DDPはカーン郡のジェーン・ドウは、死亡時三十五歳だったシャーリー・アン・スーセイだと発表した。彼女は遺伝学的系図を用いて身元が判明した初めての先住民となった。「カーン郡ジェーン・ドウ」としてカリフォルニアの墓地に埋葬されていたシャーリーは、アルバータに住む親族の元に帰された。シャーリーの葬儀の日、バイオレットは「叔母が家に戻ることが出来て安心した」と語った。彼女はAPTN（アボリジナル・ピープルズ・テレビジョン・ネットワーク）に「今日はなにより、安心しています。祖母との約束を果たすことができました。シャーリーを見つけ出し、家に連れ帰ることができました。これですべて終わりです。不安も、不確かなことも、もうありません。彼女は故郷へ戻ってきた、そして彼女のお墓を訪ねることができるのですから」

四十年に及ぶミステリーを解決できた気持ちをトレイシーに聞いてみると、彼女は首を少し横に振った。「いいえ、この事件は私が解決したなんて言えないですよ。もちろん、最初には調査もしましたが、主な役目は調査を導くことでした。クリー族の先祖を辿ったのは別のボランティアです。そしてもちろん、カールの素晴らしい似顔絵が極めて重要な役割を果たしましたね。それにしても、そうですね、チームとして最高の気分でした。シャーリーを家族の元に帰してあげることができたのですから」

合図があったかのように、ホリーが起き上がり、再びデスクの上に飛び乗った。カメラの前を通り過ぎる猫を見て、トレイシーは笑い転げた。ペットの突然の動きに彼女は初めて単独で解決した事件のことを思い出したようだった。「あの瞬間、ホリーが私にハイタッチしたんです」と、彼女は言う。「初めての事件解決がうれしくてたまらなかったんです。そのときもホリーはデスクの上にいたんです。私は手のひらを彼女の方に向け、『ねえ、ハイタッチしてよ、ホリー』って声をかけたんです。そうしたら、あの子ったら小さな前脚を上げて、私の手に軽く触れてくれました。偶然だったかもしれないけど、あの子がハイタッチしてくれたって私は思ってますよ」

「それは絶対にハイタッチですよ」と、私は断言した。

二〇〇四年にフェニックス郡のジェーン・ドウの事件を解決に導いた当時のトレイシーは、とある死亡記事を読んだのだという。三十五歳から五十歳の女性で、カーペットでぐるぐる巻きにされた状態で、フェニックス郡グレンデールの道路脇に遺棄されていた。遺体は白骨化していた。スポーツブラ、Tシャツ、青いジップアップジャケット、そしてチエックのフランネルのシャツを着用していた。メガネ、黒いプラスチックの時計とダイヤモンドのイヤリングも発見された。フェニックス警察署のスチュアート・ソマーシュー刑事がドウの骨から抽出したＤＮＡのサンプルをＤＤＰに提出したときには、事件は未解決のまま十五年も経過していた。

　データベース上のわずかなマッチから家系図を作成し、トレイシーは二〇一六年に七十九歳で病死したエリザベス・アン・ビブという名の女性の死亡記事を発見した。死亡記事には、彼女にはグレンデールに住むジンジャー・リン・ビブという名の娘がいるとあった。エリザベスについてはそれ以上の情報を掴むことができなかったが、ジンジャー・ビブの出生証明書に解決の糸口があるように見えた。ジンジャーは一九五八年五月生まれで、それはフェニックス郡のジェーン・ドウの年齢として違和感はない。そしてドウの遺体はグレンデールで発見されている。エリザベスの死亡証明書の情報と一致している。

「先祖を調べました。祖父母にはじまり、曾祖父母に到達し、そして子どものレベルになるまで辿り、組み立てていきます。そこでエリザベスの死亡記録にあった彼女の娘の名前を見つけたのです。私にとっては納得できる結果だったので、あとは直感を信じました」

　トレイシーはできるだけ冷静な声でチームリーダーに情報を伝えた。「この段階では、あまり自信満々にならないほうがいいんですよ」と、彼女は説明する。「オープンマインドな状態で取り組むのが一番なんです。難しいことですよ……だって、誰もが直感のようなものを持っているじゃないですか。でも、確証バイアスを持つべきではありません」

「うちのチームリーダーのカレンは、ドウがジンジャー・リン・ビブの可能性があるということに賛成してくれました。ということで、より多くのボランティアを集めて調査を先に進めました。ジンジャー・リン・ビブが生きている証拠を探しましたが、二〇〇四年以降にそれを見つけることが出来なかったんです。彼女には死亡証明書もありません。フェニックスのジェーン・ドウのＤＮＡに、それまでに一致はありませんでした。この時点では、ジンジャー・リン・ビブを可能性のある人物だと刑事に一報を入れる前に、彼女と両親の家系図とのリンクを確認しなければなりませんでした。彼女の母の死亡記事に彼女の名前を見つけてから、二日も経過せずにこの作業を開始したんです」

　トレイシーが指摘したように、次の段階には時間がかかった。一旦、ＤＤＰが発見した情報を刑事側に渡すと、刑事は家族に接触する前に独自の捜査を開始しなくてはならないからだ。「警察も、その人物が生きていた証拠を確認しなければなりません。ドウに関する情報をかき集めるのです。可能であれば歯科記録も探します。すべてが揃ったと思えて初めて、彼らは可能性のある人物の親戚に話を聞き、そしてＤＮＡサンプルの提出を求めるのです」。警察も、ジンジャー・リン・ビブが二〇〇四年以降生存していた証拠を見つけることができなかった。ＤＤＰの予測により確信を得ていた警察は、ジンジャーの父親にコンタクトし、ＤＮＡサンプルを提出してもらった。「マッチしました」と、トレイシーは言い、にっこりと笑った。「フェニックスのジェーン・ドウには名前があります。彼女の名前は、ジンジャー・リン・ビブです」

9　『猫いじめに断固NO!:虐待動画の犯人を追え』

二〇二二年六月四日　ベルリン　シュペートカウフ・カフェ　午前十一時五十四分

カディル・アンレイシュラは、「何か、見覚えがあるなぁ」と考えながら、インターネットカフェの窓越しに、サングラスをかけた人物を、目を細めるようにして見ていた。六月の日差しの下、その男はカール・マルクス通りを目的がありそうな様子で闊歩していた。姿勢は良かったがリラックスしていて、左腕をその歩みに合わせるようにして振っていた。男は自信ありげだった。オープンカフェのドアをすり抜け、サングラスを頭の上にずらし、カウンターにいたカフェ従業員のカディルに向かって歩いてきた。そして、ジーンズの前ポケットに両手を突っ込みながら、「ボンジュール、サー? インターネットはある?」と言った。若い表情からは想像もつかないような、深い声で、ゆっくりと話した。

男は二十代後半だろうとカディルは考えた。モデルのようなルックスの、礼儀正しい男性だと思った。少し上向きの鼻、形の良い唇、そしてシャープできちんと手入れされた眉毛。**「でも、少し変わった頬骨の形だなと思いました。そこに見覚えがあったんです」**。髪は淡黄褐色で短髪だった。そして化粧をしていた。カディルは微笑んで、カウンターに沿って歩いた。左側を指し示しながら階段を数段上がった場所にあるコンピュータへと案内した。「こちらですよ」と彼は言った。「インターネットのブースは三十六箇所あります。お見せしますね」。カディルは男性を25番ブースに案内し、男性は着席した。

一時間以上が経過した。ネットサーファーたちは、来ては立ち去ったが、25番ブースの男はそのまま滞在していた。理由はわからないが、カディルは彼のことを考えずにはいられなかった。頭のなかに質問がぐるぐると回っていた。**「あの顔……独特なんだよな。あいつ、来たことあったっけ？　それともどこかで会ったとか？」**その朝カディルが読んだ新聞記事が突然蘇り、カチッと思考にはまった。恐ろしい記憶。フラッシュバック。胸にはパニックが広がり、首筋にちくちくとした痛みが広がって、吐きそうになった。**「本当にあいつなのか？　そうだとしたら、なぜリスクを冒してここに来るんだ？　どうしたらいい？　ネットで何を探しているんだ？」**

動悸を感じながら、カディルはコンピュータ・ブースに近づくと、近くにあったゴミ箱と灰皿を片づけるふりをしはじめた。しかし、視線は25番ブースにいる男に集中していた。カディルは一瞬動きを止め、モニタに表示されている文字を横目で盗み見た。ブースにいる男は顔をモニタにくっつけて、国際手配中のモントリオールの人喰い殺人鬼ルカ・ロッコ・マグノッタに関するインターポールの警告文に見入っているように見えた。

プラスチックのこすれる音、二回のクリックで、新しいページが現れた。それは「警察がポルノスターを殺人ビデオ撮影の疑いで指名手配」というヘッドラインの下に、カナダ人逃亡犯の写真が掲載されたニュース記事だった。サブタイトルには「身体の一部が郵便で送られる」とある。クリック、クリック。同じ写真と「カナダ人のサイコがパリで目撃される」という文字。ニュースは続く。「遺体の一部を送った犯人ルカ・ロッコ・マグノッタ、インターポールの指名手配リストに加わる」。カディルは灰皿の中身をゴミ箱の中に入れると、震えながら数歩後ずさり、そして突然すべてを理解した。25番ブースにいるその男がルカ・ロッコ・マグノッタであると。カディルはゴミ箱を置き、静かに25番ブースから距離を取った。状況の深刻さに思わず圧倒されそうになる。最重要指名手配犯が、人喰い殺人鬼がこのカフェ内にいて、大勢の罪のない客にまぎれて自分自身のことをGoogle検索しているのである。他の利用者たちもニュースは読んでいるだろうし、彼らもマグノッタに気づくかもしれないとカディルは疑った。**「大丈夫だ。落ち着け。僕が気づいていることにマグノッタが感づいたら、暴力的になるかもしれないし、ナイフを出すかもしれない。まさかアイスピックか？　逃げ出すに違いないけど」**

カディルは階段まで進み、そして早足で店の入り口に向かうと、こっそりと肩越しに、

9　『猫いじめに断固NO!：虐待動画の犯人を追え』

一度、そして二度、振り返った。ドアから急いで出て、燦々と太陽光が降り注ぐ通りに出ると、なんと奇跡的に警察車両が近づいてくるところだった。カディルは通りに向かって走り、警察車両に向かって両手を激しく振った。車両は駐車し、中からマーク・リュージ警部補が飛び出してきた。後ろには八名の迷彩服を着込んだ士官訓練生が続いた。カディルは表情を明るくしたが、声は低く落としたまま、頭をカフェの開かれたドアに向かって少しだけねじった。「あなたたちが捜している人がいます。間違いありません」と、カディルは警部補に告げ、振り返り、胸の前で腕を組むと、落ちついた様子でリュージ警部補とチームをカフェ内部に案内した。

彼らは25番ブースまで階段を上がった。そのときもマグノッタは、自分が指名手配されているというニュースに没頭していた。右肩を叩かれ、名前を呼ばれるまでは。ドイツ語訛りの英語で「ルカ・マグノッタか？　身分証明書の提示をお願いします」。マグノッタは椅子に座ったまま身体をひねり、困惑した表情でリュージを見上げたが、スクリーンにはこちらをまっすぐ見つめる青い瞳の彼が表示されていた。「カーク・トラメルです」と、彼はナーバスな笑顔で答えた。「ニューヨークから来ました。友人を訪ねてここに来たんですよ」。訓練生に取り囲まれたマグノッタには、逃げ場がなかった。他のブースにいた客らが出てきては、騒ぎを興味深そうに見ていた。

「向こうに行って話をしましょう」と提案したのはリュージ警部補で、部屋の右の隅のほうに進んで行った。マグノッタは震えながら立ち上がったが、訓練生たちが並んで階段を塞ぐ中、警部補に従った。一旦部屋の角に行くと、リュージ警部補は再びマグノッタに身分証明書の提示を要求した。そして逃亡者の顔が汗にまみれていることに気づいた。両手は震えていて、マグノッタがとうとう返答した際の声はうわずっていた。

「私です」と彼は言った。「マグノッタは私です。あなたが捜しているのはこの私です」

手錠をかけられたマグノッタは抵抗もしなければ、文句も言わなかったが、早くカフェを出たいと訴えた。「マスコミが来る前に出たい」と言う。警察署に到着するまで、マグノッタは車両内で静かに座り、ニヤニヤと笑っていたそうだ。安堵したようにも見えたという。それとも、凶悪な犯罪を回想でもしていたのだろうか？　いずれにせよ、ルカ・ロッコ・マグノッタは、皮肉にも自らの飽くなきナルシズムにより逮捕された。彼は第一級殺人罪で起訴され、終身刑を言い渡されることになる。

殺人者がカディルのインターネット・カフェに立ち寄る六日前、マグノッタの恋人ジュン・リンの頭部のない胴体が、マグノッタの自宅横の路地に放置されたスーツケースの中から発見された。マグノッタの自宅は一九六〇年代に建設された低家賃のアパートで、モントリオールのスノウドン地区デカリ通り五七二〇にあった。管理人のマイク・ナドウが、ゴミ袋と一緒に捨てられていたスーツケースを見つけたが、鍵がかかっていることを不思議に思った。スーツケースを不審に思ったナドウはそれをこじ開けて、何に詰まった物を見て、ぎょっとした。スーツケースには何千匹ものウジ虫がうごめいていて、息が詰まるほど強い腐敗臭が漂っていた。ナドウはすぐにモントリオール警察に恐ろしいものを発見したと通報し、警察は殺人事件の捜査を開始した。

三日以内に、刑事らは被害者を三十三歳の中国人工学部生ジュン・リンだと断定した。ナドウが腐敗した胴体を発見した、まさにその日に、友人たちから行方不明と届け出されていた人物だった。防犯カメラには、二〇一二年五月二十四日、ジュンがマグノッタと一緒に建物内に入る様子が映っていた。気の毒なことに、ジュンには自分が死に向かっていることも、あるいは殺人者がその身の毛もよだつ殺人の様子を二〇八号室で撮影し、映像をほんの数時間後に猟奇的映像サイトに投稿することも、まったくわかっていなかった。「男とアイスピック」とタイトルがつけられた映像はすぐに拡散され、そしてルカ・マグノッタは国外に逃亡した。

マグノッタの国際手配が開始されると、ジュンの殺害事件のより一層ショッキングな証拠が映像に残っていることがわかった。後にジュンのものと鑑定された梱包された遺体の一部は、バンクーバーの二箇所の小学校に郵送された。そしてジュンの左脚がオタワの保守党本部に届いた。彼の左手は同じく郵便局で押収され、宛先は自由党になっていた。遺体はピンク色の薄葉紙に包まれていて、恐ろしいメモと詩がつけられていた。ピンクの紙に青いマーカーペンで書かれた殺人者からのメッセージは、「バラは赤い、スミレは青い。身元の特定には歯科治療記録が必要だ」とあった。

一方で、警察はマグノッタがエア・トランザット航空のパリ行きの便でモントリオールを去ったと発表した。映像にはマグノッタがシャルル・ド・ゴール空港の検問所を通過する様子が映し出されていた。その映像内で、マグノッタは顎まである長さのウィッグをかぶり、ミッキーマウスがプリントされたヴィンテージTシャツを着用していた。マグノッタの捜索はパリを中心として展開され、警察はマグノッタがパリにいると確信していた……カディルが彼に気づくまでは。

カディルの機転がなければ、ルカ・ロッコ・マグノッタ（本名エリック・ニューマン）は、今日においても逃亡中だったかもしれない。犯罪学の専門家は、逮捕されるまでマグノッタは殺人を繰り返した可能性が高いと分析している。しかしマグノッタがとうとう化けの皮を剥がされ、逮捕されたのは、動物を愛するインターネット探偵たちの活躍があったことも忘れてはならない。そしてそれは、猫を扱った不穏な映像が発見されたことが発端だった。

ショートフィルムの「ある少年と子猫二匹」が二〇一〇年十二月二十一日にYouTubeにアップロードされた。投稿者名はuonlywish500で、動画の冒頭シーンにはふわふわとしたかわいい猫が映し出されている。狭いベッドルームに、二匹のトラ猫が並んでいる。

銀色のベッドカバーには狼がデザインされていて、ジョン・レノンの『ハッピー・クリスマス（戦争は終った）』がバックグラウンドに流れている。カメラが動物を大写しにする。人間の手が映像に入り、猫をなでる。すると映像は、狼のベッドカバーの上で丸くなる子猫を遠くから映したものに変わる。横には、圧縮袋が置かれていた。

緑色のフードをかぶった男性が映像に映り込み、ベッドに手を伸ばして、子猫を持ち上げた。振り返る男性の表情が一瞬、見える。鼻が細く、唇には火のついていないタバコがくわえられ、フードから伸びたボサボサの前髪が目元を隠している。子猫を圧縮袋に入れる際に、プラスチックのパリパリとした音がして、その先に続く映像はインターネットを怒りと嫌悪の渦に巻き込んだ。

若い男性が圧縮袋にホースを入れると、ジョン・レノンの歌声が掃除機の吸引音にかき消される。無防備な動物は圧縮され、数秒の内に窒息した。一匹の子猫が圧縮袋から逃げようともがくが、失敗した。

この極悪非道の行いに驚愕した動物愛護活動家らは、謎の子猫殺しの犯人を捕まえるため、インターネット上での捜索を開始した。彼らによると、この犯人はインターネットの絶対的なルールを破ったという。それは「猫にだけは手を出すな（Don't Fxxk with Cats)」だった。「正義のためにバキューム・キラーを捜せ」と名付けられたフェイスブックのグループが立ち上げられ、怒りに震える世界中の人々が、猫を拷問した犯人を捜すというキャンペーンに賛同した。

インターネット探偵たちによる十八ヶ月にわたる捜査は、二〇一九年にNetflixのドキュメンタリーシリーズ『猫いじめに断固NO！：虐待動画の犯人を追え』として制作された。三時間を超えるエピソードで、筋金入りの二人のメンバーが紹介される。ラスベガスのディアナ・トンプソンと、ロサンゼルスの「ジョン・グリーン」（仮名）だ。

『猫いじめに断固NO！：虐待動画の犯人を追え』は、不隠な雰囲気を醸し出しつつも、手に汗握る展開となっている。オープニングには、データ・アナリストのディアナが、ランプの明かりが灯されたラスベガスの居間で話をしているシーンがある。彼女が話し出すと、耳障りな弦楽器の音が鳴りはじめる。彼女が語るインターネット上の醜悪なシーンが、次々と映し出される。誰かが転ぶコメディ映像、絵文字、シェアボタン、建物の爆破。

「インターネットの世界は無限。いわゆる、無法地帯よね。かわいい赤ちゃんや子どもの写真があふれる、幸せな世界が広がってる。中でも猫のコンテンツは特に人気があるわ」

「でもインターネットには別の世界もある。ポルノや暴力がはびこる無法地帯。人を突き落としたり、宗教像を破壊したりしてね。ストリートファイトや加工された自由の女神像まで。でも誰も気に留めない。誰も気にしない。でも、そんな無法地帯にもルールはある。誰もが知る暗黙のルール」。音楽は徐々に大きくなり、テンポが速まる。「いわば、ルールゼロ。そのルールゼロとは……」カメラが彼女の顔をクローズアップすると、ディアナは人差し指を四回、目の前に突き出しながら、言う。「Don’t. Fuck. With. Cats.（『猫いじめに断固ＮＯ！』）」

　ディアナのオンライン名はバウディ・ムーバンで、ビースティ・ボーイズの『ボディ・ムーヴィン』から着想を得た。彼女が初めて「ある少年と子猫二匹」に遭遇したのは、フェイスブックのフィードに映像へのリンクが出てきたときだった。愛猫家であり、「正真正銘のコンピュータおたく」の彼女は、YouTubeのリンクをクリックする自分を止めることが出来なかった。他の多くの人たちと同じく、彼女が期待していたのは子猫のかわいい姿がラップトップの画面に流れてくることだった。二〇一〇年十二月、恋人との関係が「かなり酷い感じで終わった」彼女にとって、それはまさに必要な映像だった。

「別れたことで、本当に落ち込んでいたの。だから、何かに没頭したかったというか……気を紛らわせたかったというか。辛い現実から逃避するためにね。そんなとき、フェイスブックを眺めていたら、ある投稿を見つけた。ひとつの動画を巡って大騒動が起こってたわ。だから、見てしまった」。ディアナは再生ボタンを押し、身を寄せ合う二匹の子猫を見て、わくわくしたという。「最初はかわいい動画だと思った」。しかし、映像が不吉な雰囲気を醸し出し、ディアナは思わず、映像を止めた。罪のない子猫たちが辿る運命を見届けることなんて、彼女には到底出来なかった。

　しかし、ドキュメンタリー内で、彼女は紫色のラップトップで映像をすべて観た。残酷なエンディングに近づくと、彼女の声が震えてくる。「掃除機のホースを圧縮袋に取り付けてるわ。空気を抜く部分にね。一匹の子猫がじゃれながら出ようとすると……」ディアナは泣きはじめる。「観てられない」。掃除機の音が鳴り続け、ディアナは映像を止めて涙を拭う。「最低な動画だわ。むごすぎる。猫が大好きなの。愛してるの。報いを受けるべきよ」

　ディアナはもちろんこの映像に恐怖を感じたが、その動画につけられたコメントにも衝撃を受けたという。「激怒していたのは私だけじゃなかったんです。この動画につけられたコメントには『このマザーファッカーを許さない』だとか、『こいつは誰だ？　殺してやる』なんてものがありました。本当に、激怒したメッセージが、次々と書かれていった。でも、それじゃあ、誰に通報するっていうんですか？　警察のどの部署に電話したらいいの？　どこで起きたのかもわからないっていうのに。この人物は、例えばシベリアなんかに住んでいる場合だってあるでしょ」

　辛辣な言葉が渦巻く中、ディアナは「正義のためにバキューム・キラーを捜せ」へのリンクを発見した。ディアナはそのグループに参加した。グループは恐ろしい映像を撮影した男の身元を暴くことに集中しているように思えた。とあるメンバーがディアナの興味を引いた。彼は「感情を抜きにした」「事実に忠実な」人だった。その人が、ジョン・グリーンと名乗っていたのだ。

9　『猫いじめに断固NO!：虐待動画の犯人を追え』

Netflixのドキュメンタリーでジョンは、子猫殺しの犯人を捜すという強い思いがわき上がったのは、犯人のプロフィールを見たときだったという。犯人であるuonlywish500は、スティーブン・スピルバーグが二〇〇二年に主演レオナルド・ディカプリオで制作した映画『キャッチ・ミー・イフ・ユー・キャン』のトレイラーを「高く評価」していたのだ。ディカプリオが演じていたのは、詐欺師のフランク・アバグネイルだった。

「一体どれほど非道な人間であれば、圧縮袋に子猫を入れようと思い立つ?」と、ジョンはドキュメンタリーのなかで証言する。「プロフィールを見ると、彼が高く評価した動画はある映画のものだった。『キャッチ・ミー・イフ・ユー・キャン』だ。**捕まえられるものなら、捕まえてみろ、見つけられるわけねえよな、ハハハ、ファックユー**という、男からのメッセージだ。だから、**犯人が追跡ゲームを望むなら、受けて立とうと思った**」

　ディアナは映像に登場する男の身元を割り出すためのアイデアをジョンに伝えた。「フェイスブックのグループは犯人を見つけ出そうとしていて、私にはそれがとても不思議だった。顔を知らない人を捜すのは無理。でも、部屋にあるものを手がかりに男の居場所を突き止めることはできるんですよ」と彼女は言う。

　ということで、ディアナとジョンは他のメンバーと協力しながら、「ある少年と子猫二匹」映像の科学捜査に着手した。ジョンは映像が撮影された寝室の「模式図」を作成した。彼は部屋の大きさを三メートル五センチ×二メートル四十四センチの広さと推定した。コンピュータによる空中描画では、部屋の中央にベッドがあり、ベッドの端が部屋の左側の壁に接触していた。ベッドの右側に隣接しているのは椅子で、寝室のドアの前にあった。右側の壁には冷蔵庫、ベッドの左側に置かれたテーブルにはテレビと置物がごちゃごちゃと並べられていた。図面には、ベッドの足元の壁際にごみ箱が置かれている様子も描かれていた。

インターネット探偵たちは部屋のなかに置かれた物も調査しはじめた。照明器具、コンセント、ドアノブ、そして家具類だ。狼のベッドカバーは特徴的だった。「この狼のベッドカバーは趣味が悪い上にすごく珍しいものだった」と、ディアナはドキュメンタリーのなかで回想している。彼女はeBayでそのベッドカバーが販売されていることを突き止めた。北米の会社によって製作され、たった一枚しか売れていないことがわかった。残念ながら、ベッドカバーを購入した人物の顧客情報はもらえなかったし、そのベッドカバーは海外に発送されていた。それは、購入した人物が「この地球上のどこかにいる」という意味だ。寝室のドアノブについての調査をするため、ディアナは「リトアニアから輸入されたドアノブを十六時間探し続けた」という。

映像に使われた音声を調べると、ロシアに繋がる手がかりを掴むことができた。ジョンとディアナは『ハッピー・クリスマス（戦争は終った）』の歌詞以外に、もう一人の人物の声を聞き取ったのだ。それは、子猫たちが窒息させられている間、別の人物が部屋にいたという意味だろうか？　声の主は東欧圏の訛りがあるように聞こえた。ニッシー・パンクと名乗るウクライナ人インターネット探偵が、ロシア訛りではないかと気づき、数週間にわたる追加調査の結果、グループはその声の主を突き止めた。その声はロシアのメロドラマに出演している俳優のものだった。チームは特定のエピソードの、そのせりふまで突き止めたのだ。映像の男は、身元の特定を遅らせるために、二つ目の音声をかぶせたのだろうか？「この時点で、**『こいつはゲームを楽しんでいる、俺たちを惑わせようとしている』**と気づきました」とジョンは言う。

根気強い努力で、長い時間と眠れぬ夜をインターネット上で過ごしたものの……市民探偵たちによって発見されたすべてのヒントは手詰まりとなり、調査は暗礁に乗り上げた。そのうえ、パズルにはもうひとつの恐ろしい出来事が待ち構えていた。

二〇一一年初頭、子猫殺しはインターネット上に二本目の動画を投稿した。この動画により、緑のフードの男と視聴者は、男が子猫を殺害した寝室で再会することになった。カメラは狼のベッドカバーをアップにし、尿のような色をした壁を映し、回転しながら左側に落ちていく。そしてフードをかぶった人物が登場する。男は殺した子猫を弄び、固くなったその体を狼のベッドカバーに並べていく。ジョン・レノンの『イマジン』が流れていた。

さらに腹立たしかったのは、映像へのリンクがフェイスブックのグループページに直接投稿されたことだった。子猫殺しの犯人はフェイスブックのグループに潜入していたのだ。リンクはジョン・スミスという人物によって投稿されていた。フェイクアカウント、あるいはディアナが表現するように「自作自演アカウント（sock puppet account）」であることは、すぐにわかった。「自作自演アカウントは、通常とてもわかりやすいんです。ありふれた名前を使って、ありふれた写真を使用しています。何か投稿したら、さっとアカウントを削除するんです」

ディアナはリンクをクリックして、戦慄した。二匹の死んだ子猫を抱きながらベッドでくつろぐ、猫殺し犯の顔写真が表示されたのだ。写真の顔をぼかしてはいたが、彼の正体を暴こうとしているフェイスブックグループに、意図的に投稿したというわけだ。「これは重要なことでした」と、ディアナは言う。「この男がどんな野郎なのか、ヒントをもらったようなものです。もしかして、追いかけられたいの？『お前たち、バカなの？　骨を投げてやるから、どうやってかじるか少し見ててやるよ』と言っているようなものなのです。でも、この投稿が意味するもうひとつのこと、それはこの男が調査を追っているということ。そして、男が使っていたもうひとつのアカウントはどれだったのか？」

二本目の動画が投稿されたあと、正義を求めるグループのメンバーの一部が身の安全を危惧しはじめた。しかし恐怖を抱えることになったにもかかわらず、インターネット探偵たちは調査を続けた。グループに猫殺しが潜入していたという事実が、男を見つけるとい

9　『猫いじめに断固NO!：虐待動画の犯人を追え』

う彼らの決意に火をつけた。

マイア・S・アブドルハリム・アミーナ・ゲレーロという偽名を使っているメンバーの一人は、テキストメッセージを経由して当時のことを教えてくれた。深刻な病気を抱えているため、直接話をすることが出来なかった。彼女はグループのメンバーが共有していた恐れは、動物を殺害した犯人が、「次は人間を殺害する」というものだったと証言した。

「私はただのグループの一員で、あれはチームとしての努力でした」とマイアは強調した。

「私たちは異なる才能、知識、能力を持った平等なチームで、共通の目標を達成するために協力しあっていたのです」

今現在七十五歳のマイアは、八〇年代に大学で法の執行について学んだという。彼女は

「あのグループが結成されたそもそもの理由は、深い動物愛護の精神のもと、すべての動物虐待者に対して正義の裁きを下すという使命感だったんです。これが猫殺しの犯人を追いかけるきっかけになった。恐ろしかったのは、私たちが彼を追いかけている間、彼がずっと私たちを追いかけていたことでした。そして、私たちを愚弄していたのです。まるで男を称賛する崇拝者たちへの贈り物とでもいうかのように。私たちの多くが、自分や家族を守るために偽名を使っていました。しかし、猫殺しの犯人を捕まえ、ふたたび殺す前に彼の自由を奪う必要があったんです。なぜなら、私たち全員が、近い将来、男がエスカレートして人間を殺すとわかっていましたから」

ジョン・スミスが二本目の動画を投稿したことをきっかけに、フェイスブックグループはさらに努力を重ねた。二本目の動画で役に立ったのは、部屋のなかに映る物が増えたことだった。ジョン・グリーンは動画のフレーム「動画のもとになる静止画像の一コマ一コマのこと」をすべてダウンロードした。「何千枚もですよ」。一枚残らず確認し、隅々まで調べるためだ。動画と静止画を繰り返し見ることで、新しい発見もあった。

「私たちは激怒してましたから」と、ディアナは言う。「動画のなかで、すべての物がとても速く動いているのですが、すべてのフレームに集中することが出来るようになったんです」。とあるフレーム内に、狼のベッドカバーの中にタバコの箱があるのをディアナが見つけた。画像を拡大してみると、マルボロライトの箱の横に印刷された、「公衆衛生局長官」からの健康被害警告が見えた。とうとう、突破口が開かれたのだ。これは、タバコが北米で購入されたことを意味する。「大きな証拠でした。この人物はタバコを購入して、飛行機に乗ってパリやベルリンに行ったかもしれない。でも、それが北米のタバコだとわかったんです」

その発見に有頂天になったディアナは、とても有益なもう一つの証拠を発見するまで、静止画像をくまなく見ていった。それは、はっきりと映った凶器だった。黄色い掃除機がごみ箱の横のサーモン色のカーペットの上に置いてあったのだ。ディアナはインターネット上にある掃除機の修理フォーラムにその画像を投稿し、「どなたか、この掃除機をご存

9　『猫いじめに断固NO!：虐待動画の犯人を追え』

じないでしょうか?」と尋ねた。数秒後に、誰かが「Kenmore 721.26082」というモデルだと返答してくれた。北米でのみ販売されている掃除機だった。

「この動画を作成した男が誰であろうと、メキシコ、アメリカ、そしてカナダ内を探せばいいということがわかったんです」

しかし、インターネット探偵たちが事件の進展を確信していたときに、徹底した動物愛護団体であるRescue Inkが介入し、猫殺しの犯人の身元に繋がる情報に五千ドルの報奨金を提示した。Rescue Inkはニューヨーク州ロングアイランドに本拠地を持つ、タトゥの入ったバイク乗りのチームで、動物に対する虐待行為と闘っている。ジョー・パンズ・パンザレーラがリーダーで、組織の仕事を「動物虐待とネグレクトに対して大胆なアプローチを取る」と説明する。「深刻な状況から動物を救うためには、法律ぎりぎりのことをしてでも必要なことはやる」と、Netflixのドキュメンタリーでも語っている。

報奨金で注目を集めたことを喜ぶ一方で、グループには新しいメンバーが大挙して押し寄せ、役に立たない情報を投稿しはじめた。ＣＧＩの「専門家」が、犯人の顔の印象を投稿した。「ある少年と子猫二匹」に登場している男に似ている無実の人のプロフィールを書き込む人も現れた。「この男かも!」というメッセージがつけられていた。そのような投稿がされたらグループの管理者たちがすぐに削除していたが、Rescue Inkのフェイスブックページに押し寄せる何千というメッセージのほうは管理することができなかった。

二〇一一年一月八日、ジャムジー・クラムサロット・インヒサースというメンバーがRescue Ink の報奨金サイトに投稿した。「子猫を踏みつけ、動画にしています」とあった。この男のプロフィール写真には二十代の男性の横顔が映っていた。顎まである黄褐色の髪、サンタの帽子の縁から前髪を垂らしている。男は猫殺しの犯人に似ているというだけではなく、子猫がケージの中で焼け死ぬ動画の投稿をしていた。「ジャムジーがあの男の可能性が高い」と考えたパンザレーラは、女性のメンバーにメッセージを書いてくれるよう頼んだ。二人によるフェイスブック経由の連絡は続き、数回の連絡のあと、女性がジャムジーに「あなたが『ある少年と子猫二匹』を撮影した人物なの？」と聞いた。ジャムジーは即座に「そうさ、俺は子猫を殺してるよ（笑）」と返してきた。

　このやりとりはグループの残りのメンバーに公開された。Rescue Ink のページには花火が打ち上がるお祝いの動画が掲載された。大騒ぎがはじまった。「誰かが男を捜し出して、子猫と同じ目に遭わせてほしい。この野郎」と、とあるメンバーが書いた。

　Rescue Ink はジャムジーが動画の背後にいると確信した。しかし正義を下すと誓ったグループが証拠を求めた。そこで彼らはジャムジーのプロフィール写真に戻り、「TinEye Reverse Image」に写真をアップロードした。それは写真の出所を発見するためのサーチエンジンだ。この検索でオリジナルの写真はゲイ専用ポルノサイトである「19 nitten」に辿りついた。ホームページでは「19 nitten は、十八歳以上のキュートな男の子たちのオ

9 『猫いじめに断固NO!：虐待動画の犯人を追え』

リジナル写真を掲載する老舗ゲイサイトです。すべての写真は我々の写真撮影チームによって撮影され、このサイトでのみ使用されています」と謳っていた。

「写真を延々とスクロールしましたよ」と、ディアナは言う。「はい次、次、次……ってね。そしたら、出てきたのよ」。若い男性の写真が並ぶギャラリーに、金を見つけ出したのだ。「マルクス」と「ジョエル」に挟まれた場所に、ジャムジーのプロフィール写真があった。サンタの帽子はかぶっていなかった。彼のポルノネームはティミーだった。もちろん、ジャムジーは自分自身の写真をプロフィールとして使用していなかったのだ。

「ジャムジーがその写真を流用して、サンタの帽子を加えていたことがわかりました」とディアナは説明した。「正義のためにバキューム・キラーを捜せ」グループからの「この男性は犯人でないかもしれない」という警告にもかかわらず、Rescue Ink のフェイスブックのグループは彼を追いかけた。ジャムジーのページに押しかけ、脅迫をした。「聞け、このクソ野郎。せいぜい気をつけるんだな」と、とあるユーザーが書いた。威嚇は続いた。

「正体を知っているぞ」

「どこにいるか知っているぞ」

「震えて待て、坊や」

「今から行くから待っていろ」

「正義のためにバキューム・キラーを捜せ」グループのメンバーはジャムジーが南アフリカにいることを突き止めた。彼は猫殺しの犯人ではなかったが、エデュアルド・ルイ・ジョーダンという名のネット荒らしだということが判明した。Rescue Ink のフェイスブックのグループメンバーからの攻撃がはじまると、エデュアルドは自ら命を絶った。「数ヶ月後、エデュアルドが鬱病だったことを知りました。鬱状態から抜けだそうとして、インターネットで気晴らしをしていたようです。彼が自殺した原因が魔女狩りによるものかどうかは、誰にもわかりません。私もはっきりしたことは言えませんが、コンピュータの向こう側にいる人物が、どんな心理的問題を抱えている人なのかはわからないので、気をつけなければいけないんです」

ジャムジーに対する誹謗中傷が行われているなか、「正義のためにバキューム・キラーを捜せ」グループのメンバーであるニース・パンクスの受信トレイにメッセージが届いた。それは別のなりすましアカウントの持ち主、ビバリー・ケントからだった。「あんたが捜している人物は、ルカ・マグノッタよ」と彼女は宣言した。

ビバリーのその暴露はグループを困惑させつつも、彼らに興味を抱かせた。ジャムジーの一件のあと、メンバーは当然のように懐疑的になっていた。別のなりすましのフェイクだろうか？　勇敢な探偵たちがそれを確かめる方法はただひとつだった。

9　『猫いじめに断固NO!：虐待動画の犯人を追え』

「ルカ・マグノッタ」という名前がGoogleに繰り返し入力され、検索された。何百もの検索結果がコンピュータのスクリーンに表示された。結果は驚くべきものだった。ほとんど、信じがたいものだった。マグノッタはインターネット上の至る所に存在したのだ。ニューオーダーの『トゥルー・フェイス』に合わせたルカ・マグノッタの写真のスライドショーがYouTubeで紹介されていた。このモンタージュは現在でもインターネット上に存在しており、リップグロスを塗っている彫像のような顔をした若い男性を見ることができる。細い鼻と長い前髪は間違えようがない。一連の写真の中で、マグノッタは様々な衣装を着てポーズを取っている。赤いノースリーブのフーディーを着た彼は不機嫌そうな表情をし、小さなトランクスを履いて、寝そべり、日光浴をしている。多くの写真のなかで、マグノッタは上半身裸の姿だ。彼はジェームス・ディーンを真似し、バイカージャケットの襟を立て、ハリウッドの俳優を気取っている。

　調査を進めると、マグノッタの生活を紹介するより多くの写真を集めたファンサイトがあることがわかった。彼の生活とは、シャンパンを飲みながらジェット機で各地を飛び回るようなライフスタイルだった。バミューダのビーチにいるマグノッタはクモザルの赤ちゃんを抱き、太陽に目を細めていた。マグノッタがロシアの赤の広場にいる写真もあった。ローマのトレビの泉を背景に、黒い帽子とサングラスをかけたマグノッタの写真まであった。ニューヨークのタイムズスクエアにいたかと思えば、パリのエッフェル塔にも現れた。

マグノッタがリムジンに乗っている写真、シマウマ柄のラグでくつろぐ写真。媚びたファンのコメントでマグノッタは、「ホット」、「美しい」、「セクシー」、「ハンサム」ともてはやされていた。

　こういったファンサイトのメッセージボードには、たくさんの噂話が書き込まれていた。マグノッタがモデルで、リバー・フェニックスの「長い間行方不明だったいとこ」という奇妙な話もあった。「ルカ・マグノッタはマドンナと付き合っている」とも噂されていた。どれも辻褄が合わない話だった。ルカ・マグノッタなんて名前は、今の今まで誰も聞いたことがなかったのだ。

　しかし、彼の見た目には確かに既視感があった。骨格と髪型は、あの子猫殺しの男性に似ていた。『猫いじめに断固ＮＯ！』で、ディアナは「警鐘を鳴らす」ことにどれだけ慎重になっていたか回想している。「間違った人たちを責めてしまったというグループの過去があるから、この人物が誰なのかをグループの人間と話し合うことに躊躇していたんです」。慎重すぎるぐらい慎重になった彼女とジョンは、非公開のフェイスブックグループ「Luka_Intel」を作成した。そして「正義のためにバキューム・キラーを捜せ」グループのメンバーで信頼出来る人物を選んで招待した。

　名前はわかったが、マグノッタがどこにいるのかわからないので、インターネット探偵たちは再び振り出しに戻ったと言えた。インターネットは新たな手かがりを提供してくれ

9　『猫いじめに断固NO!：虐待動画の犯人を追え』

た。マグノッタはカナダのＬＧＢＴチャンネル「ＯＵＴｔｖ」のリアリティー番組のオーディションを受けていたことがわかったのだ。彼の様子はYouTubeに残されていた。二〇〇七年に公開された『カバー・ガイ』という番組は、最高の男性下着モデルを捜すことを目的に制作された。マグノッタはそのチャンスを魅力的に感じ、映像のなかで、審査員の前に男性グループのメンバーのような金髪のショートカットで現れた。北米訛りで話した。とうとう、探偵たちはマグノッタの顔に彼の声をかぶせることができたのだ。

映像のなかでマグノッタは傲慢で自信満々だった。審査員がシャツを脱ぐようにマグノッタに頼んだあとで、彼の「低い声」についてコメントした。するとマグノッタはゆっくりとシャツを脱ぎ、「僕の声はとても深いんですよ。実際のところ、みんなそう言いますね」と答えた。

二人目の審査員が「どうやってそんな低い声を出すんですか？」と聞くと、マグノッタはシャツを肩にかけつつ、喉の辺りを指し示した。「この低い声ですか？　習うより慣れろ、でしょ？」。彼はそう言い、自惚れたような薄っぺらな笑顔を見せて、舌を突き出した。「みんなが僕をとんでもなくハンサムだって言うんですよ」と続けた。審査員たちは感心はしていたが、もっと逞しい体を求めていると言った。「来年、番組に戻ってきてほしい。タイプブレークだよ」と、審査員は言った。マグノッタの笑顔は、彼が首に巻いた金の鎖と同じぐらい、輝いていた。

ディアナは考えた。「子猫を圧縮袋に入れて、窒息するまで掃除機で吸って撮影するなんて、この男に本当に出来るのだろうか？　動画を見ながら、**『まさか、この男じゃないわ』**って思ったんです。そのとき、ジョン・グリーンからメッセージが届きました。世界各地で撮影されたマグノッタの写真を細かく見ていき、画像に辻褄が全く合わないことがあると気づいたということでした」

「ルカの写真を見ていくと、あるパターンが見えてくる」と彼は言った。「**ちょっと待て、この体と顔は合ってないんじゃないか**って思ったんだ。すると、線が見えてくる。編集されている、あるいはしっかりと並んでいないことがわかってくる」。マグノッタはインターネット上で見つけた無作為の人たちの体に、自分の顔の画像を重ね合わせていた。そのうえ、インターネット探偵たちがマグノッタのファンサイトを詳しく調べてみると（ファンサイトは合計四十程度あった）、すべて彼によるねつ造に違いないということがわかったのだ。ファンの熱烈なコメントは、どのファンサイトにも同じように書き込まれていた。

　フォーラムにはより多くの噂が書き込まれた。二〇〇七年にトロント・サン紙のジャーナリスト、ジョー・ワーミントンによって書かれた記事についてのものもあった。ジョーがとある日の夕方、仕事帰りにラジオを聞いていると、マグノッタの取り乱した声が人気のラジオ番組から聞こえてきたという。マグノッタはラジオ局に電話をかけ、カナダ人シリアルキラーのカーラ・ホモルカと交際していたという噂を強く否定していたのだ。三人

9　『猫いじめに断固NO!：虐待動画の犯人を追え』

の十代の女性（ホモルカの実の妹であるタミーを含む）を強姦し、殺害した夫、ポール・バーナードの共犯者がホモルカだった。風貌が似ていることと、裕福な生活を送っていたことから、メディアは二人をバービーとケンの殺人鬼と呼んだ。

「彼（マグノッタ）は、カール・ホモルカとロマンチックな関係にあったと見られていることに腹を立てていました」と、ジョーは私に教えてくれた。「僕はホモルカとバーナードの事件を担当していました。ホモルカはカナダ史上最も残虐な女性として知られています。幸運なことに、電話をしてきた人物は自分の名前を言いました。ルカ・マグノッタとね。だから、僕は書き残したんです。家に戻って、彼の名前をGoogleで検索した。彼に関するインターネット上の情報は多かった。マグノッタについて調べ、彼にメールを送りました。すると、突然、僕に電話を寄こしたんです。どこかで会いたいってね。どこの場所だったかは思い出せませんが……でもなんとなく嫌な感じがして、サン社のニュース室に来てくれと頼み、彼は納得しました。全てを知った今となっては、彼とオフィスで会うというのは正しい選択だったと思います」

「ルカ・マグノッタがニュース室に入って来たときは、自分の目が信じられませんでしたよ。あの男は、ポール・バーナードに瓜二つなんです。ブリーチした金髪のショートカットで、バーナードそっくりでした」

インターネット探偵たちにとって幸運だったのは、二〇〇七年に行ったマグノッタのインタビューをジョーが撮影してくれていたことで、映像はインターネットバージョンの記事に含まれていて『ホモルカ、モデルの人生を台無しに』という見出しがつけられていた。インタビューの最中に、マグノッタはジョーに、ホモルカとの噂により、モデルとしてのキャリアが「下り坂にさしかかってしまった」と訴えた。彼は「記録を正したい」とし、「僕と彼女は完全に無関係だ」と強調した。マグノッタは自分の人生が制御不能なほど下降線を辿っていると主張した。「殺害予告まであるんです」と、彼はインタビューの途中で告白した。「落ち込んでいます。評判ががた落ちですから」
「彼のことが本当に心配になりましたよ」と、ジョーは回想する。「精神的な問題を抱えているのではないかと思いました。当時は、この男性を助けてあげようという内容でコラムを書いたんです」

　インタビュー映像を見終わったディアナは、ホモルカの話もまた、マグノッタの歪んだ想像による産物ではないかと疑った。悪評を得ようとして、マグノッタは噂を自ら広めたのではないか？　「だって、シリアルキラーと関係を持ちたいなんて、思います？」と彼女は言った。「名声のため？　絶対にそうよ。彼の動機をよくよく考えてみたのよ……すべて、注目と名声を得るため。そうなるってわかっていたのよ。そして、結果としてそれを得た」。グループはマグノッタの心理をより一層深く知ることで、彼が子猫殺しの犯人だと確信していった。

9　『猫いじめに断固NO!：虐待動画の犯人を追え』

YouTubeのスライドショーとリアリティー・ショーのオーディション、七十以上のなりすましアカウントが存在するという、マグノッタの自尊心たっぷりのインターネット上の存在感にもかかわらず、Luka_Intelグループは依然として彼がどこに住んでいるのか見当もつかなかった。ジョー・ワーミントンのインタビューは二〇〇七年にトロントで行われたが、それ以降は世界中のどこに引っ越していても不思議はない。

Luka_Intelグループは、なんとしてでも彼の居場所を見つけ出そうと決意した。昼間は仕事をしながら、夜を徹して作業をし、市民探偵たちはマグノッタの写真を精査し、彼がどこかにデジタルな足跡を残していないかと探し続けた。幸運なことに、彼は足跡を残していたのだ。

マグノッタがインターネット上にばらまいた数千枚もの写真のなかに、彼がアパートの三階か四階のバルコニーに立っているものがあった。この写真のなかで、マグノッタは茶色い短髪で、マジックペンで書いたような太くて濃い眉毛をしていた。白いダウンジャケットを着込み、レンズを見つめている彼の表情は陰鬱で、顔にはちらつく雪がくっついていた。この写真は加工されていなかった。今回、インターネット探偵たちは、マグノッタの背景の雪景色に手がかりを見つけたのだ。バルコニーの向こうには、交差点にある住居と、通りの角にガソリンスタンドが見えていた。カナダの楓の赤い葉がシンボルとして使われた看板は、そこがペトロカナダのガレージだとジョンに教えてくれた。ガソリンスタンドの向こう側には、アパートが見えた。灰色の建物で、二十階建てのようだった。

「そこで僕がまずやったのは、Google マップを見ることだった」と、ジョンは言う。「ペトロカナダのガソリンスタンドは数百箇所あるんですよ。そこから絞り込みを行ったんです。ルカが、パパラッチに迷惑している、『カナダのエトビコにあるコンドミニアムの外で写真を撮影された』とブログに書いていたことを思いだしたんです。ふーん、興味深いねえ……エトビコ。それってどこなんだろうってね」

「エトビコとはトロントの西に位置する地区で、三十六万五千人ほどの住民が暮らしている。緑豊かな土地が広がり、ペトロカナダのガソリンスタンドは六箇所」だとジョンは調べた。そこでジョンはGoogle マップに戻り、ガソリンスタンドの場所を示す赤い旗をクリックし、ストリートビューを確認した。三回目のクリックでジョンは交差点の角に辿りついた。灰色のセメントのアパートが、ペトロカナダのガソリンスタンドの上にそびえ立つように建っていた。


　次にやったことを説明するジョンの声からは興奮が伝わってくる。彼はドキュメンタリーのなかでパントマイムを披露する。想像上のマウスを握り、ゆっくりと手を左に動かし、弧を描くように空中に放つ。「カーソルでストリートビューを百八十度回転させて……ルカが写真のなかで見ているように、アパートを真正面から見たんです。さあ、クソ野郎の居場所を見つけたぞ」。ジョンが見ていた住所は、エトビコ、ミルロード三〇四番地だっ

9 『猫いじめに断固NO!：虐待動画の犯人を追え』

た。

　ジョンはこの最大の発見をトロント警察に報告した。最初は疑っていた警察だったが、彼の訴えを捜査した。警察官がミルロードにあるマグノッタが写真に映ったアパートに向かったが、彼がそこに住んでいる様子はなかった。「ドアをノックしたそうです。住人が応えて、確かにルカ・マグノッタという人物は住んでいたが、すでにロシアに引っ越したということがわかったのです」

　その瞬間に、アマチュアの探偵たちの捜査は暗礁に乗り上げたと思われた。何週間も、何ヶ月も経過していった。マグノッタはレーダーから姿を消したのだ。写真や動画の投稿も辞めてしまった。Luka_Intelグループの活動も、失望したメンバーが次のケースを追い求めて去って行くことで収束に向かったように思われた。しかしディアナにとって、そしてジョンと数人の献身的な探偵たちにとって、子猫殺しの動画の背後にいるサディストの捜索は、まだまだ終わっていなかったのだ。

10

ルカ・マグノッタの仮面を剝ぐ

二〇一一年十二月二日、「bathtime LOL」というタイトルの動画がFlixという名前のサイトで再生された。内容は最悪の部類の動物虐待行為だった。視聴者は、男がモップの先にビニールテープで固定され、呆然とした状態の子猫を、湯をたっぷり張った浴槽の中に沈める様子を恐怖に震えながら見守ることになった。世界中の視聴者は、水に沈められ、死を間近に迎える生き物の顔のアップを見せられ、心を打ち砕かれた。子猫の小さな頭と耳は震え、両目は恐怖で見開かれ、輝いていた。「私が今まで見たなかで、最悪の動画だったと思うわ」と、ディアナは回想する。「子猫の顔に浮かんだ絶望感……説明するのが難しい。忘れることが出来ない」

同日、別の動画「Python Christmas（パイソンのクリスマス）」がアップロードされた。「私のリアクションとしては、**『いいわ、二本目が来たのね』**というものだった。同じようなものではないけれども、9・11のときのような心情だったわ。いつ次の飛行機がビルを爆破するんだろうって……**『次は何が来たの？　私たちは攻撃に晒されている』**って感じ」

　ぼやけた映像には、サンタの格好をした男性が子猫と遊んでいる姿が映し出される。サウンドトラックは『リトル・ドラマー・ボーイ』だった。サンタは画面から姿を消し、ベッドの上の子猫の横に帽子を置く。次の場面では、枕の下から大きなニシキヘビが現れて、子猫を丸呑みにする。

　再び、「正義のためにバキューム・キラーを捜せ」のページが活気づいた。多くのメンバーが最新映像のなかの犯人とマグノッタの類似性を指摘した。一方、ディアナは新たななりすましアカウントが発表した、「パイソンのクリスマス」の出所を調べた。ユーザーは若い女性の白黒写真をプロフィールに使用しており、レズリー・アン・ダウニーと名乗っていた。ディアナは名前と顔をすぐに思い出した。微笑む少女レズリー・アン・ダウニーは、ムーアズ殺人事件のイアン・ブレイディとマイラ・ヒンドリーの最年少犠牲者だった。ディアナは、悪魔のようなカップルの毒牙にかかったレズリーの最期の様子を詳細に知らせる記事をインターネット上に発見した。ブレイディとヒンドリーの裁判で、陪審員は、『リトル・ドラマー・ボーイ』が流れるなか、レズリーが命乞いをする様子（録音）を聞いた。

「前兆は大いにありました」と、ディアナは付け加える。「ルカのシリアルキラーへの憧れを示す二つ目の兆候となりました。憂慮すべき事態だと言えました」

最新の子猫殺しのニュースはあっという間に広がり、世界中の新聞の見出しに登場する事態となった。ロンドンでは、サン紙が「ニシキヘビに子猫を食べさせた男を捕まえろ」というタイトルで記事を掲載した。掲載後、編集部はメッセージを受信した。それには、「あなたたちが捜している人物は現在、ロンドン滞在中。彼の名前はルカ・マグノッタで、フューザリア・インに宿泊している」とあった。「正義のためにバキューム・キラーを捜せ」のメンバーと交流があったサンの記者が、マグノッタと面会する手はずを整え、ウェンブリーにある一泊四十ポンドの薄汚れた寝室での会話を秘密裏に録音した。ロンドンで何をしているかと尋ねられると、マグノッタは四年前に記者のワーミントンに対して口にした嘘を繰り返した。「嫌がらせを受けているから。記事のおかげで、殺害予告まである」と言った。

男性記者は「パイソンのクリスマス」に映る、男性の静止画像をマグノッタに見せた。

「これはあなたですよね」と記者は言った。「あなたにそっくりですよ」。マグノッタはサンタの格好をした男が自分であることを否定し、「みんな、フォトショップが上手ですよね？　僕が罠に嵌められたのは明らかだ」と言った。

記者は部屋を出たが、マグノッタの次の行動が気になり、写真家の同僚とともにホテルの駐車場にしばらく待機した。二十分後、二人の私服警官が到着し、マグノッタをタクシーで連れ去った。記者は知らなかったが、ホテルの支配人がメトロポリタン警察に電話し、マグノッタを追い出していた。マグノッタが次に向かった場所は誰にもわからなかったが、フューザリアから追い出されて二日後、記者のもとに二通目のメールが届き、その内容にはマグノッタが行う可能性のある最悪のこと、まだ明らかにはなっていない状況が起きたこと、インターネット探偵たちが抱いていた最悪の状況に関するヒントが含まれていた。

　そのメールには、「今はお別れのときだ。でも心配しなくていい。近い将来、また連絡をする。今回は残念ながら、犠牲になるのは小さな動物じゃない。録画する予定の動画を送ることにしよう。殺人は喫煙とはレベルが違うとお前らもわかるだろう……喫煙はやめることが出来る。でも、一度殺しを覚えたら、味をしめちまったら、ノンストップだ」

「何が最高か教えてやろう。俺を捕まえられないから、何百万人もの人々が怒り、フラストレーションを溜める。それが楽しくてたまらない。リスクが最高。お前らが必死にがんばって証拠を集め、俺の名前すらわからず、捕まえられない。楽しくてたまらない。俺は常に勝つ。俺は常に切り札を持っているし、動画の撮影は続けていく……次に会うときは、俺がプロデュースしている映画の中だ。そこには人間が出演するよ。プシーキャットだけじゃなくてね。お前らと遊ぶことができて楽しかったよ。メリー・クリスマス＆ハッピー・ニューイヤー。俺は楽しい年末を過ごすよ。完全に逃げてやる。天才だ。ジョン・キルブライド」

ジョン・キルブライドは、ムーアズ殺人事件の被害者の一人だ。この不快で冗長なメッセージがマグノッタから送られたものではないかと疑ったサン紙は、このメールの内容を「正義のためにバキューム・キラーを捜せ」メンバーとシェアした。そして、再び警察に通報を行った。しかしながら、ロンドン警視庁は、彼が直接的に殺害予告をしていないとして、逮捕は出来ないと返答した。警視庁は、メールはオランダから送信したように見え、それは彼らの管轄外だとも付け加えた。

「スコットランド・ヤード（ロンドン警視庁）は、何もすることが出来なかったんです」と、ディアナは言う。「彼らは管轄権を持っていなかったんですから。これはマグノッタにとって、売名行為のための、もう一つの足がかりになってしまった。それはまさに彼が築き上げようとしていたものでした」。恐怖とフラストレーションがインターネット探偵たちのなかに蔓延していった。マグノッタはまたもや網の目をかいくぐったのだ。

「グループの中の誰かが、『あいつは誰かを殺す気だ』と言っていたのを覚えていますよ」と、ジョンは付け加えた。

ジョン・キルブライドの身の毛もよだつメールが到着したあと、もうひとつのなりすましアカウントからグループにリンクが送られてきた。メッセージには、『バウディ・ムーヴィン99』とタイトルがつけられ、中にはディアナが働いているカジノの映像が含まれていた。ホームムービーが画面に映し出されたとき、彼女は息が止まるほど驚いた。「本当に恐ろしかったです。マグノッタはコンピュータの向こう側の人間ではなくなったんです。本物の脅迫でした。二日程度で解決できると思っていたパズルだったんです。クソ野郎を捕まえてやろうという気持ちでスタートしたというのに、結果、こうなってしまった。殺人鬼かもしれない人間が私を追いかけているんです。私は当然、ルカがオフィスにナイフを持って入ってくるのではと心配していました。私の車の中に忍び込んで、後部座席に隠れているかもしれません。理性なんてなくなり、疑心暗鬼になっていました」

　数ヶ月が経過し、マグノッタの所在は誰にもわからなかった。ロンドンからオランダに逃げ、そしてラスベガスに来てディアナを狙うだろうか？　マグノッタがサン紙にメールを送ったことは確かで、マグノッタの言葉はインターネット探偵たちを動揺させた。マグノッタはすぐにでも人間を傷つけるようになるだろう。断崖絶壁に立たされたような緊迫した状況のなかで、マグノッタの居場所を探ろうと、探偵たちはインターネット上の情報をかき集めた。捜査官らは一致団結し、マグノッタを不眠不休で捜索し続けた。

　マイアは回想する。「子猫殺しの虐待の証拠や、彼の居場所、活動の手がかりを探そうとインターネットを検索しました。チームが、あるいは別の誰かが見つけた手がかりは、即座に共有されました。マグノッタがインターネットに投稿する写真から、彼の位置情報を集めようとしました。とにかく、どんな小さなことでも調べ上げました」

「マッチングアプリやソーシャルメディアアプリもすべて調べました。マグノッタの顔写真や、使用しているかもしれない偽名も捜しました……もちろん、偽名は様々なバリエーションで検索しました。私たちの調査は、マグノッタを捕まえようと熱を帯びました。先に述べた通り、私たちはマグノッタが、次は人間に手をかけることを恐れていたからです。その恐れは、脅迫状が届いてからは、日増しに強くなりました」

＊

ベッドの横のテーブルに置いたジョン・グリーンの iPhone が音を出して振動し、彼を起こした。二〇一二年五月二十六日土曜日の朝五時だった。この日付はジョンの心に身の毛のよだつような墓碑銘を刻むことになる。

泥のように濃い暗闇で目を細め、ジョンはスマホに手を伸ばし、メガネをかけて、ぼんやりしながらアラートの確認をした。フェイスブック経由のメッセージにはこう書いてあった。「この動画を見つけたんだ。確かめてみてくれ。君が捜しているルカという男だと思う」

子猫殺しの動画ではないかと疑いながらも、ジョンはメッセージに貼られた「bestgor.com」のリンクを開いた。天井の扇風機から送られてくる冷たい風を受けて、ジョンは掛け布団を自分の体に巻き、枕にもたれ、そしてスクリーン上の再生ボタンをタップした。

ジョンのデバイスに映し出された暴力行為は、想像を絶するほどのものだった。彼は飛び起きると、コンピュータのスクリーンで同じ動画を確認した。「大きなモニタで動画を確認したんです……まったくなんてことだ……」と、彼は回想した。

スクリーンでは、「男とアイスピック」が再生されていた。薄暗い部屋の、見慣れた尿のような色の壁に貼られた『カサブランカ』のポスターの下で、裸の男がベッドに仰向けに寝ていた。白い布が顔にかけられ、両腕は十字架に打ち付けられたように広げられていた。手首はベッドに拘束されていた。ニュー・オーダーの『トゥルー・フェイス』が流れ、カメラは被害者の両脚の間に置かれていた。

数秒後に別の男が映像に加わる。マントをかぶった男はベッドの上の人物に覆い被さるようにし、被害者の顔をなで回す。男はカメラを回収する。次に、映像は別のアングルに切り替わり、容疑者を映している。黒い服を着て、アイスピックを振り回している。被害者の顔は黒いシートに覆われている。胸が上がったり、下がったり、かろうじて見て取れる程度に動いている。直後、アイスピックを天井に向けて高く振り上げる黒い人影によって人物の姿は見えなくなり、黒い人影は振り上げたアイスピックを、そのまま真っ直ぐ振り下ろし、横たわった人物の腹部に深く刺した。容疑者は再び武器を高く振り上げ、まるで悪魔のような俊敏さで被害者を九十九回にわたって滅多刺しにした。『トゥルー・フェイス』が流れる。

映像の残りには、より一層、忌まわしい行為の数々が映されている。被害者を刺し終わると、被害者の腕をナイフで切り落とす。切り落とされた手足を使って自慰行為をし、そしてナイフとフォークを使って肉を削ぎ落とす。被害者の残りの遺体をノコギリで切断し、首を切断する。残った胴体で肛門性交をする。ワインボトルで同じ行為を繰り返す。

映像がはじまり八分が経過したあたりで、殺人者は黒と白の子犬をベッドに乗せる。子犬の小さく、力のない吠え声が聞こえ、血まみれの胴体を舐める様子が映される。

動画の最後では、殺人者が被害者の頭をバスタブに入れ、まるでおもちゃかのように、水に浮かべてくるくると回す。殺害の段階を捉えた複数の静止画像が、十分二十二秒の恐怖に満ちた映像を締めくくる。それには切断された胴体をベッドの上で組み合わせた映像も含まれていた。カナダの警察当局は後に、長いバージョンの動画は、犯人が被害者の遺体に食人行為をした可能性を強く示唆するものであるとコメントしている。

ジョンはその日、動画を「最低でも二十回は見た」そうだ。「見る度に、理由はわかりませんが、真実でなければいいと考えました」。内容のあまりのおぞましさに気分が悪くなり、震えが止まらない状態になりながらも、探偵仲間も同じく動画を視聴し、映像に出てくる黒い服の人物、つまり殺人者は、疑う余地もなくルカ・マグノッタと確信した。

ドキュメンタリー『猫いじめに断固ＮＯ！』で、ディアナはすすり泣きながら、殺人動画のシーンを回想している。「本当にルカらしいというか……被害者の頭を撫でるところは、子猫殺しをした犯人が子猫を撫でる場面によく似ていました。それからバックグラウンドに流れる音楽です。『トゥルー・フェイス』はルカがYouTubeの動画で使用している曲です。ルカは自分の痕跡を残すのが好きですから」

「もちろん、彼が殺害した人について心配でした。でも、なぜ子犬を使ったんでしょうね？　私たちは、ルカが『ファックユー』というメッセージを我々に送ったのだと考えています。子猫の動画で彼を捕まえることができませんでしたから、『逃げ切ったぜ。今度は人間だ。この犬は過去の自分へのオマージュだ』とでも言いたかったのでしょう」

インターネット探偵たちの悪夢は心が引き裂かれるような現実となった。彼らが抱く強い疑問は、「なぜ警察は耳を傾けてくれなかったのか？」と、「ルカ・マグノッタが次に殺害するのは誰か？」というものだった。動画に出ていた殺人者ルカ・マグノッタの正体を暴きたいと躍起になってはいたが、今回も、どこで殺人が行われたのか分析することができなかった。インターネット探偵たちは、再び、トロント警察の刑事らに連絡を取って、メールで証拠書類を送った。警察はルカ・マグノッタを「男とアイスピック」内の殺人の容疑者とし、男が再び殺人を起こす重大な可能性を示唆した。何も起きないまま、一日が過ぎた。トロント警察はグループのメールには返信しなかった。「男とアイスピック」は瞬く間に拡散された。ディアナは動画にGoogleアラートを設定した。インターネット探偵たちはニュースサイトに目を通し、どこかで遺体の一部が発見されないかと捜した。そのような報道はされていなかった。

「私たちが追いつめられ、神経をすり減らしたのは、彼が次に何をしでかすかということでした」と、マイアは説明した。「次に彼が現れるのはどこ？　私たちは絶対に彼を見つけて、止めなくてはいけなかったんです。彼が次の動物か、人間を殺す前に」

時間は過ぎていった。それでも答えは見つからなかった。ディアナはマグノッタに狙われるのではないかと恐れた。「次に彼が何をやるのか、まったくわからなかった。爆発寸前の爆弾を持っているような気持ちでしたよ。爆発を止めたかったんです。本当に恐ろしかった。今度は私を追いかけてくるのでは？　って思いましたから。だって、彼は私の職場を知っているんですよ」

恐怖に怯えながらも、ディアナはラップトップを開いて、調査を続けた。彼女はマグノッタの虚栄心の強さがよく出ている YouTube のスライドショーを見て、画面を一時停止して、写真を一枚一枚確認しながら、彼の居場所がわかるようなヒントを必死に見つけようとした。

調査を続けていると、マグノッタの新しい YouTube 動画を発見した。その動画は他のスライドショーで使われている彼の写真を使っていた（マグノッタの頭を、珍しい場所で撮影された他人の体に合成したもの）。ディアナが初めて見る写真はなかったが、動画の真ん中を過ぎたあたりに、マグノッタの最新画像が現れた。ディアナはすぐに、それが編集されていない写真だとわかった。不自然なラインや肌の色の違いがなく、景色にも不自然な点はなかった。ライラック色のズボンにロイヤルブルーのTシャツを着たマグノッタが、岩の多い階段に隣接した石垣に寄りかかっていた。ディアナは写真を拡大して、背景に重要なヒントを発見した。春になり、芽吹いている木と、弧を描いたような街灯、そして一番重要なのは、信号だった。黒くてがっしりとした作りで、トロントにある黄色い信号とは違うタイプのものだった。Googleで画像検索をし、ディアナはマグノッタの写真に映った信号と同じものを発見した。画像をクリックすると、インターネット探偵の調査にとって大変重要な情報を含むニュース記事が出てきた。タイトルは「モントリオール市民は赤信号を無視して車を運転しても良いのだろうか？」

「首の後ろの毛が逆立ったわ」と、ディアナは言った。「**もしかして、彼はモントリオールに行ったのかもしれない**って考えました」

　ディアナは、マグノッタの最新写真を同じく確認していたジョンにメッセージを送り、二人はGoogleストリートビューを駆使したデジタル・ナビゲートでモントリオールの通りを探し当てるという、骨の折れる作業に没頭した。「私たちはストリートビューに張りついて、一歩、一歩進んだという感じでしたね」と、『猫いじめに断固NO！』でジョンは言う。

「彼女（ディアナ）はひとつの通りを探し、僕は別の通りを探しました。そして二人で同時に『なんてこった』って叫びました。階段があったんですよ」。二人は写真に映った場所を探し当てたのだ。モントリオールのダウンタウンにあるマギル大学のすぐ前でした。二人の発見はニュース速報と重なった。男性の胴体がモントリオールの路地からゴミにまぎれて発見されたのだ。それは彼らが恐れていたニュースだった。

激怒したコメントが「正義のためにバキューム・キラーを捜せ」フェイスブックページに流れ込んできた。十七ヶ月間にわたりトロント警察に送り続けたメッセージのあとで、マグノッタは誰もが恐れていたことをやっていたのだ。グループのメンバーは当然のことながら打ちのめされていた。なぜ誰も耳を傾けてくれなかったの？　チームは彼らが知るルカ・マグノッタの情報をモントリオール警察に送った。このときも、警察からは何の返信もなかった。

ディアナは様々な不快な感情に飲み込まれた。殺害された男性とその家族への悲しみ、まったく話を聞いてくれなかった警察当局への怒り、恐れ、「男とアイスピック」のフラッシュバックと腹立たしさが彼女を苦しめた。罪悪感に苛まれた彼女はフェイスブックのグループを去った。

ドキュメンタリーのなかでディアナは説明する。「自分を責めてしまうんです。自分を責めなくちゃならないんです。それは簡単なことではありません。体調を崩してしまいます。胃が痛んで、嘔吐してしまうんです。食欲も減ってしまいます」

「犬たちと一緒にベッドにもぐり込んで、出来損ないのリアリティー番組をずっと見ていたかった。忘れる必要があったんです」

　モントリオールでは警察の捜査がはじまっていた。アパートの管理人がウジ虫だらけになったスーツケースを発見した場所には、鑑識のテントが張られ、事件現場に押し寄せるメディアから隔離されていた。

　死臭のする血液が大量に混じったゴミを鑑識課の刑事が調べると、ワインボトル、くしゃくしゃになった『カサブランカ』のポスター、死んだ白黒の子犬が見つかった。手足のない切断された四肢が瓦礫の中で腐敗していた。ゴミ袋のなかから、血をたっぷり吸った毛布が発見された。もう一つの袋には、書類が入っていた。オンタリオ州の運転免許証と薬局の領収書だった。どちらにも、ルカ・ロッコ・マグノッタの名前と、住所が書かれていた。モントリオール市デカリ通り五七二〇のアパート二〇八号室だった。この段階で、警察はマグノッタが被害者の可能性もあると考えた。

　二〇八号室に入った刑事たちを包み込んだのは、激しい臭いだった。金属臭のような腐敗臭と同時に、漂白剤の臭いもした。洗浄のための液体の臭いに交ざる、血液の臭いだ。狭くて、薄暗いアパートのメインルームは、キッチン、ラウンジ、そして寝室として使われていた。ダブルベッドがラジエーターとベロアのツーシーターのソファの間に挟まるようにして置かれ、すべてのブラインドカーテンは閉められていた。部屋は静かで殺風景。誰かがいた証拠は飲みかけのレモンジュースの瓶とマットレスに無造作にかけられた茶色いボックスシーツだけだった。

表面的には、アパートはきれいに片づけられていたが、法医学検査によって、二〇八号室で起きていた恐ろしい出来事はすぐに明るみに出た。

クローデット・ハムリン刑事は、「ベッドだけ、ディスコみたいにキラキラしていた」と、ルミノールを使って検査したときのことを振り返った。ルミノールは血液に反応する化学薬品だ。血液反応は同じく冷蔵庫と風呂場からも出た。カップボードの中に赤い文字で書かれたメッセージには、「自分が嫌いなら鏡を見るな。俺は気にしない」とあった。

すでに国外に逃亡していたマグノッタに対して、逮捕状が請求された。ジュン・リンの友人が遺体を確認したのだ。ベルリンで逮捕された二週間後、マグノッタはカナダに軍用機で移送された。

マグノッタの裁判は二〇一四年九月にはじまり、十週間にわたって開かれた。彼はジュン・リン殺害を認め、遺体を解体し、複数の政治家や学校に郵送した罪を認めたが、それもすべて精神疾患のため責任能力がないと主張した。

検察側は、ジュンが殺害される少なくとも半年前にマグノッタは殺害と撮影の計画をしていたと主張した。しかしマグノッタの弁護士リュック・ルクエールは、依頼人がジュンを殺害した時点で彼は精神病的状態にあり、「善悪の判断がつかなかった」と主張した。
陪審員は八日間を審議に費やした。そしてこの堕落した殺人者に問われた全ての罪に対して、有罪判決を下した。二〇一四年十二月二十三日、男は第一級殺人罪で終身刑となり、二十五年間は仮釈放されることもない。人体に対する侮辱やわいせつ物頒布等の罪を含む四つの罪では、十九年の懲役が言い渡された。

*

ルカ・マグノッタは明らかに、インターネット探偵に追われることを楽しんでいた。追われること自体が、マグノッタの殺人に対する熱意を煽ったのだろうか？　ディアナが『猫いじめに断固NO！』で語ったように、「私、やり過ぎたのでしょうか？　自分自身に聞いてみるんです、**『彼をたきつけたんじゃないか』**って。追いかけられることは彼にとって麻薬だったの？　追いかけられるだけじゃ満足できなくなって、もっと必要になったのでは？」

元トロント警察殺人課の刑事マーク・メンデルソンは、ジュン・リン殺害はマグノッタにとって「理にかなった次のステップ」だったと推測する。「マグノッタの頭のなかに入り込むことはできないんです。神のみぞ知るといったところです。マグノッタのような人間は妄想を満たすという心理的欲求があるんです。ある意味、麻薬依存症患者と変わりありません。同じ量の薬物でハイになれなくなると、量を増やしますよね。マグノッタは動物に対して残酷な行いをして、インターネット上に大きな衝撃を残しました。それこそが、彼にとっての満足に繋がるんです、性的な意味があっても、なくても」

「次のステップに進むまでに、猫を何匹殺さなくてはいけないのか？　猫や犬に対して行っていることを動画に撮影して、投稿しても、最終的にはオンラインの人間から同じリアクションをもらえなくなります。だから、もっと大きなステップを踏まなければいけない」

「マグノッタは大きな一歩を踏み出したというわけです。だって、食人行為ですよ。そしてそれを録画した。遺体の一部を郵送した。これらすべての行為は世の中に認められたい、恐れられたい、称賛されたいという気持ちからのことなんです。そして最終的に、『捕まえられるものなら捕まえてみろ』ということになるんです」

　現在、私立探偵事務所を経営するマークは、犯罪エキスパートとしてカナダのテレビ番組に頻繁に出演している。彼は殺人課の主任捜査官として十四年間勤め、数々の陰惨な殺人事件を目撃してきたが、そんな彼でもマグノッタの「男とアイスピック」を見たときは、戦慄したという。「マグノッタの裁判終了後、事件に関して二時間程度のインタビューを受けました。だから動画を見ました。ベテランの刑事として言わせてもらいますが、心の底から驚きました。**『本当にやっているのか？』**って考えたのを記憶しています」

「被害者の遺体をバラバラにする殺人事件はいくつか担当しましたが、ケースによっては遺体を調理していました。そのタイプの殺人者の尋問をした際に共通したのは、彼らが実際の作業量を事前に把握していなかったことです。人体を切るのがいかに大変かを訴えるわけです。『本当に大変だった』なんて、血まみれの殺人鬼が私に言ったことがあります。対して、マグノッタは笑いながらやっていた。もしマグノッタがベルリンのインターネット・カフェで捕まらなかったら、すぐに別の誰かを殺していたと思います」

II

バイオインフォマティクス（生物情報学）のロード氏はまさに神

一九九四年五月十日　午後十二時一分　イリノイ州ステイトビル刑務所

死刑執行室の担架に乗せられた「殺人ピエロ」ことジョン・ウェイン・ゲイシーに近づき、刑務所長のサル・ゴディネスは聞いた。「最後に何か言いたいことは？」

ゲイシーはカーテンのかかった窓に顔を向け（窓の向こうには二十四人の立会人が座っていた。致死注射により殺人鬼が死ぬのを見届けに来ていた）、そしてゴディネスの顔を見上げた。ゲイシーの肉付きのよい顔は汗で光り、両手は食べたばかりの最後の晩餐で油だらけだった（ケンタッキー・フライドチキンのオリジナルレシピバージョン、フライドポテト、イチゴを五百グラム、海老のフライを一ダース）。彼の表情はニヤニヤとした笑顔から冷笑に変わり、最後の三つの言葉を口にした。「Kiss my ass（死ね）」

救急隊員がゲイシーに心臓モニタを取り付け、点滴の針を刺した。二人の死刑執行人のうち一人が、三本の注射を打つことになる。一本目はミダゾラム。意識を消失させる。二本目、ベクロニウム臭化物。呼吸を止める。最後の一本は塩化カリウムで、男の心臓を止める。午後十二時四十分、カーテンが開かれ、ゲイシーの最後の瞬間がはじまった。二人の死刑執行人がマジックミラーの後ろにある致死注射機の前に立った。ゴディネスの合図で、二人は死に至る薬を放出するためのボタンを押した。

薬は流れ出し、ゲイシーの静脈を流れ、死刑囚となって十四年を生きた五十二歳の囚人の死刑執行がはじまった。しかし、ここで問題が起きた。二本目の薬品がジェル化して、点滴のチューブを詰まらせた。チューブを交換せねばならず、ゲイシーの死を遅らせたのだ。彼がとうとう死を宣告されたのは十二時五十八分だった。刑務所の外には千人もの群衆が集まり、祝い、垂れ幕を振り、『ハロー・ドリー』の曲に合わせて、「グッバイ、ゲイシー」と歌った。

主任検察官ウィリアム・カンクルは死刑執行後に、「被害者に比べ、彼の死はずいぶん楽なものだった。当然受けるべき報いより、ずっと簡単な死を迎えたと私は考えている」と発言した。

ジョン・ウェイン・ゲイシーは、一九七二年から一九七八年の間に、イリノイ州クック郡において、少なくとも三十三人の少年と青年に対して性的暴行を加えたうえ、拷問し、殺害した。ゲイシーは地元のビジネスマンで地域の有力者という評判を餌に青年らを騙して自宅におびき寄せていた。ゲイシーは建築と内装を専門とする会社を営み、成功し、好ましい隣人であり、民主党支部と仕事をする名士だった。シリアルキラーはしばしばピエロの扮装をしていた。彼は「ポゴ」と「パッチズ」という名の二人のピエロを、肉付きの良い顔を赤く塗って演じ、子ども病院を訪問し、チャリティーイベントに足を運んでいた。ひらひらとしたコスチュームを着込み、赤と白と青に塗られた丸い顔をしたゲイシーの写真は、彼の堕落の深さを知る今となっては、恐怖を呼び覚ますものだ。スティーブン・キングのホラー小説『イット』に登場する悪魔的なピエロ「ペニー・ワイズ」が、ゲイシーにインスパイアされたキャラクターであることは納得である。

被害者を家に誘い込むと、ゲイシーは若者に手品を見せると言い、ゲームの仕掛けとして手錠をかけるよう促す。そこに手品などありはしない。若者を拘束すると、ゲイシーは彼らを強姦し、殺害し、自宅の床下に石灰をかけた遺体を隠し、後になって地元のデス・プレインズ川に遺棄したこともあった。ゲイシーの被害者のほとんどは、絞殺されるか、窒息死させられていた。

一九七八年十二月の逮捕直前、ゲイシーは酒に酔い、多弁になった状態で弁護士サム・アミランテに対して、何十人もの少年を拷問し、強姦し、殺害したと告白した。後に撤回しようとしたこの告白で、ゲイシーはアミランテに対して、被害者のほとんどを自宅の床下に埋めた、被害者五人をデス・プレインズ川に遺棄したと発言した。目を覚ますと、家のなかに「首を絞められ、死んだ子どもたち」がいることがあるとも言った。「自宅に二階を作ろうとした……死体を隠す場所が足りなくなって」と、彼は告白の中で口にした。

　捜査当局はその後、拷問者の私有地から二十九人の遺体を発見し、シカゴ南東部の川で四人の遺体を発見した。ゲイシーが被害者らに対して、良心の呵責や同情の念を示すことは一切なかった。自らの死に直面してもなお、凶悪な犯罪について謝罪することを選ばず、代わりに被害者の家族を挑戦的に、唸るようにして吐きだした最後の言葉で侮辱した。

　ゲイシーの遺体は火葬された。アーカンソー州在住の姉が遺灰を引き取ったが、彼女の許可のもと、彼の脳は火葬前に摘出された。脳はシカゴを拠点として活動し、一九八〇年に行われたゲイシーの裁判で、弁護側の証人として出廷した精神科医ヘレン・モリソン博士に渡された。博士は、シリアルキラーは精神的な疾患を抱えていて、責任能力がないと主張したのだ。モリソン博士は、シカゴ大学病院の科学者らに依頼してゲイシーの脳の検査を行った。彼の歪んだ殺人願望の理由となるような、異常がないかどうか確認したかったのだ。しかし、専門家たちはゲイシーの脳に異常を発見しなかった。「腫瘍もなければ、増殖もなく、怪我をした様子もなかった。脳室にも問題はなかったし、脳水腫の兆候も見られなかった」と、モリソン博士は結論づけた。

　そして、ゲイシーの脳をどれだけ検査したとて、死刑執行時にも身元不明のままだった八名の被害者の名前はわかっていない。彼らの本当の名前がわからないまま、遺骨は埋葬された。被害者の一部は、家族から逃れるために家出をしていたか、一人で世界を彷徨っていた。当時は、そんな子どもを行方不明者として届け出ることはなかったのだ。

二〇一一年までにはＤＮＡ技術も進歩し、警察は被害者家族に答えを提示することが出来るようになった。この年、クック郡保安官事務所は八人の名前のない男性の遺骨を掘り起こし、七〇年代にゲイシーが殺人事件を行っていた期間に行方不明になっている男性の親類がいる人たちにＤＮＡサンプルの提出を呼びかけた。反応は大きく、数週間の内にトム・ダート保安官は、一人の身元が確認されたと発表した。

被害者は十九歳の建設作業員ウィリアム・バンディで、被害者番号十九番として知られていた（ゲイシー宅の床下から発見された十九番目の被害者だったために付与された識別番号）。兄のロバートと妹のローラ・オリーリが唾液のサンプルを提出し、北テキサス大学の科学者がウィリアムのＤＮＡと照合した。身元が判明したとき、ローラはＡＰ通信に対して、それまで兄を殺害したのはゲイシーではないかとずっと疑ってきたと話した。一九七六年十月にシカゴでウィリアムが忽然と姿を消した際、家族は失踪届を出したと彼女は証言した。遺体がゲイシーの自宅で発見された際、ウィリアムの身元を確認する方法は歯科記録だけだった。しかし家族が通っていた歯科医は引退と同時にすべての記録を廃棄していたのだ。床下から見つかった遺体のうち一体がウィリアム・バンディのものか確認するのは不可能になってしまった。

11　バイオインフォマティクス（生物情報学）のロード氏はまさに神

二〇一一年十一月、ウィリアムの身元が確認された際、ローラは「今日は本当に悲しい日になりました」と言った。「でも、今日はすべてが終わった日でもあります。この日を家族はずっと待ちわびていましたから」

六年後、行方不明となった家族がゲイシーの餌食となっていたことを知った人たちがいた。二〇一七年七月のことで、被害者番号二十四番、十六歳のジミー・ハーケンソンだった。彼は「いい子だが、少し問題を抱えた」少年で、一九七六年八月にミネソタの家から逃げ出していた。ジミーはシカゴに行き、そこから母親のジューン・ハーケンソンに電話をして、シカゴに着いたと告げ、彼女に「僕は無事だよ、母さん。心配しないで」と言って安心させた。ジューンにジミーが言った言葉はそれが最後で、ジューンは悲しみに暮れたまま、息子に何が起きたのか知らずに二〇〇五年に死去している。

ジミーの妹、ロリー・シスターマンから提供されたＤＮＡサンプルで、警察はジミーの遺骨を特定することができた。ロリーは、家族は長い間、兄がゲイシーの被害者なのではないかと疑っていたと証言した。「地球上で最も邪悪な人間が私の兄を殺害しました」と、彼女は言った。「期待していた答えではありませんでしたが、兄の居場所がわかりほっとしています」

二〇二一年十月、もう一つの突破口が開いたのは、ＤＮＡドウ・プロジェクトの法医学系図学者が被害者番号五番を、ノースカロライナ出身のフランシス・ウェイン・アレクサンダーと特定したときだった。フランシスの身元を特定するという長い旅がはじまったのは、被害者番号五番の大臼歯からＤＮＡが抽出された日だ。大臼歯のＤＮＡはシークエンシング（塩基配列決定）を行うため、アラバマ州ハンツヴィルにあるハドソンアルファ・インスティテュート・オブ・テクノロジーの専門家のもとに送られた。このプロセスを調整していたのがテキサス在住のエンジニアで遺伝学が専門のインターネット探偵、ケビン・ロードだった。彼は寛大にも私とオンラインミーティングをし、プロジェクトにおける彼の仕事について教えてくれた。

ＤＮＡドウ・プロジェクト（ＤＤＰ）での彼の役割はユニークで、自分の役職を口にする際に、彼は笑っていた。「僕はＤＤＰでは、研究室のロジスティック担当部長を務めています。長ったらしい役職でしょ」と彼は言い、ボサボサの顎髭を撫でた。「つまり僕は、各捜査機関の行う捜査の、初期段階における窓口役なんですよ」

「保安官事務所や検死官事務所と話をして、彼らが提供できる遺骨がどんなものかを調べます。検死解剖で血液を採取したか、骨、歯、髪、あるいは組織のサンプルがあるかどうか確認します。シークエンシングに必要なＤＮＡを採取するのには、なにがベストなルートなのかを判断します。それから相手と作業を開始して、ＤＮＡをパートナー関係にある様々な研究所に送り、そこでＤＮＡを抽出してもらって、シークエンシングを行い研究所に送るというわけです」

11　バイオインフォマティクス（生物情報学）のロード氏はまさに神

塩基配列決定が行われたDNAは、ACTG（DNA分子の基礎となる四つの塩基の頭文字。アデニン、シトシン、チミン、グアニン）の塩基対の詳細が書かれた、膨大な圧縮テキストファイルだ。このファイルがケビンに戻され、遺伝子系図が専門の彼の会社、セイバー・インベスティゲーションを経由し、生のデータに生物情報学の魔法をかける。生物情報学とは、大量の生物学的データを集め、分析する科学だ。ケビンはこの科学の専門的技術を持つ人物として知られている。「私たちはケビンを生物情報学の神と呼んでいます」と、DDPの彼の同僚トレイシー・ボイルは私に言った。「彼はとにかく達人なのよ」

ケビンの説明するプロセスを聞いて、とにかく驚いてしまった。「各シークエンシングでは、百五十塩基の長さのあるACTG配列を読み取ります」と、ケビンは説明する。「それに加えて、そこには各塩基がどれだけ信頼できるものかを説明するメタデータ、塩基配列決定の情報もあります。でもそれはただの断片に過ぎません」

「生物情報学では数々のステップがありますが、メインとなるのは各読み取りで、それをヒトゲノムと比較してどこにフィットするか、並べてみることです。プロファイル（膨大な配列ファイルの編集済み小集団）が完成すれば、GEDmatch.com のような系図サイトにアップロードすることができます。ユーザーは、競合会社の Ancestry.com や 23andMe からDNAのサンプルをアップロードできます」

強力なDNAのプロファイルを得るには、提供されたサンプルの質が大切で、被害者番号五番の遺体についてはこれがとても厳しい状況にあった。ＤＤＰがきれいな大臼歯を得られたことは「幸運だった」とケビンは言う。

「サンプルに選択肢があったとすれば、血液がベストです。最近では、被害者の身元が判明しない場合、病理学者が確実に血液のサンプルを採取して、カードに落として保管します。この作業によってＤＮＡの状態が安定し、保存も可能になります。カードはその後室温で保存され、ファイルで管理されます。七〇年代に発生したフランシスの事件では、遺骨しか残っておらず、これが当然不可能でした。二〇〇〇年初頭に発見された身元不明被害者であっても、血液カードが残っているケースは稀です。血液がない場合、歯が重要ですね。特に虫歯や治療跡のない大臼歯がいいです。ということで、フランシスのケースでは、我々はラッキーだったと言えます」

　強力なＤＮＡプロファイルが被害者番号五番に与えられ、GEDmatch.com にアップロードされたことで、ＤＤＰはたった八時間で彼の身元を特定することができた。

「何年も前に使用された従来のＤＮＡ鑑定では、ほぼ同じＤＮＡを持つ人が必要でした。例えば、両親のように」と、このケースにおいてボランティアのリーダーも務めるケビンは言う。「しかし現在は被害者の二番目、三番目、四番目、あるいは五番目のいとこを通じての鑑定が可能になりました。フランシスのケースでは、僕らはラッキーで、母方の曾祖父母を通じてはとこと照合することが出来ました。はとこってすごいですよ。たった三パーセントのＤＮＡしか共有していません。我々は、フランシスの父方の家系にみいとこ、そして五番目のいとこも発見したのです」

このタイミングで系図学者は三人のいとこの名前を、公文書やソーシャルメディア、ニュースのアーカイブから探し出し、最終的に被害者番号五番とフランシス・ウェイン・アレクサンダーを結びつけることに成功した。

「いやあ、本当に幸運でしたね」と、ケビンは付け足した。「あっという間にＤＮＡが一致したので、翌日には保安官事務所に報告することができました」。フランシスの親戚から綿棒で採取されたＤＮＡは、被害者番号五番の遺伝子サンプルと一致した。

二〇二一年十月二十五日、ＤＤＰチームの献身的な努力の結果、クック郡保安官のトム・ダートは、現在進行中のゲイシー事件の名前のない被害者捜索に関する最新情報を、とうとう世界に対して発表することができた。フランシスは、ゲイシーに殺害された際、二十一歳あるいは二十二歳で、時期としては、一九七六年一月から一九七七年初頭だったと報告した。七〇年代初頭に故郷の州から引っ越したフランシスが「ただ一人になりたいと考えたのだろう」と理解していた親族にとって、この報せは大変衝撃的だったとトム・ダートは付け加えた。

記者会見で使用されたボードには、フランシスの三枚の写真が彼の名前と、以下の文字列の下に並べられていた。一九七八年発見。二〇二一年十月身元判明。一枚の写真はフランスシスが少年だった頃のもので、おかっぱの短髪にきれいな服を着て、ブレザーの下襟には白いカーネションがピン留めされていた。にっこりと笑った笑顔は誇らしげだ。別の写真には、十代になったフランシスが写っていて、表情は少し真面目だ。ブロンズ色の波打つ髪は、ハリウッド俳優を意識した横分けだった。そして最後の一枚は、そして最も心が痛む写真は、フランシスの最後の写真とされているもので、ゲイシーが彼を殺害する直前に撮影されたものと考えられている。この写真の中で、彼は普段通りの姿で、かっこいい口髭を蓄えて、白いフリル付きのドレスシャツを着て、黒いボウタイを着用している。笑顔は、このときも、とても明るく、そして誇らしげだ。

ダート保安官は殺害される前のフランシスの生活と、彼の移動の様子について話した。フランシスはノースカロライナ生まれだが、ニューヨークに引っ越し、そこで若い女性と結婚した。新婚の二人は一九七五年にシカゴに移り住むが、その三ヶ月程度後に離婚している。フランシスがどのようにしてゲイシーと知り合ったのかはわからないが、シリアルキラーが頻繁に姿を現すシカゴの地域に被害者が暮らしていたことを確認したとダート保安官は伝えた。フランシスは交通違反切符を切られていたが、その後の記録を見つけることは出来なかった。

保安官が読み上げた声明のなかで、フランシスの家族はこう述べている。「四十五年が経過したとはいえ、私たちの大切なウェインの運命を知ることは辛いです。卑劣で邪悪な男の手により、彼は殺害されました。私たちは悲しみに沈んでいます。被害者家族の皆様には、お悔やみを申し上げます。この殺人鬼が、私たちと同じ空気を吸っていないという事実だけが、私たちを癒やしてくれます。私たちは起きてしまったことをようやく手放し、ウェインを称えながら、前に進んでいこうと思います」

　クック郡保安官事務所と協力し、ＤＤＰはゲイシーの残りの五人の被害者の遺体から採取されたＤＮＡプロファイルから、身元の特定作業を行っている。

*

　ケビンが未解決事件に没頭するようになったのは、前職を辞した五年ほど前のことだと私に教えてくれた。テクノロジー業界に身を置き、プログラミングをしていたが、極度の疲労を感じたのだという。しばらくはあまり働くこともせず、アマゾンでＴシャツを販売するビジネスを開業し、彼が新たにハマりはじめた番組のエピソードを次々観ていたという。それは、『Disappeared（失踪）』だった。『インベスティゲーション・ディスカバリー』ネットワークのドキュメンタリーシリーズで、アメリカの失踪事件を取り扱った番組だった。このドキュメンタリーが、ケビンが住むテキサス州キーリーンから失踪した二人の女性について彼が調査をはじめるきっかけとなった。彼は広く捜査網を張り、その周辺地域の警察当局に記録の請求を行い、裁判所文書や逮捕報告書に目を通し、行方不明となった女性の友人や親類にインタビューを行った。身元不明遺体と二人の女性との関連を疑ったときに彼が出会ったのが、ラベンダー・ドウだった。

二〇〇六年十月二十九日、テキサス州ロングビューの森のなかで、燃えさかるたき火の上でうつ伏せになった彼女の亡骸を二人の男性が発見した際、彼女が身につけていたのがラベンダー色のセーターだったことから、彼女はラベンダー・ドウと呼ばれるようになった。燃えている何かを発見した際、男性たちはターゲット射撃をしていた。最初はマネキンだと思ったという。ハロウィンのいたずらで、誰かがきっとそこに置いたのだろうと考えたのだ。しかしたき火から漂ってくる臭いはゴムが燃えたものとは違っていた。その臭いは炭火で焼いた腐りかけのホットドッグと、強いガソリンの臭いだった。火は燃えあがり、物体に絡みつき、火の粉を上げていた。強い炎に近づき、ターゲット狙撃手たちは、デニムを穿いた女性の足を見た。次に彼らが目撃したのは空になったガソリン缶で、火の横に山となった枯れ葉の上に横向きに置かれていた。肉体がガソリンによって燃やされている臭い、たき火の上で焼かれているのは人間（女性）だと気づいた瞬間、彼らは咳き込んだ。彼女は確実に死んでいる。ガソリンをかけられ、火をつけられ、ラベンダー色のセーター姿で放置されていたのだ。

グレッグ郡保安官事務所は被害者の肉体的特徴をほとんど確認できなかった。彼女の体

11 バイオインフォマティクス（生物情報学）のロード氏はまさに神

と顔は認識が出来ないほど焼け焦げていたからだ。推定二十五歳、体重は約五十キロ。ストロベリー・ブロンドの髪色だった。特徴的だったのは、彼女の完璧な歯並びと、年齢にしては珍しく、乳歯が二本残っていたことだった。捜査官らは歯科治療記録で被害者を特定できるのではと期待した。衣類も復元された。焦げたラベンダー色のセーターと「One Tuff Babe」というブランドのジーンズ、そしてそのポケットに入れられた四十ドルだった。女性の体内や殺害現場からは精液が検出され、刑事らは彼女を殺した人物は、殺害と同時に彼女を強姦したと考えた。警察もメディアも被害者の身元を確認しようと必死だったが、情報を持つ人間は現れなかった。女性の復元された胸像も、一般市民からの反応を得ることができなかった。ＤＮＡサンプルが焼け焦げた遺体から採取され、行方不明女性らの遺伝子プロファイルと比較されたが、該当する人物はいなかった。

被害者は東テキサスのホワイト墓地に、「ジェーン・ドウ」の墓標とともに埋葬された。当時、彼女を殺害した人物も判明しなかった。

二〇〇七年、容疑者が浮上した。刑事が被害者の体内で発見された精液と、別の事件で服役中の三十六歳の性犯罪者ジョセフ・バーネットを結びつけたのだ。取り調べの中で、バーネットは女性とセックスをしたことは認めたが、彼女の殺害については否認した。女性の名前は知らないと男は言った。

六年後、焼き殺された女性の身元を確認するための更なる努力が行われ、警察当局は彼女の遺体をこじんまりとした墓地から掘り起こした。全米行方不明・被搾取児童センター（NCMEC：The National Center for Missing and Exploited Children）も捜査に加わった。カール・コップルマンが三次元の復顔を行い、被害者が生存中にどのような姿だったかをデモンストレーションした。しかしこのときも、彼女に気づいた人はいなかった。この時期までに、インターネット探偵たちはラベンダー・ドウの殺人事件に没頭していた。身の毛もよだつ殺人事件を分刻みで分析し、的を射た疑問を提示していた。焼かれる前に、すでに死亡していたのか？ それとも、生きながら焼かれたのか？ 被害者は殺人者と顔見知りだったのか？ そして一番大切なのは、彼女は一体誰なのか？ ということだった。探偵たちは、行方不明として届け出されている、同じ年齢層で同じような体格の女性と被害者を比較し、彼らの考えを全米行方不明・被搾取児童センターにも送ってみた。すべての名前が一致しないとなったとき、インターネット探偵のメンバーが彼女に「ラベンダー・ドウ」という名前を与えた。この愛称はあっという間にメディアや地元のコミュニティに知れ渡った。

ケビンがラベンダー・ドウについてウェブスルースのスレッドで発見したとき、彼はその女性の完璧な笑顔に関する三十ページにも及ぶコメントと、彼女の死に関して様々な説があることに興味を抱いた。あっという間に、この女性が誰なのかという謎に彼は夢中になっていた。「最初、ラベンダー・ドウは、僕が身元を割り出そうとしていた二人の女性のうちの一人なのではと思いました。なぜかというと、似たような歯並びをしていたからです」と、彼は言う。「ラベンダー・ドウの事件に没頭しました。頭から飛び込んだ感じ」
　最終的に、彼は謎に包まれた女性の名前を割り出すことが出来たと信じ、グレッグ郡保安官事務所に連絡を入れ、ラベンダー・ドウ事件捜査本部の主任刑事エディ・ホープ警部補と話をした。この謎にエディは十一年間も苦悩していた。当時、彼は頻繁にラベンダー・ドウの墓地を訪れていた。

　すべての手がかりは除外された状況で、エディはケビンの連絡を喜び、ラベンダー・ドウの名前の発見に一般市民が協力してくれることに感激した。残念なことに、ケビンが最初に名前を提示した行方不明者は除外済みだったが、エディは新しいヒントがあればすぐに連絡してくれと頼んだ。「まるで骨を与えられた犬ですよ」と、ケビンは回想する。「だからヒントを探し続けました。何時間もコンピュータにかじりついて、行方不明者リストだとか、ソーシャルメディアのアカウントを検索し、裁判所記録や警察の捜査記録を読み込みました。ウェブスルース内にあるラベンダー・ドウのスレッドへの書き込みも開始しました。同時に、Reddit［レディット、アメリカの掲示板型ニュースサイト］の同じ話題のフォーラムにも書き込みをしました。こういった作業は自分に合っているように思えたので、私立探偵の資格を得るためのコースへの申し込みもしました」。

　コースでは、学外研修［インターンシップとしても知られる研修の形式］が必要だった。ケビンは研修先として完璧な組織を知っていた。彼は長年にわたって系図学に興味を抱いており、ＤＮＡドウ・プロジェクト（ＤＤＰ）の活動をフェイスブックでフォローしていた。二〇一八年四月のことで、ＤＤＰが初めて事件を解決したと発表したばかりのタイミングだった。警察当局とマイアミ・バレー地区犯罪科学捜査研究所と協力し、ＤＤＰのボランティアは、一九八一年にオハイオ州の水路で発見された、凶器で刺され、首を絞められ死亡した女性の身元の特定に尽力していた。それまで被害者女性は「バックスキン・ガール」としてのみ、認知されていた。彼女がフリンジのついた鹿革のポンチョを着用していたからだった。事件が動いたきっかけは、三十年以上にわたって保管されていた血液サンプルから得られたバックスキン・ガールのＤＮＡだった。この遺伝子データを武器に、ＤＤＰは彼女のＤＮＡをいとこから提出されたサンプルと一致させ、被害者の身元が判明した。アーカンソー州出身で二十一歳のマルシア・キングだった。

　ケビンは、この事件が世界で初めて、遺伝子系図を使って未解決事件を解決したケースだと指摘する。バックスキン・ガールの本当の名前が一般公開されたのは、四月十日だった。それはポール・ホールズがジョセフ・ディアンジェロを黄金州の殺人鬼だと暴く二週間前のことだ。この二つの事件の解決は、犯罪捜査における遺伝子系図の影響力の証明となった。強烈な武器となったのだ。そしてこれは、ケビンがラベンダー・ドウに名前を与えられるメソッドだと確信するものでもあった。彼はＤＤＰの共同創設者のマーガレット・プレスにコンタクトを取った。マーガレットはケビンの技術的背景と、祖先調査技術に大いに感嘆した。ケビンは自らの家系図を何世紀にもわたって遡ることに成功していたのだ。マーガレットは即座に彼を採用した。その年の夏、DDPはラベンダー・ドウのDNA分析のため、千四百ドルをクラウドファンディングで集めると、ケビンが調査を率いることとなった。

二〇一八年のこの頃、グレッグ郡保安官事務所がラベンダー・ドウ事件の捜査に大きな進展があったことを発表した。エディ・ホープと同僚らは、ロングビューの森に遺棄された女性の遺体を発見していた。エディはその女性遺体を覆っていた楓の葉から突き出していた、紫色のマニキュアを塗った指に着目した。このときは、殺害事件被害者の名前はわかっていた。彼女の名前はフェリーシャ・ピアーソンで、この前年に釈放されていたジョセフ・バーネットのガールフレンドだった。

フェリーシャの母親は娘が行方不明になっていることを届け出て、娘が最後に会った人物はバーネットだと指摘していた。警察は、釈放の際、自らが性犯罪者と報告していなかったという正当な理由があったこともあり、バーネットを逮捕した。取り調べをすると、バーネットはあっさりとフェリーシャの首をロープで絞めたことを認めた。そして刑事が再度ラベンダー・ドウの殺害について彼を尋問すると、バーネットはニヤリと笑うと、「ああ、同じことをあの娘にもやってやったよ。彼女のことも殺した」と認めた。そしてバーネットは、どのようにしてラベンダー・ドウを殺害したか、刑事らに説明した。

理由は彼女が金を盗んだからだと言った。ロングビューのウォルマートの外で、彼女の方から近づいて来たと男は言った。彼女はパンフレットに掲載された商品を売っていたそうだ。バーネットは、ラベンダー・ドウに、一緒にトラックに乗るよう言った。「彼女は俺に雑誌に載っているランジェリーを売りつけようとしていたんだ。俺はべつに欲しくなかった。彼女はセックスしてもいいと言ったんだ。そして俺から金を盗んだ」と、バーネットは言った。「だから、森の中に連れて行ってロープを首に巻いてやった。そして窒息させた。あっという間だったよ。それで彼女に火をつけて、その場を離れた。四十ドルをポケットにねじ込んでおいた。彼女が稼いだ金ってわけさ」。バーネットは、女性の名前がアシュリーだったかもしれないと言った。

　バーネットは二人の女性の殺人で起訴されたが、自白したにもかかわらず、初公判では無罪を主張した。ＤＤＰのチームは、バーネットの裁判が実際に行われる前に、裁判記録上でラベンダー・ドウと記された被害者の身元を辿るという難問に向き合うことになった。

　ラベンダー・ドウに正義をもたらすというケビンの使命に参加したのは、仲間のボランティアたちだった。ミッシー・コスキは、産みの親と養子に出された子どもたちを引き合わせる「調査の天使」だ。そして家系図愛好家のロリ・ガフ。むせ返るような暑さのテキサスの夏の間中、三人は寝室、地下室、そして居間に缶詰状態になり、朝から晩まで、オンライン上でミーティングを行い、進捗を報告しあった。「コンピュータの前に座っていると、一時間があっという間に十時間になるんだ」と、ケビンは言う。「三人とも、徹夜をしてしまうときもありました。この事件に関しては、すべてを把握したかったんです。奇妙に聞こえるかもしれませんが、ラベンダー・ドウの知り合いのような気持ちでした。彼女は体の一部のようになり、離れがたい存在になりました。彼女に名前を見つけてあげなければ」

ラベンダー・ドウのＤＮＡはGEDmatchのデータベース上で数千もマッチしたが、大部分があまりにも遠縁で追跡できなかった。しかし、みいとこ、四番目のいとこは何名か見つかり、はとこは一旦除外された。より近い関係から調べ、ボランティアらは彼女の家系図を作成した。そしてすぐにラベンダー・ドウがチェコ人の先祖を持つことを割り出した。チェコ語による洗礼記録を探し出し、それをラベンダー・ドウの遠い親戚二人と結びつけた。この二人の先祖の子孫を捜す過程で、ケビンは東テキサスに住んでいた五十代後半の女性に行き当たった。油のまかれた殺害現場から四十八キロしか離れていない場所だ。身元不明の遺体発見現場近くに住む親戚を見つけることは、大きな手がかりになるとケビンは説明する。「東テキサス在住のこの女性がラベンダー・ドウの親戚でないというのは、ちょっと考えられません。彼女を見つけたときは、**『間違いないぞ、ラベンダー・ドウの母親をとうとう見つけた』**と思いました。とにかく、絶対に正しいと思いました」

この発見によって勢いがついたケビンは、エディに報せると、答えが見つかることを願って車を走らせ女性に会いに行った。しかし、カウボーイハットをかぶった保安官のエディが玄関にやってきた姿を見て、ラベンダー・ドウの母親ではないかとケビンが疑っていた女性はショックを受けた様子だった。「私の家族に行方不明者はおりません」と、彼女は言った。「その女性が誰なのかもわかりません。親戚がいなくなったのに、知らないなんて人がいるわけがないですよね？」

ケビンはまず、この女性が嘘をついていると疑った。家系図はこの女性がラベンダー・ドウの先祖と繋がっていることを示しており、地理的にも、彼女は事件発生当時に近い場所に居住していたのだ。次にケビンはこう考えた。**「もしかしたらこの女性は、自分がラベンダー・ドウの親戚だと知らないのでは？」**

エディは後日、女性にもう一度会いに行った。そのときは、彼女に対して系図学者たちが明らかにしようとしているのは、複雑な家系のパズルのようなものだと説明した。彼女は協力することを約束してくれた。ＤＮＡ鑑定を受けたばかりだという彼女は、結果をＤＤＰと共有すると約束したのだ。GEDmatchでの結果は、彼女を驚愕させることになる。彼女はラベンダー・ドウと十分なＤＮＡを共有する近しい親類だと判明したのだ。ラベンダー・ドウはたぶん、この女性の第一のいとこのうち、誰かの娘だったのだろう。次のステップは論理的だった。ケビンと同僚は、失踪した娘がいるいとこを捜すだけだった。

しかしこの作業は、聞こえるほどシンプルなものではなかったとケビンは言う。「ラベンダー・ドウの親の可能性のあるいとこは二十七人いましたので、この家族のすべての人を調査しはじめました。何百ものスレッドを辿り、どこにも行き着きません。そしてようやくロビンを見つけ出しました。東テキサス在住のいとこです」

東テキサス在住の女性は、ロビンのことは何も知らなかった。女性の叔父が以前の結婚でもうけた娘だったからだ。しかしケビンの直感が、このいとこがラベンダー・ドウに名前を与えるキーパーソンになると告げた。徐々に、ジグソー・パズルのピースが埋まりはじめた。ケビンはラベンダー・ドウが殺害された一ヶ月前に、インディアナにおいて五十歳で死亡したロビンの死亡証明書を入手した。ボランティアが警察記録や新聞記事から集めたロビンの関係書類をまとめた。それによれば、彼女はアルコールに関する犯罪で多くの逮捕歴があった。ボランティアはロビンの名前を安否情報データベースやソーシャルメディア、系図などで検索し、二人の元夫との結婚証明書を発見した。この二人との結婚で子どもは生まれていなかったが、ロビンは三度結婚したことがあるようだった。彼女はいくつかの新聞記事でドッドという名字を使用していたのだ。ケビンはその名前をGoogle検索し、安否情報サイトからロビンがジョニー・ドッドという人物と暮らしていたことを突き止めた。「これは希薄な結びつきだとは思いましたが、確実に、見ておくべき情報ではありました。ジョニー・ドッドを見つけたんです。そしてそれ以降に、ロビンが彼との間に、もし生きていれば、ラベンダー・ドウの年齢に当てはまる娘を産んでいたことがわかりました」

　ケビンは私立探偵のデータベースであるDelvepointに、デナ・リン・ドッドという娘の名前を登録した。そして画面に表示された結果に驚愕した。両腕には鳥肌が立ち、椅子から前のめりになる彼の口は開かれていた。テキストはデナの社会保障番号を示していた。そしてそれが、二〇〇六年以降、失効していることがわかったのだ。「ラベンダー・ドウが死亡して発見されたその年に、デナは姿を消していたのです」と、ケビンは言った。「二〇〇六年までのデナの住所はありましたが、それ以降は何もありませんでした。彼女は消えたんです」

　ケビンはデナ・リン・ドッドの古いMySpaceのページを探し当てた。そのアカウントが政府の記録から消えた同じデナのものであるかは確信出来なかったが、彼女の姿には見覚えがあった。カール・コップルマンの描いた、ラベンダー・ドウのデジタル復顔写真だった。ストロベリー・ブロンド色の、肩までの髪、青い瞳、完璧な歯並びの見える笑顔。「絶対にラベンダー・ドウだと思いました」。ケビンはデナの死亡証明書を探したが、存在していなかった。ロビンは娘が行方不明になる前に死亡しており、他に子どもはいなかったが、ジョニー・ドッドには、フロリダ州ジャクソンヴィル在住だった他の結婚相手との間に子どもがいた。そのうちの一人が、デナの異母姉妹のアマンダ・ゴッダだった。記録では、デナの九歳年上のアマンダは、その当時ジャクソンヴィルに住んでいて、子どもがいた。アマンダの電話番号は記録に残っていた。ケビンは新しく発見した証拠をチームメイトにメールで送信した。「デナ・ドッドはラベンダー・ドウの可能性があるでしょうか？」と彼は書いた。

捜査の主任刑事としてエディは、同日、アマンダに電話を入れた。当然のことながら、彼女は血の繋がった妹の名前が、十二年もの間、寂しい墓地に名前も無い状態で埋葬されている殺人事件の被害者に繋がっていることを嘆いた。アマンダはデナの悲しい生い立ちを語ってくれた。両親から赤ちゃんのときに捨てられ、デナはアリゾナの継母が迎え入れるまで、家々を点々としていたそうだ。しかしデナが十四歳になると継母は彼女をフロリダのアマンダの元に送り返した。反抗期のティーンエイジャーのデナはドラッグをはじめて、喧嘩や喫煙のトラブルで警察の厄介になるようになった。アマンダはエディに、デナがボーイフレンドとともに街を去ったのは二〇〇〇年のことだったと告げた。三年後、親戚がデナを行方不明者として登録したとのことだった。

エディがＤＮＡ鑑定について尋ねると、アマンダはサンプルの提供を申し出てくれた。アマンダは自分の遺伝子が悲劇的な人生を終えたラベンダー・ドウと結びつかないことを願った。デナが生きていて、ただ単に家族と連絡を絶っているだけで、人生を前に進めていてほしいと考えていたからだ。二〇一八年十二月初旬、アマンダは綿棒で採取したＤＮＡを研究室に提供した。彼女と捜査チームは結果が出るまで六週間、待つことになった。

「いやあ、長い冬でしたよ」とケビンは言い、濃い眉毛を上げて見せた。「ミッシー、ロリ、エディと私はこのプロジェクトに何ヶ月もかけていましたからね。何百通ものメッセージを交換し、進捗を報告しあって、とうとう、持久戦がはじまったというわけです。結果は悲しいものだとわかっていました。アマンダの鑑定結果がラベンダー・ドウとマッチしなかったとしたら、いずれにせよ名前のない被害者は残りますし、もし二人の女性のＤＮＡプロファイルが一致したとなると、アマンダに辛いニュースを伝えなければなりません。すべての事件解決には、家族の悲しみがあるんです」

二〇一九年一月二十九日の朝、ホワイト墓地の敷地は霜に覆われていた。前の晩から気温は摂氏マイナス三度に落ち込み、「ジェーン・ドウ」と控え目に掘られた小さな墓石の上に置かれた紫色のアヤメを凍らせていた。ラベンダー・ドウの墓には地元の人が手向けてくれる花束が常にあった。彼らのコミュニティの一部となったラベンダー・ドウを決して忘れない人たちがいてくれたからだ。

霜が解けて長い時間が経ったその日の夜、ケビンは研究所からの返事を受けた。アマンダの遺伝子サンプルの結果が届き、彼女のＤＮＡがラベンダー・ドウのものと一致したのだ。彼らはとうとう、アーティストが描いた似顔絵に名前を与えることが出来た。彼女の名前は、デナ・リン・ドッド。乳歯の残った笑顔を持つ女性で、二十一歳の誕生日の七週間後に殺害された。

11　バイオインフォマティクス（生物情報学）のロード氏はまさに神

再び、ＤＤＰの有志らの才能と努力が実を結んだのだ。アマチュアの探偵たちのおかげで、殺人事件被害者が本当の名前を墓石に刻み、静かに眠ることができるようになるのだ。しかし、ケビンが認めているように、このような勝利には悲しみがつきまとう。「複雑な感情です」と、彼は付け加える。「デナを被害者だと確定できた喜びを感じる一方で、我々は成功したものの、彼女の親族は悲しみに暮れているわけですから」

ＤＤＰはラベンダー・ドウの身元を二〇一九年二月十一日に発表した。それはバーネットの殺人事件裁判よりも前になった。この発表に続き、確認されているデナの最後の足取りが明らかになった。二〇〇〇年にフロリダから離れたあと、テキサスに到着したデナは、旅行が出来るから、ボーナスを出すからと従業員を誘う、暴力的な人身売買をするギャングが運営する商品販売チームに参加した。従業員は食事も与えられず、販売目標を達成できないと暴力を振るわれたとされる。デナはロングビューのウォルマートの駐車場で客を勧誘していた。バーネットのトラックに乗ったのは、そのときだった。

彼女を発見し、そして彼女の面倒を見続けてきたロングビューの住民たちに感謝していたデナの親族は、ホワイト墓地に彼女を埋葬し続けることを決めた。「デナはここにいるべきです。だって彼女はロングビューの家族の一員なんですから」と、妹が墓に戻された日に行われた追悼式でアマンダは記者に語った。「あとはデナのために正義がもたらされるのを待つだけです」

二〇二〇年十二月、ジョセフ・バーネットは主張を変え、デナ・リン・ドッドとフェリーシャ・ピアーソン殺害について有罪を認めた。彼は被告席に大きくなった体で姿を見せた。黒い横縞のストライプの囚人服が、巨大な臀部を強調するようだった。二件の殺人犯は裁判官がそれぞれの事件に五十年の刑を求刑しても、怯むことはなかった。しかし、刑期は同時に進行するため、バーネットに仮釈放が認められるのは、二〇四三年の、彼が六十五歳になるときだ。

ラベンダー・ドウとゲイシーの被害者番号五番は、ＤＤＰにケビンが協力して解決した事件の二つに過ぎない。ケビンはバイオインフォマティクスの達人として、ＤＤＰに割り当てられる捜査のすべてに関係し、研究室での仕事と系図調査を並行して行っている。最新の任務を全うするため彼はグレッグ郡に戻り、エディ・ホープ警部補と再びタッグを組んで未解決事件を追っている。

二〇〇二年、グレイドウォーター地区の高速道路１３５号線脇で、建設作業員によって白骨死体が発見された。その年にちなんで名付けられた被害者女性が、グレッグ郡のジェーン・ドウ二〇〇二だ。被害者は十八歳から三十歳の間で、未修復の口蓋裂という特徴があった。「ドウの骨からＤＮＡを採取し、サンプルは二〇二〇年十二月にＤＮＡの配列が決まりました」と、ケビンは説明した。「一致するＤＮＡがいくつかあり、家系図を作成

11　バイオインフォマティクス（生物情報学）のロード氏はまさに神

しているところです」。しかし、多くのドウの謎に満ちた捜査と同様、困難は存在している。このケースでは、族内婚の複雑な問題が存在しているのだ。「長い年月にわたり、小集団のなかで結婚が繰り返されているときに発生します。そのような場合、人々がどのような関係にあるのか証明するのが難しくなります」と、ケビンは説明する。

　ケビンは家系図をベースに、グレッグ郡のジェーン・ドウ二〇二〇はウェストバージニアあるいはノースカロライナの山岳地帯の出身であると考えている。「少しトリッキーなケースです。系図チームはこのジェーン・ドウについて一年以上もかけて調査を続けています。でも、彼女にも名前を見つけられるはずです。こつこつとやり続けるだけです」

12

探偵がしくじるとき

二〇一三年四月十八日　木曜日　午後五時　シェラトン・ボストン・ホテル

多数のマイクで埋められた書見台までの階段を上がる、ボストンのFBI長官リック・デスローリーズを、カメラのシャッターが次々に切れる音が出迎えた。硬い表情で、彼は左側に腕を伸ばして、野球帽をかぶった二人の若者の――デスローリーズは一人を「容疑者１」、もう一人を「容疑者２」と呼んだ――写真が数枚貼り付けられた対のイーゼルを示した。この二人はマサチューセッツの州都で三日前にカメラに収められた。特別捜査官は聴衆に向かって、毎年開催されるボストンマラソンのゴール地点で発生した爆発で、三人が亡くなり、二百六十名が負傷したと発表した。デスローリーズ曰く、容疑者１と容疑者２は、この流血の惨事の容疑者だった。そしてデスローリーズは、この容疑者たちに正義の裁きをもたらすため、メディアと市民からの協力を求めていた。「二人の容疑者は武装しており、極めて危険な人物です。彼らに近づくべきではありません。警察当局以外、彼らを取り押さえようとすべきではありません。月曜日に目撃した映像は記憶から消せないものであり、あの日の恐怖は永遠に私たちの心に残り続けるほど悲惨なものであったと、ここで改めて強調したいと思います」

防犯カメラの映像は、二人の容疑者が歩道を徘徊する様子を捉えていた。ボイルストン通りで行われたレースの終盤で、何千人もの疲れたランナーたちに声援を送る観衆にまぎれ、一人、そしてもう一人が歩いて行く。デスローリーズが記者たちと話している場所からわずか二ブロックしか離れていない。記者会見を撮影していたカメラが、黒いキャップをかぶり、大きなバックパックを背負った容疑者1を映し出す。次にレンズが捉えたのは容疑者2の姿だ。男は白い野球帽を後ろ前にかぶり、右肩にリュックサックを背負っていた。二人の男は仲間であると思われるとデスローリーズは言い、容疑者2は二発目の爆弾が入った白いバックパックを、爆破が発生する「直前に」フォーラムレストラン前に置いたと付け加えた。「爆発後、容疑者2はボイルストン通りを西に進んだのを目撃されており、容疑者1がどこへ向かったかは不明です」

メディアに対して、「容疑者二名の写真を掲載し、分析し、公にする」ことを依頼する一方で、デスローリーズは警告もしていた。「事態を明確にするため、使用する写真はこの二枚に限定すること。我々の活動を支援していただくために、公にされるものは限定されるべきです。これ以外の写真は信用できるものではなく、人々の注意を必要以上に逸らし、間違った方向に導きかねません。それは法執行機関のリソースに過度の負担をかけることになりかねません」

「百年以上の長きにわたり、ＦＢＩは市民の目と耳を頼りにしてきました。メディアの助けを得て、この映像は瞬く間に世界中の何百万人もの人々に直接届くことでしょう。一般市民の皆さんが、この容疑者らの居場所と身元を明らかにする、重要な役割を果たして下さると信じています」

直ちに、写真と防犯カメラの映像はインターネット上に拡散された。デジタル・ニュースサイトは秒刻みで速報を流し続ける。インターネットトラフィックは急増し、ＦＢＩのウェブサイトはダウンした。ツイッターは憶測と仮説で大騒ぎとなった。そして、もちろんインターネット探偵たちは事件に取り組んでいた。キャップをかぶった男たちの顔をピクセル単位で精査し、ソーシャルメディアを徹底的に探して、二人の容疑者に似たプロフィール写真を発見しようと躍起になった。人々は野球帽、バックパック、ジャケットのブランドを捜した。誰もが仮説を書き込み、ボストンの街をGoogleストリートビューを使ってバーチャル散歩した。インターネットには、ボストンマラソン爆弾テロ事件犯人を発見しようとするインターネット探偵サイトが溢れているのだ。

多くのケースで、趣味の探偵は事件解決を手助けしたいだけだ。サイト管理者が定めた反自警団ルールを守り、容疑者の公式写真のみを公表するというデスローリーズの警告を心に留めていた。しかしながら、ソーシャルニュースサイトのRedditでは、壊滅的な規模の魔女狩りが勃発しようとしていた。

ボストンマラソンは、アメリカ独立戦争の最初の戦いを記念するマサチューセッツ州の祝日「愛国者の日」を祝い、四月の第三月曜日に開催される伝統的行事だ。二〇一三年四月十五日午後二時四十九分、レース開始から一時間後、二発の爆発の最初の一発が爆発したとき、ボストンの祝賀行事は想像もつかなかった恐怖と悲劇に変わってしまった。釘、ボールベアリング、そして爆薬が詰め込まれた圧力鍋が、ボイルストン通りに面したマラソン・スポーツ・ショップの前で爆発した。地面が揺れ、群衆の悲鳴は雷鳴のような爆音にかき消された。命を奪う爆弾の金属片が噴出し、煙とともに通りに飛び散った。ランナーと観客は爆発で吹き飛ばされ、近くの建物のガラス窓は完全に破壊された。レストランのマネージャーで二十九歳のクリスタル・マリー・キャンベルは、この爆発で死亡した。十二秒後に爆発した二つ目の圧力鍋爆弾はフォーラムレストラン前で爆発し、八歳のマーティン・リチャードと、ボストン大学院生で二十三歳のリンジー・ルーが死亡した。アメリカ国内で発生したテロにおいては、9・11以来の最悪の攻撃だった。

悲惨な爆破シーンが世界中の何百万ものスクリーンに映し出されると、Redditユーザー（あるいはレディターと呼ばれる人たち）によって、コメント、写真、テロ直後に撮影された映像が大量に投稿された。Reddit はボストンマラソン参加者たちのゴールタイムをリストにしていた。それを参照すれば、爆発時に、どのランナーが、どのあたりにいたのかを知ることが出来た。これが、参加者からの連絡を待つ家族にとっては重要な情報となった。このスレッドは、当時ルイジアナ州バトンルージュで社会学の博士課程の学生をしていたアンソニー・リードによって作成され、管理された。ここでは一般市民の探偵たちが、犠牲者の情報をメディアよりも早く発信していた。目撃者の証言を報告し、主要ニュースメディアからの報告をシェアし、同時に爆発に関して矛盾している記事を比較した。ニューヨーク・ポスト紙が爆発で十二人が死亡したと伝えたとき（これはニューヨーク市警察のとある警察官が新聞社に伝えた間違った情報だとわかった）、アンソニーはこの新聞社を信頼できる情報筋ではないとして、スレッドから除外した。

　二〇一五年に映画監督のグレッグ・バーカーによって制作されたドキュメンタリー『ザ・スレッド』は、爆発事件発生から一週間の、ニュースとソーシャルメディアの報道の様子を記録した作品だ。アンソニーはインタビューのなかで、ツイッターでテロが起きたことを知り、Reddit にアクセスしたと明かした。「僕の友だちがボストンマラソンで爆発が起きたと投稿したんです。まず考えたのは、Reddit です」。supernovasky――「オアシスの曲にちなんで」――というハンドルネームでアンソニーは、「ボストンマラソンで爆発があったみたいだ。このスレッドは最新情報専用です」と書いた。コメントが殺到しはじめた。

「受信箱が吹っ飛びましたよ」と、アンソニーは回想する。「とにかく、次々とメッセージが届くんです。そこに実際にいた人たちが写真を僕に送りはじめたのです。コメントも届きました。自分の家族や友人が無事かどうか知りたい人が多かった状況でした」.

アンソニーは足を吹き飛ばされた血まみれの見物人を救助する救護員を映した、記憶に残る写真について語った。生存者は後に、作家のジェフ・ボーマンと判明する。ゴールの向こうで、ガールフレンドのエリン・ハーレイがゴールする瞬間を待っていたのだ。「僕たち（Reddit で書き込んでいた人たち）は、主要メディアが目にする前に、あの画像を目撃した最初の集団だったと思います。あの画像が表示されて、多くの人の注目を引いたのでしょう。どのニュースメディアもまだ公開していないような、有益な情報も投稿されはじめました。僕の作ったスレッドには、走者のゴールタイムが書き込まれました。そのリンクをクリックすれば、友人や親類がゴール出来たかどうかを知ることができたんです。人々が僕に助けを求めているように感じましたね。同時に、互いを支え合っているようにも思えました。実際のコミュニティで感じるよりも、ずっと多くの思いやりをここ（Reddit）で感じることができるような気がするんです」

ドキュメンタリーでは、アンソニーがサイトの機能を説明している。「Reddit の素晴らしい点は、資金力のあるニュース組織を、ひとつではなく、いくつも利用できるところです。報道側の情報を信頼することもできるし、彼らの情報と、実際に現場にいて写真や動画を撮影している人々のものと比較することもできるのです。ひとつのソースだけではなく、全体像を把握することで、実際に何が起きたのか、迅速に知ることが出来ました」

「爆発事件の起きた日の午後五時の段階で、ニューヨーク・ポスト紙はニューヨーク市警察の情報として、十二名の死亡が確認されたと報道していました。この数を誰も正確に確認していなかったので、僕らはニューヨーク・ポスト紙を情報源として採用することを辞めました。ＣＮＮは二名の死者を確認するのに四十五分かかりました。最終的に、誰もメディアのサイトを情報として参照しなくなりました。直接Redditに来るようになったのです」

　四月十五日の夕方遅くになるまでに、アンソニーのスレッドは過去最高の三百万人のフォロワーを集めることになった。ありがたいメッセージが入った。「素晴らしい仕事です、レディターたち」と投稿してくれたユーザーもいた。しかし、アンソニーの熱心な努力もすぐに、分派した、無関係の「サブレディット」によって霞んでしまった。サブレディットでは、ユーザーたちがボイルストン通りで起きた殺戮の犯人を特定することに躍起になっていた。メディアの大混乱も発生寸前の状態だった。間違った情報が無実の男性たちにテロリストの烙印を押した。爆破事件が起きた翌日、「ボストン爆弾犯を捜せ」というタイトルのサブレディットがオンラインに徐々に浸透しはじめる。当初、目的は立派に思えた。同じく『ザ・スレッド』でインタビューを受けているのは、脚本家の卵クリス・リーヴスだ。クリスは「ボストン爆弾犯を捜せ」スレッドで管理人にならないかと、作成者であるレディターのOOPS777に誘われた。「Redditは好きでしたけど、モデレーターをやったことは一度もなかったので、『もちろんだ』って思いました。この悲劇をRedditのコミュニティが解決出来るよう、力を貸したかったんです」と、クリスは言う。「もちろん、できるだけ良い印象を与えようってがんばりましたよ。集中です。仕事のように考えろって自分に言い聞かせました。『このディスカッションを差別的なものにしてはいけない』と考えました」。当時でも9・11の衝撃を引きずっていた参加者らは、すでに、この攻撃がイスラム系テロリストによるものの可能性があると示唆しはじめていた。二〇〇一年にニューヨークで発生した9・11同時多発テロ以降、アメリカでは人種問題を引き起こしかねない犯罪が急増していた。クリスは状況の脆弱性に気づきつつも、ボストンで発生した残虐行為の犯人を捜すと決意していた。

　管理人としての役割を慎重に務めながら、クリスはいくつかの基本的ルールを設定した。彼はそれをサブレディットに投稿した。内容は、以下のようなものだった。

1．自警団的正義を支持しない。

2. 個人情報を投稿しない。
3. いかなる人種差別も許さない。
4. 独自の見解は歓迎するが、ソースのファクトチェックは忘れずに。
5. 私たちはあくまでサブレディットの住人です。どこまでがヘルプで、どこからがプロの仕事なのかを忘れないこと。
6. 画像を拡散しない。
7. 最後に、「容疑者」とされている人物のほとんど、あるいは全員が、おそらくは無実の人であり、有罪と証明されるまでは無罪の人として扱わなければならないことを決して忘れないこと。

「ルールの最後は、一番大切でした」と、クリスは付け加える。しかしボストンで起きた惨事を目撃し、激怒しているレディターたちは、あっという間にクリスのルールを破った。「ボストン爆弾犯を捜せ」のスレッドには数千人が参加し、レースのゴール地点に並ぶ見物人の写真で埋め尽くされた。素人の分析屋がバックパックを持っている人を赤い丸で囲み、画像に「こいつがボストン・ボマー？」とキャプションをつけた。レースに集中していないかのように見える人物をマークし、彼らが何か極悪な存在に気を引かれているのではないかと邪推した。圧力鍋の写真や、バックパックのブランドを特定し、投稿した者もいた。スレッドに容疑者の可能性のある人物のニックネームが書き込まれた。「黒いジャケットの男」、「青いダッフルバッグの男」、「緑の帽子の男」。そしてレディターたちは群衆の中から二人の男性を選び出した。彼らはそのうちの一人を、青いローブの男と名付けた。彼が青い長袖のトレーニングウェアを着用していたからだ。青いローブの男の顔は、スレッドに投稿された画像にはっきりと写っていた。彼の「ずり落ちた」ショルダーバッグには、何か「重い物が入っているに違いない」と書いた人がいた。別の男性にはあだ名はつけられなかったが、黒いバックパックを背負っていた。

議論を呼ぶメッセージと画像サイト「4chan」の完全匿名のユーザーが、レディターたちがシェアした写真を同じく投稿した。爆破犯捜しは、ソーシャルメディアの魔女狩りとなった。四月十八日の時点で、青いローブの男ともう一人の男性の画像は、ニューヨーク・ポスト紙一面に「バッグの男：ボストンマラソンで目撃された二人の男をＦＢＩが捜索中」というヘッドラインとともに掲載されるまでに拡散された。

青いローブの男の本当の名前は、サラヘディン・バルフームだ。彼とその友人（黒いバックパックを持った男性）のヤシン・ザイミは爆弾テロには関係していなかった。二人は熱心なランナーで、マラソンをトップでゴールするアスリートを観るためにやってきていたのだ。自分たちがテロ攻撃への関与を疑われていることに気づいた二人は、インターネット上に自分たちの写真が投稿されたのを発見した直後に自ら警察に赴いた。ポスト紙の記事が出る前の段階のことだ。モロッコ出身の若者たちの無実はすぐに証明された。しかしそれでも画像は新聞各社の見出しを飾り続け、インターネット上で荒らし行為をする人たちは、ソーシャルメディアに、犯人と決めつけた二人に対する悪意に満ちた脅迫をまき散らし続けた。

ニューヨーク・ポスト紙編集長コル・アランは記事を掲載したことについて、このように弁明している。彼は声明のなかで、「我々は記事を支持します。画像は、情報を求め、昨日午後警察当局にメールで送信されたものです。彼らを容疑者として特定はしていません」。後日、ＡＢＣニュースのインタビューで、当時、十七歳の高校生だったサラヘディンは、自分にとって衝撃的な人物誤認で、命の危険を感じたと証言した。

「ボストン爆弾犯を捜せ」のモデレーターらの努力により、画像は比較的早い段階でスレッドからは削除された。しかし、それは遅すぎた。画像はすでに拡散されていたのだ。警察が実際に追いかけている二人の男性の画像を公開するというデスローリーズの決断は、メディアやオンライン上で、無実の人が攻撃の犯人として非難を受けることを未然に防ぐためのものだった。爆弾事件容疑者の映る防犯カメラの映像公開は、異常事態だった。内部情報を公開すれば、名前が知れ渡る前に容疑者らが海外へ逃亡する動機に繋がるかもしれなかったからだ。しかしデスローリーズは防犯カメラに映った犯人の姿を公開するという自らの決断を信じた。二〇一四年に放映されたＣＢＳのニュース番組『60ミニッツ』で特派員のスコット・ペリーに質問された際にデスローリーズは、「反論をしますと、公開に踏み切ったのは、容疑者と思われる人物が存在したからです。容疑者として強く疑われる人物の証拠写真があり、一刻も早く彼らの身元を特定する必要があった。この人物は、さらに多くの爆弾を所持している可能性があった。その爆弾を新たに仕掛けるかもしれなかったし、四月十五日に起きた惨劇と同程度、あるいはより大規模な殺戮を行う可能性があったということです」

容疑者１と容疑者２の画像は、サブレディットの集団意識を熱狂へと駆り立てただけだった。不明瞭な画像が公開された数分後に、ページは憶測だらけの投稿で溢れかえった。とあるユーザーが容疑者２を個人的に知っていると言いはじめた。「同じ高校に通っていた」と、彼女は書いた。

スレッド内へのユーザーの大量流入は、「僕にはコントロール不可能な土砂降りの豪雨のようなものでした」と、クリスは表現する。次々とメッセージが到着するため、クリスは最も重要な投稿を見逃してしまっていた。「スニール・トリパティは容疑者として名前が挙がっていますか？」。このコメント主はスニールがボストンマラソンの一ヶ月前から行方不明になっていることを説明した。「彼は身長約百八十センチ、体重は六十キロぐらい。あらゆる可能性を考慮しているというだけだ」。この情報は明らかにグループが決めたルールからは逸脱していたのだが、一分に二十ものコメントが書き込まれるというコメントの嵐のなかで、クリスは最初、この投稿を見逃していた。もし彼がこれを見ていたら、すぐに削除していただろう。彼は「うっかり見落としたということです。もし見ていたら？　消してましたよ。名前の記載は許しません」

　二〇一三年三月十六日に行方不明になったスニール・トリパティは、ロードアイランド州プロヴィデンスにあるブラウン大学で哲学を学んでいたが、鬱病が理由で学業を中断していた。親類や友人からサニーと呼ばれていたスニールは、財布、携帯電話、そしてその他すべての持ち物を残して、ブラウン大学キャンパス近くの自宅から忽然と姿を消した。スニールが姿を消した直後、錯乱状態になった彼の両親であるジュディとアクヒル、姉のサンジータ、弟のラヴィは、ソーシャルメディア上に、繊細な笑顔のインド系アメリカ人のスニールに向けて「どうか戻ってきてください」と、必死の訴えを掲載した。不安になった彼らは、「スニール・トリパティを捜して下さい」というタイトルのフェイスブックページを立ち上げ、笑顔のスニールの写真をカバー写真に掲載した。彼の腕は母ジュディの肩を優しく抱いていた。家族は、失踪した人は、インターネットで自分の失踪事件について調べることが多いと聞いた。もしスニールがそうしたとしたら、家族はスニールに、どれだけ愛しているか、どれだけ彼に会いたいと感じているかを伝えたかったのだ。

　親戚、そして友人たちが、戻ってきて欲しいと訴える、「サニーへ」とタイトルがつけられた感動的な YouTube 動画では、彼らがサニーの「温かい笑顔と寛大で、優しい心」

が戻ってきてくれることを心から望んでいた。動画で最も心が痛んだのは、母のジュディが息子に向けて「もう一度、あなたと一緒にやりたいこと。それは、たくさんの枕の山のなかで寝ることです」と、言っている場面だった。父のアクヒルは、「息子よ、戻っておいで。電話をくれ。愛している」と語った。

　行方不明になってしまった息子の名前が、息子の捜索に利用したプラットホーム上で、激しく中傷されていたことを知ったトリパティ一家の苦痛と衝撃は、計り知れない。スニールの名前が最初に提示された後、より敵意に満ちた投稿が「ボストン爆弾犯を捜せ」のRedditのスレッドに投稿された。スニールの写真を容疑者2の顔写真に重ねたコラージュ写真を投稿し、二人の顔の類似性を指摘した。別のソーシャルメディアもこの流行に飛びつき、数時間の内にスニールの笑顔の写真はインターネット上に広く拡散された。

　インターネット探偵たちは、根拠も確証もないまま、ジュディとアクヒルの「優しい息子」が、ボストン爆弾魔のうちの一人の可能性があると結論づけた。

　マラソン爆破事件は宗教的過激思想によって引き起こされたという憶測が広がるなか、とある荒らしはスニールを「次なるビン・ラディン」と名付けた。別の人々はスニールの両親を「テロリストを育てた」と糾弾した。家族が立ち上げた「スニール・トリパティを捜して下さい」フェイスブックページには、酷いヘイトと報復を誓うメッセージが届いた。家族は一時的なページの閉鎖を余儀なくされた。

四月十八日木曜日の晩、スニールの噂は、ツイッターのトレンドとなり、より悪質な嘘が金曜の早朝にかけて拡散された。「スニール・トリパティを捜して下さい」フェイスブックページが削除されたことに気づいたブロガーやジャーナリストまでが、憶測と誤解の渦に巻き込まれた。

これにより、彼の犯罪行為が確定したと誤って推測し、スニールの家族が容疑者2の写真にスニールの姿を確認してページを凍結したのだと考える人もいた。木曜日の午後十時五十六分、トリパティ家がページを閉鎖する直前、アメリカ人映画ブロガーで『アワーズ・デイリー』の管理人サーシャ・ストーンが、このツイートをして、ＦＢＩのアカウントへリンクを送った。「@fbipressoffice は、当然この男を追ってますよね」。そして、数分後、彼女はこうも書いた。「ツイートして数分後にフェイスブックからページが消えた。だれかキャッシュを残しておいて」

このような犯人捜しにソーシャルメディアが熱狂している頃、ボストンマラソンの爆破事件を起こした真犯人は（後にタメルラン・ツァルナエフ二十六歳と、彼の十九歳の弟のジョハル・ツァルナエフだと判明する）、マサチューセッツ州ケンブリッジに住んでいた。チェチェンに祖先を持つキルギス系アメリカ人の兄弟は、デスローリーズの記者会見で自分たちの写真が公開されたのを目撃し、家に残された手製の爆弾を次はどこで爆発させればいいのか話し合っていた。ボストンの最重要指名手配犯であるにもかかわらず、二人の写真が世界中に配信された数時間後（タメルランは容疑者1、ジョハルは容疑者2）、兄弟は思い切って外出することを決めた。二人の旅は血に染まった追跡による、殺戮で幕を閉じることになる。

＊

四月十八日夜十時頃、ツァルナエフ兄弟は五本のパイプ爆弾と圧力鍋の爆弾、セミオートマチックのハンドガン、そして鉈《なた》をジョハルのホンダシビックに積みこみ、ケンブリッジにある名門マサチューセッツ工科大学（ＭＩＴ）へと向かった。その日の夜、警察官ショーン・コリアーがＭＩＴのキャンパス内をパトロールしていると、二人の男が無理矢理パトカーに乗り込んできた。タメルランはショーンの頭部を至近距離からいきなり銃撃したと見られている。そして二人は、ショーンのベルトに装着されていた銃を盗もうとして失敗した。ショーンはその後、病院で死亡が確認された。彼は二十六歳だった。

　殺害現場を離れると、タメルランは恐怖に震える運転者に銃を突きつけ、人質とすると、メルセデスのＳＵＶを奪った。被害者の側頭部に銃のノズルを押し当てながら、タメルランは「なあ、ボストンの爆発事件のことは知ってるか？　俺がやったんだよ。ケンブリッジで警察官を殺してきたところだ」と、嘲るように言った。タメルランは人質にＡＴＭまで車を走らせ、脅迫して現金を引き出させた。ジョハルはホンダシビックで後を追ってきていた。

兄弟はそこでタイムズスクエアを「吹っ飛ばして」、「パーティーをする」ことをなんとなく決めたが、ケンブリッジのガソリンスタンドで給油していた際にＳＵＶの運転手が逃げ出したことで、計画は変更させられた。運転手は別のガソリンスタンドに駆け込むと、警察に通報した。「携帯電話を車内に残していますから、追跡できるはずです」と彼は警察に伝えた。

夜中を少し過ぎた頃、警察はウォータータウン内の閑静な住宅街にある、デクスター通りとローレル通りの交差点付近でＳＵＶとホンダシビックを発見した。西部開拓時代を彷彿とさせる激しい銃撃戦が繰り広げられた。ダ、ダ、ダ、とひびき渡る銃声に飛び起きた住人たちは、窓からその様子を見た。スマートフォンを使って銃撃戦を録画した人もいる。

ジョハルとタメルランはＳＵＶの横に身をかがめるようにして、屋根越しに、駐車した車の向こう側から反撃する警官に向かって発砲した。黒い空にサファイア色の光がまき散らされたようだった。銃声が鳴り響く中、雑音の混ざった大声が聞こえた。警察無線を通じて、応援要請が行われた声だった。「すぐに応援に来てくれ。ウォータータウンの警察官が発砲された」。ジョハルとタメルランが持っていた銃は一丁のみだったが、二人はホンダシビックからＳＵＶに爆発物を急いで移動させ、逃げようと考えた。銃撃戦の中、兄弟はＳＵＶに乗り込み、車窓から圧力鍋爆弾とパイプ爆弾を警察官に向かって投げつけた。「警察官へ。ダイナマイトの可能性のある爆発物だ。対応する警察官に向かって、犯人が投げつけている」とのメッセージが警察通信でやりとりされた。

　弟のジョハルがとうとうハンドルを握り、エンジンをスタートさせたが、兄のタメルランは車から飛び出し、落ちついた様子で警察車両に歩みより、銃を片手に、弾がなくなるまで発砲し続けた。弟のジョハルはアクセルを踏み込み、現場にいる警察官に突っ込もうとしたが、銃撃され、ふらふらと歩いている兄のタメルランをはねた。ジョハルはＳＵＶを百八十度回転させ、スピードを上げて走り去った。舗装された道路でへたり込み、死にゆく兄を残して。蜂の巣のように銃撃を受けたタメルランは病院に搬送されたが、間もなく死亡が確認された。指紋で彼の名前がＦＢＩに伝わり、その記録から弟がいることが判明。ＦＢＩはとうとう、ボストンマラソン爆弾テロ事件の犯人の身柄を特定した。そして、二人のうち、一人は逃走中だ。

　大勢の警察官が二人目の爆破犯を捜す一方で、ソーシャルメディアの熱狂的信者たちはスニール・トリパティが第二の容疑者だと、まるで事実のように語りはじめていた。ツイッターユーザーのグレッグ・ヒューズは、ボストン警察の無線スキャナでスニールの名前を聞いたと書いた。「ボストン警察のスキャナが名前を確認した」とヒューズは宣言したのだ。「容疑者1の名前はマイク・マルギータ。容疑者2はスニール・トリパティだ」

数え切れないほどのツイートが続いた。多くのフォロワーを持つハッキング集団のアノニマスが、「警察無線でボストンマラソンの容疑者と警察が銃撃戦を繰り広げていることを確認した」と書き、スニールの名前を挙げた。この投稿は三千回以上もリツイートされた。四月十九日金曜日の午前三時、当時バズフィードのシニアスポーツライターだったエリック・マリノウスキは、「参考までに、ブラウン大学の学生で行方不明になっているスニール・トリパティの家族のフェイスブックグループ『スニール・トリパティを捜して下さい』が、今夜削除された」とツイートした。このツイートも数百人の別のユーザーによってリツイートされた。それにはポップカルチャー・ブロガーで、当時六百万人のフォロワーを持っていたペレッツ・ヒルトンも含まれていた。バズフィードの別のジャーナリストが、警察無線スキャナとされる情報に関するツイートを更に追加した。ＣＮＮ政治記者のアンドリュー・カジンスキーはこのように書いた。「ワオ！　警察無線スキャナで言及されたブラウン大学の学生について、Reddit は正しかったようだ。容疑者はスニール・トリパティと特定された」

　ペンシルバニア州ブリンマーにあるトリパティ家にテレビクルーが押し寄せた。家族のもとには、一時間で六十名の記者から連絡が入った。ボストンマラソン爆弾テロ事件の容疑者2と思われる人物の人生を独占取材したいと必死だった。しかし、スニール・トリパティはテロ攻撃には何の関係もなかった。彼の名前が警察無線でやりとりされた事実もない。マルギータは放送波で名前が発表された無関係の人物だが、彼、あるいは彼女が実在の人物なのかも定かではない。ファーストネームのマイクも未確認のまま。インターネット探偵たち、そして彼らに続く主要メディアは、壊滅的な間違いを犯していたのだ。

一方で、警察当局から逃亡を続けていたジョハルはＳＵＶを乗り捨て、徒歩で逃走していた。数百人の警察官とＦＢＩ捜査官が参加した捜査で、ジョハルは四月十九日の夕刻に逮捕された。民家の庭に放棄されていたボートに血まみれの状態で隠れている彼を警察が発見した。

皮肉なことに、このソーシャルメディアで発生した大騒ぎと、不幸な人違いを受け、ボストン警察署はジョハル・ツァルナエフの逮捕をツイートすることとなった。逮捕を祝うようなツイートはこのようにして書かれていた。「逮捕!!　追跡、捜索は終了。テロは終わり、正義は下された。容疑者は拘留中」。数分後、警察署は爆破テロ事件によって命を落とした人たちに対して、追悼のメッセージを寄せた。「この喜びのとき、私たちはマーティン・リチャード、リンジー・ルー、クリスタル・キャンベル、そしてショーン・コリア巡査の家族とともにいます」

ＦＢＩがタメルランとジョハル・ツァルナエフの名前を公表した直後、カメラクルーはトリパティ家の玄関前から撤収した。主要メディアにとって、スニールが容疑者であるというニュースに比べて、彼が人違いで容疑者として扱われた事実などどうでもよかった。

彼の家族はソーシャルメディアのグループに痛切な声明を寄せ、息子の捜索に力を貸してくれるよう支援者らに求めた。「過去十二時間で、私たちの愛する息子スニール・トリパティに対して、とてつもなく大きく、そして悲しい注目が集まりました」と彼らは書いた。「そして今、これまで以上に、私たちは皆さんの絶え間ない支援によって、力を得ることができるのです。私たち家族に手を差し伸べてくださる皆様に感謝いたします。優しく、愛情深く、そして思慮深いスニールを見つけるため、引き続きご支援をお願いいたします」

「ボストン爆弾犯を探せ」グループから、スニールの情報は即刻削除され、メディアに対し、損害を与えかねない情報を共有しないよう訴えた。スニールの家族に対する謝罪のなかで、クリス・リーヴスは次のように書いている。「スニール・トリパティのご家族に対して、私たちが誤った情報を伝えてしまったことについて、深く謝罪したいと思います。あなたたちが受けた苦しみは想像を遥かに超えるものであり、そのことについて心から申し訳なく思っております。ツイッターのユーザー、別の情報源も、彼が容疑者と特定されたと聞き、それが確認済みだと信じ込みました。私たちの思い違いでした」

しかし、トリパティ家にとって悪夢は終わらなかった。ボストン爆破テロ事件の犯人の捜索が終了して一週間も経過しないうちに、彼らが愛したサニーは二度と家に戻らないことを彼らは知った。サニーの遺体は四月二十三日にシーコンク川で発見されたのだ。スニールの親類は彼が自殺したことを確認したが、彼に対する衝撃的な疑惑が原因で自殺したわけではないことがわかった。彼はボストンマラソン爆弾テロ事件より前に命を落としたと考えられているのだ。彼の家族は復活させたフェイスブックページで「言葉では言い表せないほどの悲しみ」と表現した。

愛するサニーが非難されたことで予期せぬトラウマを与えられたにもかかわらず、トリパティ家の威厳のある投稿は、激変する結末に飛びついた人々に対する恨みを一切含んでいなかった。世界中からの祈りやメッセージに対するお礼に加え、一家は「互いを助け合いましょう。優しく、思いやりを持って」と綴ったのだ。

経験不足のインターネット探偵らによって行われた、ボストンマラソン爆破テロ事件容疑者に対する壊滅的な捜査は、熱意のありすぎる探偵たちが、良い結果よりも害をもたらしかねない典型的な例と言える。軽率に結末に飛びついたのはインターネット探偵たちだけではなく、プロのジャーナリストでさえそうだった。爆破事件発生直後、ＦＢＩはメディアに対して厳しい警告を発していた。報道機関がスニールに対する誤情報を発信するより前の段階の警告だった。二〇一三年四月十七日の声明でＦＢＩは、「ここ数日で、公式ではない情報筋からの、不正確な情報に基づく報道が数多く行われています。このような記事はしばしば意図しない結果をもたらすので、メディアの皆さんには、特に捜査が初期段階にある今現在におきましては、適切で公式なルートを通じて情報を確認しながらの、正確な報道を期待します」。不幸なことにスニールの家族にとっては、息子の嫌疑を払拭しようにもそれは不可能なことだ。インターネット上で、彼はボストンマラソン爆弾犯として誤認されたまま記憶され続ける。

四年後、似たような間違いが、ロンドンのウェストミンスター橋で発生したテロ攻撃の数時間後に起きた。この事件においても、犯人の身元を誤認したソーシャルメディアの報告を報道機関が追いかけた。橋の上を歩く通行人に男が車で突っ込み、五人が殺害され、五十人以上が怪我をした。そして車を乗り捨てると、国会議事堂の外で警官のキース・パルマーを刺殺した。

二〇一七年三月二十二日の襲撃から数時間後、インターネット探偵らが、犯人は当時テロ容疑で服役中のイギリス人過激派聖職者のアブ・イザディーンであると名指しした。直後、このニュースはツイッターとフェイスブック上で拡散された。ロシアのニュースサイトはアブ・イザディーンのニセモノの写真を掲載し、それはソーシャルメディア上で同じく拡散された。すると、ツイッター上の報告を元に（それに加えて別のソースからの情報を元に）、チャンネル4のニュース番組が生放送で容疑者としてイザディーンの名前に言及し、現場で警察によって射殺されたと報道した。インディペンデント紙がチャンネル4の報道を追ったが、その後オンライン上の記事を削除した。イザディーンのウィキペディアのページは更新され、彼はウェストミンスター橋のテロリストだと書かれた。本物のテロリストは翌日、イギリス生まれのハリド・マスードだと判明した。彼は暴力的な犯罪者で二十年にわたり、犯罪を繰り返してきた。

警察は事件解決のために、昔から一般市民の協力を仰いできた。窓口への情報提供や、目撃情報の提供要請に応じるようアピールをしてきた。そして、もし分別よく行ったとすれば、警察当局は市民探偵の活躍を歓迎するものだというのは、本書にも記してきた通りだ。しかし、トロント警察殺人課の元刑事マーク・メンデルソンは、インターネットは未熟な探偵たちが私的制裁を加え、根拠のない見解を広める危険な場所になると指摘する。このような活動は、深刻なまでに警察の捜査を妨げ、無実の人々を傷つけることさえある。

「テクノロジーの危険のひとつは、世界中の何百万人もの人たちが、今やスーパー探偵になっているということです」と、マークは説明する。「殺人について読み、犯罪ドキュメンタリーをテレビで鑑賞すると、すぐに検索をしはじめます。ソーシャルサイトを検索して、出会い系サイトを検索して、そして発見したことをまとめはじめるのです。チャットしたり、ブログに書いたり、メモや見解や動機を比較したりします。疑問なのは、導き出された結論をどうするのかということです。危険なのは、それぞれが、あるいはグループで何かをすることなんです。理想としては、その情報を警察に届け出ることなのですが」

マークはＦＢＩがジョハルの追跡をしている際に、トロントのＣＴＶニュースチャンネルの生放送でコメンテーターを担当した。スニールのことでメディアが大騒ぎになっている状況は、そのとき、知る由もなかった。そのときの彼が集中していたのは警察捜査のことだったからだ。しかし後になって、この学生があまりにも不当な誹謗中傷を受けていたことを知る。「問題は、オンラインで写真が出回ることだと思います。このケースでは、スニールは行方不明でした。そうでなければ、スニールが巻き込まれることはなかったかもしれない。しかし誰もが自分の判断を信用する。写真を見て、『この男に違いない』と考え、その情報をソーシャルメディアに書き込むわけです。努力も、捜査も、確認もなしに。そしてもちろん、キーボードのエンターキーを叩けば、それで終了。キーを叩いた瞬間、あっという間に間違った人物の写真が世界中に拡散されます」

「人相、名前、写真、監視カメラの映像といった容疑者情報を発信していいのは、警察だけです。しかし、ジャーナリスト気取りや警察気取りのワナビーたちが、勝手に結論を導いて、そんな人物誤認は独り歩きをはじめるのです。急激に拡散され、覆水盆に返らずの状態になる」

「ボストン警察はスキャナのツイートに気づくことはなかったでしょう。彼らは爆弾犯を確保することに集中していたんですから。それに殺人事件も起きていた。警察官の一人が射殺されたんですよ。彼らにはインターネット上にある人物誤認をひとつひとつチェックしている時間もリソースもありません。その一方で、無実の人が家の前に集まった群衆や記者たちから集中砲火を浴びるんです。危険ですよ。汚名をそそぐチャンスを与えられる前に、危害を加えられる可能性があります。銃撃されたり、刺されたりする可能性だってあるでしょう。もしかしたら、自殺を試みたり、実際に自殺してしまうかもしれない」

マークの最後の言葉が心に残る。ロサンゼルスを訪れていて失踪し、後に死亡した若い女性の事件を、インターネット探偵が解決しようとしたことがあった。

エリサ・ラムはバンクーバー在住の二十一歳の学生で、二〇一三年一月にアメリカに到着して、カリフォルニア海岸への長期間の一人旅をスタートさせた。ロサンゼルスのダウンタウンで、犯罪がはびこるスキッド・ロウから数ブロックしか離れていないセシル・ホテルにチェックインした彼女は、そのホテルの危険で暴力的な歴史を知らなかったようだ。

一九二四年にオープンした十四階建ての巨大なホテルは、世界大恐慌の時期に急速に経営を悪化させた。みすぼらしく、安く、薄汚れた部屋は週単位、あるいは月単位で宿泊できた。セシルはセックス・ワーカーや薬物中毒者や短期滞在者の巣窟となった。少なくとも、このホテルでは十六名の死者が出ている。シリアルキラーのリチャード・ラミレズは、一九八五年に逮捕される前、セシルの最上階の一晩十四ドルの部屋に宿泊していた。被害者の一人を殺害した後、血液にまみれた衣類をホテルの外にあるゴミ箱に捨てていたとされる。オーストラリア人シリアルキラーのジャック・ウンターベガーも、一九九一年にラミレズに敬意を表してホテルに宿泊した。

双極性障害を患っていたエリサは、二〇一三年二月一日セシルをチェックアウトせず、行方不明になった。彼女は荷物と身分証明書と薬を部屋に残していた。警察と警察犬がホテル内部とホテル周辺を捜索したが、何も見つからなかった。二週間後、何の手がかりもないまま、ロサンゼルス警察（ＬＡＰＤ）は、エリサの不可思議な映像を公開した。それはエリサがセシル・ホテルで最後に目撃された姿で、エレベーター内部の監視カメラによって撮影された映像だった。四分間の映像のなかで、エリサはエレベーターの中に歩いて入り、いくつもボタンを押し、エレベーターの隅に引っ込む。エレベーターのドアは開いたままになり、数秒後にエリサは廊下に出て、足を動かし、そしてエレベーターの中に戻る。再びボタンを何度も押して、再び廊下に出る。映像の最後でエリサは空中で両手を回し、廊下の先にまるで誰かがいるかのように振る舞う。そして視界から消える。エレベーターのドアは閉まり、数秒後に開くと、そこには誰もいないのだ。

　エレベーターの映像は拡散され、アマチュアの探偵たちが、独自の見解を書くためインターネットに押し寄せた。警察にも押し寄せた。彼らはRedditに自分たちの意見を書き込み、YouTubeに映像をアップロードし、エリサの不可解な行動を丹念に調べて、監視カメラの映像の信憑性について疑問を呈した。韓国が起源のエレベーターを使ったゲームを、彼女が楽しんでいるのではと言う人もいた。それはエレベーターのボタンを特定の順番で押して、別次元に到着するという儀式だそうだ。エリサは映像の最後で踵を返しているが、彼女は追いかけてくる人物から逃げていたのか？　セシル・ホテルの気味悪い歴史を背景に、インターネット探偵たちがエリサは建物に取り憑いている悪霊の餌食になったと結論づけた。ホテル、あるいは警察による隠蔽工作として、映像は編集されていると多くの人が考えた。

　奇妙な映像を警察が公開してから六日後、メンテナンス作業員のサンティアゴ・ロペスが、セシル・ホテルの四千ガロン〔約一万五千リットル〕の貯水槽にエリサの裸の遺体が浮いているのを発見した。「水が茶色くなり、味が悪い」という宿泊客からの苦情を受けて、サンティアゴは貯水槽を確認しに出向いていたのだ。

　ロサンゼルス郡検死局は、エリサが貯水槽で誤って溺れたと判断した。彼女の死には、精神疾患が大いに関わっていた。エリサには双極性障害で処方された薬を飲まずに、幻覚に苦しんだ過去がある。オンラインのご意見番たちは、事態はそこまでシンプルではないと言い出した。ホテルのスタッフが記者らに、貯水槽には手が届かず、三メートルのはしごがなければアクセスすることはできないと話した。貯水槽の中に入るには、九キロのフタを持ち上げなければならず、サンティアゴは、エリサを発見したときフタは開いていて、エリサは仰向けに浮いていたと証言した。エリサのように小柄な女性がどうやってフタを開けて、飛び込んだのだろう？

　不正行為を疑い、探偵たちはエリサの最後の足取りを探ろうとした。**エレベーターの映像のなかで、彼女がジェスチャーしていた相手は誰？　エリサ以外の誰かの足が映像に映**

っている？ そして探偵たちが深いミステリーに入り込めば入り込むほど、彼らの考えは突飛な方向へと膨らんでいった。

エリサが死亡した時期に、スキッド・ロウ周辺では結核が流行していた。この事実がレディターたちの疑念を掻き立てることになった。特に、この病気の特異株を調べる検査がLAM《ラム》-ELISA《エリサ》（Lipoarabinomannan〈リポアラビノマンナン：LAM〉Enzyme Linked Immunosorbent Assay〈酵素結合免疫吸着検定法：ELISA〉）と名付けられたのを知ったときだ。Redditのスレッドでは、ユーザーがエリサは新薬の被験者で、極端な副作用を経験したのではないかと書いた。あるいはエリサはロサンゼルスに倦怠感を蔓延させるために送り込まれた人間生物兵器ではないのか？

オンライン上のコミュニティは映画にまでヒントを求め、エリサはホラー映画『ダーク・ウォーター』の模倣犯の被害者だと考えはじめた。二〇〇五年に制作された映画のなかで、住民が水の色と味の変化に気づき、アパートに設置された貯水槽から少女が遺体で発見されたのだ。

エリサ・ラムの死は、インターネットで最も話題の事件となった。しかしとあるインターネット探偵集団の、誰かがエリサを殺害し、彼女の遺体を貯水槽に捨てたとする執拗な主張が、とある無実の男性の人生をもう少しで狂わせるところだった。

インターネット探偵たちは、モービッドとして知られるメキシコ人メタルバンドアーテイスト（本名パブロ・ベルガラ）が、セシル・ホテルの室内で撮影されたビデオに出演しているのを見た。その映像はモービッドの最新ミュージックビデオのティーザー動画で、曲のタイトルは『Died in Pain』（痛みのなかの死）だった。曲の歌詞には、女性が水のなかで溺れる様子が表現されていた。モービッドは自分のYouTubeチャンネルに、その動画をエリサの遺体が発見された数日後にアップロードした。これはインターネットの住人たちにとって、あまりの偶然に、無視できないものとなった。モービッドのYouTubeチャンネルを見ると、探偵の一部にとっては、彼が死とシリアルキラーに傾倒していることは明らかだった。ひとつの動画でモービッドは、テッド・バンディと、ブラック・ダリア殺人事件被害者のエリザベス・ショート（一九四七年にセシル・ホテルで目撃されたのを最後に死亡したとされる）の写真を背景にパフォーマンスしていた。

この事実だけを根拠に、インターネットグループは、彼らの憶測を議論し、そして拡散し、その大部分は公にモービッドが殺人者とのレッテルを貼るようになった。彼らはモービッドのソーシャルメディアのアカウントに攻撃をしかけ、YouTubeから曲を削除させ、彼の写真を拡散した。彼らは台湾のニュース番組にまで情報を流し、そのニュース番組はモービッドを正式な容疑者だと報道した。

モービッドを糾弾していた人たちが事実を確認していたら、モービッドがセシル・ホテルでビデオを撮影したのは、その前の年だということがわかっていただろう。そして、エリサ死亡時、彼はメキシコにいた。

残念なことに、ダメージは取りかえしのつかないところまできていた。エリサの失踪と死を描いた二〇二一年制作のNetflixドキュメンタリー『事件現場から：セシルホテル失踪事件』（The Vanishing at the Cecil Hotel）でモービッドは、複数の殺害予告を受け精神的に問題を抱えてしまったことを告白している。彼はやってもいない罪を押しつけられたことで音楽の制作をやめ、自ら命を絶とうともした。ある時点で、メキシコの連邦警察が彼の家までやってきて、「血の犠牲（いけにえ）」を行ったことがあるかと聞いたそうだ。モービッドはドキュメンタリーのなかで、「濡れ衣を着せられ、殺害予告を連日受けました。逃げ場がなかったんです。命を絶とうとして、精神科病院で目を覚ましました。表現の自由を奪われたのです。あまりにも多くの憎しみ、否定ばかりを受けていると、心のなかの何かが壊れてしまいます。何かがぷつりと切れてしまうんですよ」。モービッドは人生を立て直そうとしていると言うが、サイバーブリング［ネットいじめ］には一生悩まされるだろうと語っている。「最低な毎日です」

私は本書執筆のためにインタビューを受けてくれた人たちと、無責任なインターネット捜査が他のコミュニティに与える負の影響について話をした。ウェブスルースのトリシア・グリフィスは、モービッドに対するネットいじめには絶句したという。Netflixのドキュメンタリーシリーズの放映がはじまると、真っ先に攻撃を受けたのは彼女のフォーラムだった。ドキュメンタリーの制作チームは「ウェブスルース」という言葉を使って、モービッドを追いつめた人々を表現した。トリシアが説明する――「ドキュメンタリーシリーズのなかで、彼らは『ウェブスルース』という言葉を一般名称として使用しました。だから、とても気の毒な彼が『ウェブスルース』に人生を狂わされたと言ったとき、視聴者らは、彼をいじめたのが私たちだと勘違いしたのでしょう。ああもう、本当に腹が立ちました。ウェブスルースは私の商標なんです。私が世に送り出した言葉で、あの一連の動きはウェブスルースとは無関係です。私はNetflixに手紙を書きましたし、出来ることはすべてやりました」

「モービッドの回が放映されたときには、エリサ・ラムのスレッドを閉鎖しました。彼について、議論ができないようにしたのです。モービッドはエリサの死については無関係で、（モービッドに対する批判やいじめについては）インターネット探偵に責任があります。そして、『名指しせず、侮辱しない』というルールを守っている私たちが問題を抱えることになっているのです。このようなケースは、そして気の毒なスニール・トリパティの人物誤認もそうですが、私たちのコミュニティの評価を下げています」

しかしベテランの探偵であっても、これまでの道のりで間違いを繰り返したことを認めている。トッド・マシューズは、今にして思えば、後にテント・ガールだとわかった行方不明の妹について姉のローズマリー・ウェストブルックが書いたメッセージを見つけたとき、彼女に電話をかけるべきではなかったと考えている。「事件被害者、その家族、あるいは容疑者に接触することは、何があっても避けるべきです」と、彼は言う。「これからのサイバー探偵の皆さんに伝えたい、やってはいけないことは、まさにこれです。たった一本の電話が進行中の事件捜査を台無しにして、目撃者を遠ざけ、事件によって影響を受けた人々を再び犠牲者としてしまいかねないのです。ローズマリーに電話をかけるべきではありませんでしたが、当時の私は何も知らなかったのです。私は世間知らずな子どもで、サイバー探偵自体、存在していませんでした。ローズマリーのメッセージを額面通りに受け取ってしまいました。まずは保安官に連絡すべきだったのかもしれませんが、事件を捜査できる人物がいるかどうかわからなかった。早い時期に教訓を得ました」

　三十五年という探偵のキャリアを持つトッドは、市民探偵になりたいと希望している人たちにアドバイスがあるという。例えば、身元不明の被害者と行方不明者を結びつける際には、「あれこれ推測しない」ことだという。タトゥや特徴的な歯並びなど、ドウの目立つ特徴に着目することが重要だ。例えば、トッドが特定したキャンベル郡ジェーン・ドウ2番の犬歯だ。「もし警察当局に行き、『ドウと行方不明者の特徴が一致しているケースが三件あるのですが』と言うことが出来れば、警察はその情報をもとに捜査をはじめることができます」と、彼は言う。

　トッドの現在のＤＯＥネットワークでの仕事の大半は、紙のファイルをデジタル化することだ。なぜなら、「ファイルキャビネットの中は検索できないから」だそうだ。しかし彼は今でも昔ながらの調査方法も大切にしている。「ローテクのリソースをバカにしちゃいけませんよ。警察でさえ未解決だと知らない事件を、古い新聞のなかから見つけたりするんですから。すべてがオンライン上にあるとは限りません」

善良な市民探偵は、発見したすべての情報を警察当局に渡すものだが、称賛されることを期待すべきではない。トッドはこう締めくくった。「名声が目的だったら、市民探偵なんてやるものではない。ＤＯＥネットワークは被害者のためにあるのです。あなたが純粋に被害者とその家族を助けたいのであれば、そして、心から彼らのために正義と情報を求めているのなら、あなたは素晴らしい市民探偵になれるでしょう」

世界初のインターネット探偵からの思慮に富んだ言葉だ。

訳者あとがき

　私が子どもだった頃、私と兄を寝かしつける母が何度も聞かせてくれた話があった。母が小学生のときのことだ。近所に「どんぐり公園」と呼ばれる公園があった。秋になると、多くのどんぐりが木々から落ちる。近所の子どもたちは放課後になると、大きな袋を手に公園に行き、どんぐりを集めて遊んでいた。集めたどんぐりに色を塗ったり、料理のまねごとに使ったりして、とても楽しかったと母は言っていた。

　子どもたちは競うようにして毎日公園に行った。あまりにもたくさんどんぐりが落ちるから、誰もが必死になって拾ったらしい。子どもたちの間でたくさんのどんぐりが話題になると、遠くからも多くの子どもたちが集まるようになり、やがていじわるな男の子たちが公園の入り口に見張りを立て、どんぐりを独占するようになった。女の子たちは、それをとても悔しがったそうだ。

そんなことが続いていたある日、女の子たちのなかの一人が、「放課後じゃなくて、学校に行く前にどんぐり公園に行けばいいんじゃないの？」と言い出した。男の子たちがまだ寝ている時間、夜明け直後に公園に行けば、誰にも邪魔されずに思う存分どんぐりを拾い集めることができる。女の子たちだけでどんぐりを拾って、男の子たちをびっくりさせよう。拾い集めたどんぐりは、あとから女の子たちで分け合えばいいじゃない。誰もが名案だと思った。そして女の子たちは、翌朝六時半に公園に集まろうと約束した。

　翌朝、六時半ぴったりに家を出た母は、公園に急いだ。外は薄暗く、その日は濃い霧が立ちこめていた。公園のすぐ近くに住んでいた母は、一番に公園に到着したそうだ。公園の入り口で友だちが来るのを待っていたが、いくら待っても誰もやってこない。しばらく待ったが誰も来ないので、母は痺れを切らして、一人でどんぐりを拾うことにした。

　公園内にゆっくりと入っていくと、母の踏みしめる枯れ葉の音が周囲に響くほど静かだった。深い霧で遠くまでは見えなかったが、赤く塗られたブランコの椅子はよく見えた。母はその赤い色を目印にブランコまで歩いていくと、ブランコの斜め前に立つ木の根元に座って、どんぐりを拾いはじめた。

　自分が枯れ葉を踏みしめる以外、物音ひとつしない早朝の公園で、たった一人でどんぐりを集めるのはとても怖かったけれど、そのうち平気になった。母はどんどん夢中になった。家から持ってきた袋に半分ほどどんぐりを拾ったとき、ブランコの前の木の下にはほとんど何も落ちていない状態になった。

母は次に、緑色に塗られたすべり台を目指して霧の中をゆっくりと進んで行った。すべり台の近くには、公園のなかで一番立派などんぐりの木があったのだ。母はようやくすべり台まで辿りつくと、地面に大量に落ちているどんぐりを一心不乱に集めはじめた。左手に持った袋がどんどん重くなる。母は夢中になって拾う。たくさん拾ってお友だちをびっくりさせよう。いじわるをした男の子たちを見返してやろう。そう考えながら、一生懸命だった。

しかしそのときだった。地面にしゃがみ込み、次々とどんぐりを拾っていた母の目の前に、白い何かがぼんやりと見えた。よく見てみると、それは白くて大きな靴だった。大人の足だ。そう理解した瞬間、母の体に電気のような衝撃が走り、次に体全体を震わせるような強い恐怖が襲ってきた。目を見開いて、もう一度よく見てみると、足は微かに揺れている。母は恐る恐る、顔を上げた。そこには、男の人がいた。どんぐりの木から首を吊っている男性の体が、風もないのにゆらりと揺れていたそうだ。そこから先は、一切、母の記憶に残っていないという。

私はこの母の話が好きで、何度も聞かせてとせがんだ。母にとっては思い出したくもない話だったのかもしれない。一方で、事件や事故に関する強い興味への引き金となった出来事だったのかもしれない。母は事件物のノンフィクションが大好きで、かなり多くの作品を読んでいた。そんな母に育てられた私もすっかり事件や事故にまつわるノンフィクションの大ファンとなり、今となっては翻訳までするようになった。

本書にも、私の母と同じように、子どもの頃に目撃した事件や事故がきっかけとなって、未解決事件の捜査に執念を燃やすようになった多くの市民探偵が登場する。その綿密で、時には命がけの捜査には、本物の刑事も一定の敬意を払っているほどだ。しかし、彼らの素晴らしさは、実際にいくつもの未解決事件を解決に導いていることだ。近年で最も有名なケースで言えば、黄金州の殺人鬼こと、ジョセフ・ジェイムズ・ディアンジェロの逮捕だろう。市民探偵たちが提供した情報で逮捕に繋がったと警察当局は認めてはいないが、少なくとも、事件発生から四十年以上も未解決だったこの事件に光を当てたのは、彼らの熱意と努力であり、それが警察を動かしたことは疑いようもない事実だ。このように、市民探偵たちの捜査によって解決した事件は数多くあるのだ。

本書を読めば、決して少なくない市民探偵たちが、自らの意志で未解決事件の謎に挑み、見返りを求めることなく被害者家族の救済を行っている事実に驚くことになるかもしれない。彼らが一致団結したとき、警察の捜査能力を超える力が発揮され、忘れ去られていた事件が現代に甦り、そして魔法のように解決に至る。名もなき被害者だった人物の魂が救われる瞬間が訪れる。残酷に誰かの人生を奪う者もいれば、その人の生きた証を伝えようと、自分の生活を犠牲にしてまで奮闘する心優しき人々も存在する。
日本ではあまり見聞きしない、「市民探偵」たちの熱意に満ちた世界を、是非垣間見てほしい。

村井理子

著者　**ニコラ・ストウ** Nicola Stow
ロンドン在住。犯罪を専門に、20年以上ジャーナリストとして活動している。連続殺人犯ピーター・トービンの被害者家族の独占記事に取り組みながら、麻薬組織や小児性愛者組織の内情を暴き、金融危機の最中にHBOSの銀行家たちが30万ポンドのジャンケットを楽しんでいたと潜入取材で明らかにした。ゴーストライターとしても活動し、多くのベストセラーを出している。

訳者　**村井理子** Murai Riko
翻訳家・エッセイスト。1970年静岡県生まれ。滋賀県在住。訳書に『ゼロからトースターを作ってみた結果』（新潮文庫）、『黄金州の殺人鬼』『捕食者』（亜紀書房）、『メイドの手帖』（双葉社）、『エデュケーション』（ハヤカワ文庫）など。著書に『ブッシュ妄言録』（二見文庫）、『村井さんちの生活』（新潮社）、『実母と義母』（集英社）、『兄の終い』『全員悪人』（CCCメディアハウス）、『ハリー、大きな幸せ』『家族』（亜紀書房）など。

未解決殺人《みかいけつさつじん》クラブ
市民探偵《しみんたんてい》たちの執念《しゅうねん》と正義《せいぎ》の実録集《じつろくしゅう》

2023年12月25日　第１刷発行

著者　**ニコラ・ストウ**
訳者　**村井理子《むらいりこ》**

発行者　**佐藤 靖**
発行所　**大和《だいわ》書房**
東京都文京区関口1-33-4 〒112-0014
電話 03-3203-4511

装丁　**水戸部功**

本文印刷　**信毎書籍印刷**
カバー印刷　**歩プロセス**
製本　**小泉製本**

ISBN978-4-479-57019-6
乱丁・落丁本はお取り替えいたします
http://www.daiwashobo.co.jp